Presbyter-Handbuch
1981

Presbyter-Handbuch für die Evangelische Kirche im Rheinland 1981

Abendmahl bis Zuschuß

Schriftenmissions-Verlag Gladbeck

Herausgegeben im Auftrage des
Landeskirchenamtes der Evangelischen Kirche im Rheinland, Düsseldorf,
von

Theo Haarbeck
Klaus Kohl
Friedrich Schwanecke
Heinzfried Siepmann

Wichtige Anschriften:

Landeskirchenamt
und
Kirchenleitung

     Hans-Böckler-Str. 7
     4000 Düsseldorf 30
     Tel. 02 11 — 4 56 21

Dienststellen im

Haus Landeskirchliche Dienste
     Rochusstr. 44
     4000 Düsseldorf 30
     Tel. 02 11 — 3 61 01

1981 Aussaat- und Schriftenmissions-Verlag GmbH, Gladbeck
Umschlag: Gerd Meussen, Essen
Druck: Aussaat Druckerei, Wuppertal
ISBN: 3—7958—0870—7

Vorwort

Die Landessynode hat sich 1977 ausführlich mit dem Dienst ehrenamtlicher Mitarbeiter in unserer Kirche befaßt. In dem Beschluß der Landessynode wird betont: „. . . Zur Motivation und Weiterbildung ehrenamtlicher Mitarbeiter sind auf der Ebene der Gemeinde, des Kirchenkreises und der Landeskirche verstärkte Bemühungen erforderlich. Folgende Aufgaben erscheinen besonders dringlich:

1. Theologische Vergewisserung soll sich als Hilfe erweisen gegenüber den mannigfachen Verunsicherungen, wie sie sich u. a. ergeben aus der Pluralität theologischer Aussagen, aus der Begegnung mit nichtchristlichen Denkrichtungen und aus Anfragen an die biblische Begründung des eigenen Dienstes.

2. Ein besserer Einblick in kirchliche Zusammenhänge und in Angebote für die speziellen Arbeitsbereiche soll die ehrenamtlichen Mitarbeiter zu einem partnerschaftlichen Dienst befähigen . . ."

Ich möchte wünschen, daß dieses Buch dazu einen Beitrag leistet. In unserer Landeskirche, die presbyterial-synodal geordnet ist, kommt dem Dienst der Presbyter eine große Bedeutung zu. Die Leitung der Gemeinde erfolgt durch das Presbyterium. Und in den Leitungsorganen der Kirchenkreise und der Landeskirche sitzen von den Presbyterien entsandte und beauftragte Schwestern und Brüder. Diese Funktionen erfordern ein großes Maß an Wissen und geistlichem Urteilsvermögen. Dieses Handbuch soll eine Arbeitshilfe besonders für Presbyterinnen und Presbyter sein. Es soll vor allem auch ein Zeichen des Dankes an alle diejenigen sein, die ihre Zeit und Kraft in den Dienst unserer Kirche stellen, und dazu beitragen, daß dieser Dienst Freude macht.

Düsseldorf, 1. Oktober 1981

Gerhard Brandt
Präses der Ev. Kirche im Rheinland

Einleitung

Das vorliegende Presbyter-Handbuch — Abendmahl bis Zuschuß — ist im Zuge der Überlegungen zu einer Neuauflage des Buches von 1975 entstanden. In Inhalt, Form und Titel versucht es, den weiten Verantwortungsraum zu beleuchten, in dem Presbyterien zu entscheiden haben. An vielen Stellen kann es nur erste Informationen, Denkanstöße und Variationen für die Praxis der gestaltenden und verwaltenden Arbeit in den Presbyterien bieten. Sie sollen vor allem zu Gesprächen anregen und zur Suche nach dem, was die Gemeinde fördert, ohne dazu Abschließendes sagen zu wollen oder Entscheidungen vorzugreifen. Darüber hinaus ermutigt das Buch hoffentlich aber auch zu Änderungen da, wo sie nötig sind.

Die Kirchenordnung ist in der Hand des Presbyters vorausgesetzt. Bei manchen eher juristischen Stichworten verhilft es zur genaueren Klarheit, wenn man in der z. Z. erscheinenden Rechtssammlung (RS) der EKiR nachschlägt.

Ein großer Kreis von Autoren und Beratern hat an der Sammlung dieses Buches mitgearbeitet. Dadurch sind viele verschiedene Aspekte und Akzente in die Artikel eingeflossen. Sie spiegeln die Vielfalt der Fähigkeiten und Möglichkeiten wider, aus denen die Gemeinde Jesu Christi an allen Orten lebt und aufgebaut wird.

Düsseldorf, 1. Oktober 1981

Theo Haarbeck

Abkürzungs-Verzeichnis

AEJ	Arbeitsgemeinschaft der Evangelischen Jugend i. d. BRD und Berlin (West) e. V.
APU	Evangelische Kirche der Altpreußischen Union
Apg	Apostelgeschichte
ARRG	Arbeitsrechtsregelungsgesetz
AT	Altes Testament
atl	alttestamentlich
BAT	Bundesangestelltentarif
BAT-KF	BAT kirchliche Fassung
BK	Bekennende Kirche oder Schülerbibelkreise
BKD	Bank für Kirche und Diakonie
CA	Confessio Augustana
CPT	Clinical Pastoral Training
CVJM	Christlicher Verein Junger Männer/Menschen
DC	Deutsche Christen
DCSV	Deutsche Christliche Studentenvereinigung
DEKT	Deutscher Evangelischer Kirchentag
EC	Jugendbund für Entschiedenes Christentum
EAiD	Evangelische Akademikerschaft in Deutschland
EDV	Elektronische Daten Verarbeitung
EFD	Evangelische Frauenarbeit in Deutschland
EG	Europäische Gemeinschaft
EKD	Evangelische Kirche in Deutschland
EKH	Evangelische Krankenhaus-Hilfe
EKiR	Evangelische Kirche im Rheinland
EKU	Evangelische Kirche der Union
epd	Evangelischer Pressedienst
ESG	Evangelische Studentengemeinde
esr	Evangelische Schülerarbeit im Rheinland
FFF	Film-, Funk- und Fernsehzentrum
GA	Grundartikel oder Gemeindeamt
GAW	Gustav-Adolf-Werk
GEP	Gemeinschaftswerk Evangelischer Publizistik
GfW	Gemeindedienst für Weltmission
GG	Grundgesetz
gr	griechisch
HdB	Haus der Begegnung
HLD	Haus Landeskirchliche Dienste
JASchG	Jugendarbeitsschutzgesetz
KABl	Kirchliches Amtsblatt
KDA	Kirchlicher Dienst in der Arbeitswelt
KED	Kirchlicher Entwicklungsdienst
KGD	Kindergottesdienst
KiHo	Kirchliche Hochschule
KJR	Konferenz für Jugendarbeit in der EKiR
KKV	Kirchenkreisverband
KL	Kirchenleitung
KO	Kirchenordnung
KS	Kreissynode
KSA	Klinische Seelsorgeausbildung
KSV	Kreissynodalvorstand
KU	Kirchlicher Unterricht
lat	lateinisch
LKA	Landeskirchenamt
LKR	Landeskirchenrat
LS	Landessynode
MBK	Mädchenbibelkreise
MVG	Mitarbeitervertretungsgesetz
NT	Neues Testament
OKR	Oberkirchenrat
ÖRK	Ökumenischer Rat der Kirchen
OT	Offene Tür
PfDG	Pfarrerdienstgesetz

PTI	Pädagogisch-Theologisches Institut	TZI	Themenzentrierte Interaktion
PWO	Presbyterwahlordnung	VCP	Verein Christlicher Pfadfinder
ROSTA	Raumordnungs- und Strukturausschuß	VELKD	Vereinigte Evangelisch-Lutherische Kirche in Deutschland
RS	Rechtssammlung	VEM	Vereinigte Evangelische Mission
soz	sozial		
StGB	Strafgesetzbuch	Vf	Verfassung
StVollzG	Strafvollzugsgesetz	VMA	Volksmissionarisches Amt
Sup	Superintendent	VO	Verwaltungsordnung
TO	Tagesordnung	ZDL	Zivildienstleistender
TOP	Tagesordnungspunkt	ZGAST	Zentrale Gehaltsabrechnungsstelle
TOT	Teiloffene Tür		
TS	Telefonseelsorge		

Abendmahl

Aus der Tischgemeinschaft Jesu mit „Zöllnern und Sündern" (Mark. 2, 13–17), dem letzten Mahl Jesu mit seinen Jüngern am Abend vor der Kreuzigung (Mark. 14, 22 ff.) und den Begegnungen mit dem Auferstandenen nach Ostern (Luk. 24, 30 ff.; Joh. 21, 12 f.; Apg. 10, 41) hat sich das Verständnis des Abendmahls (A.) der ersten Christen entwickelt. Dabei hat die Tradition des jüdischen Passahfestes (2. Mose 12) zur Deutung des A.-Geschehens in gewisser Weise beigetragen (1. Kor. 5, 7). Kaum ein Inhalt der christlichen Verkündigung und der gottesdienstlichen Praxis ist in der Geschichte der Kirche so reich entfaltet worden wie die Lehre und Gestaltung des Heiligen A. Unmittelbare Folge davon war aber auch, daß das A.-Verständnis oft – so auch in der Reformationszeit – kirchentrennende Bedeutung hatte.

Während jedoch die Kontroversen der Vergangenheit an Bedeutung und Sprengkraft verloren haben, sind neue Entwicklungen zu beobachten, die innerhalb der ev. Kirche zu Auseinandersetzungen geführt haben. Die (Wieder)Entdeckung der sog. „Agapen" (= Sättigungs- und Gemeinschaftsmahlfeiern mit Elementen der A.-Liturgie) und sog. offene A.-Feiern („Feierabendmahl", Nürnberger → Kirchentag 1979: „Lorenzer Ratschläge") haben Zustimmung gefunden und Kritik ausgelöst. Im Mittelpunkt steht die theologische Frage, ob die A.-Feier der christlichen Gemeinde eine Fortsetzung jener solidarischen Tischgemeinschaft ist, die Jesus von Nazareth mit seinen Jüngern und den „Zöllnern und Sündern" praktiziert hat, ob im A. der auferstandene und erhöhte Herr die Seinen an den A.-Tisch ruft, um ihnen unter Brot und Wein die Heilsgabe seines Sterbens und Auferstehens zuzueignen: die Vergebung der Sünden und den Frieden mit Gott, oder ob – jene Alternative überwindend – im A. der gekreuzigte Auferstandene sich selbst gibt, um zu neuer Solidarität einzuladen und aufzufordern und sich mit seiner Gemeinde an die Leiden der Welt zu binden.

Die in → Agende I beschriebene Form des A., zu dem an jeder Predigtstätte nach Möglichkeit einmal im Monat eingeladen werden sollte (Art. 24, 1 KO), ist die in der EKiR übliche. Vielerorts ist es Brauch, daß Presbyter oder andere Helfer beim Austeilen von Brot und Wein mitwirken. Mit Rücksicht auf (Alkohol-)Kranke kann auch Traubensaft beim A. gereicht werden. Ebenso ist die Verwendung von Einzelkelchen möglich. Neben der verbreiteten A.-Feier in Gruppen vor dem Altar (Abendmahlstisch) werden auch Formen erprobt, bei denen Brot und Wein durch die Reihen gereicht werden (Gehbehinderte) oder die Gemeinde an Tischen sitzt.

Werden andere Formen der Mahlgemeinschaft erprobt, so hat das Presbyterium darüber zuvor zu beschließen (Art. 17, 1 Anm. 1 u. 17, 2 + 3 KO). Durch Beschluß der Landessynode 1981 wurde die Möglichkeit eröffnet, daß auch noch nicht konfirmierte Kinder am A. der Gemeinde teilnehmen dürfen; hierzu ist ein qualifizierter Presbyteriumsbeschluß (Zustimmung der Pfarrer!) notwendig.

Während das A. früher häufig „im Anschluß" an den Predigtgottesdienst gefeiert wurde, ist seit einigen Jahren die Tendenz vorherrschend, das A. in den Hauptgottesdienst zu integrieren. Diese Tatsache und die allenorts steigenden Zahlen der A.-Teilnehmer lassen erkennen, daß neuerdings formulierte theologische Sätze zum reformatorischen Verständnis des A. dankbar rezipiert worden sind: „Im A. lädt der erhöhte Herr die Seinen an seinen Tisch und gibt ihnen schon jetzt Anteil an der zukünftigen Gemeinschaft im Reiche Gottes."

Abendmahlstisch

→ Abendmahl.

Abkündigungen

Durch Abkündigungen (A.) werden die Gemeindeglieder im → Gottesdienst informiert und eingeladen, am Leben der Gemeinde (Veranstaltungen, Kollekten, Sitzungen der Leitungsgremien, Problemstellungen) und dem Ergehen einzelner (Amtshandlungen) teilzunehmen. Ihr Ort in der → Liturgie wird verschieden bestimmt: am Anfang des Gottesdienstes bei einer Begrüßung oder vor dem Fürbittengebet. Die A. werden oft von Presbytern oder Lektoren verlesen. Sie sollen kurz sein und können ergänzt werden durch → Schaukasten, → Gemeindebrief oder Handzettel. Bekanntmachungen politischer außerkirchlicher Stellen sind im Blick auf die A. sorgfältig zu prüfen (Art. 22 KO).

Abrechnung

Über die richtige und zweckbestimmte Verwendung kirchlicher Gelder ist Rechenschaft zu geben in Form der Jahresrechnung (§§ 123 und 124 VO) → Rechnungsprüfung. Alle Geldbeträge sind deshalb der zuständigen kirchlichen Kasse zuzuführen (§ 86,1 VO). Dies gilt grundsätzlich auch für Diakoniemittel, → Kollekten und → Sammlungen. Ausnahme: Beträge und Gaben, die dem Pfarrer für besondere Zwecke (Unterstützungen) zur freien Verwendung übergeben oder bei Amtshandlungen eingesammelt werden (§ 86,2 VO, → Diakoniekasse). Über → Freizeiten ist besonders abzurechnen (Richtlinien vom 8. 9. 1972 − KABI. S. 181). Für → Zuschüsse sind den Bewilligungsstellen Verwendungsnachweise nach besonderen Vorschriften vorzulegen.

Abstimmung

Das Presbyterium soll seine Beschlüsse einmütig fassen (→ Einmütigkeit). Bei Abstimmungen entscheidet die einfache Mehrheit der anwesenden Stimmberechtigten. Durch Kirchengesetz kann in Einzelfällen (z. B. → Pfarrwahl) eine erhöhte Mehrheit gefordert sein. Bei Stimmengleichheit ist kein Beschluß zustande gekommen. Ungültige Stimmen und Stimmenthaltungen zählen wie Nein-Stimmen. Bei → Wahlen ent-

scheidet das Los, wenn auf zwei Wahlvorschläge je die Hälfte der zu
berücksichtigenden Stimmen entfallen ist. Bei Wahlen muß auf Antrag
eines Mitgliedes geheim abgestimmt werden. Wer am Gegenstand der
Beratung persönlich beteiligt ist, muß zwar auf sein Verlangen gehört
werden, hat sich aber vor Beratung und Beschlußfassung zu entfernen.
Bei Wahlen nehmen alle Mitglieder an der Abstimmung teil.

Agende

Agende (A.) (lat. „ordo agendi" = Ordnung des gottesdienstlichen Han-
delns) ist das Buch, das die feststehenden und wechselnden Stücke des
Gemeindegottesdienstes (→ Liturgie) und der Kirchlichen Handlungen
(→ Amtshandlungen) enthält. In der reformierten Kirche ist auch der
Begriff „Kirchenbuch" gebräuchlich; die katholische Kirche verwendet
den Titel „Meßbuch".
Ziel aller A. ist die einheitliche Gestaltung der gottesdienstlichen Feiern.
Die z. Z. in der EKiR gültige A. hat zwei Teile: Agende I enthält die Ge-
meindegottesdienste; Agende II die Kirchlichen Handlungen. Beide A.-
Teile gelten für den gesamten Bereich der → EKU und wurden 1959
bzw. 1963 verabschiedet. Die in ihnen enthaltenen Formulare bewahren
die Tradition der → luth. wie der → ref. A. bis zurück in die Zeit der Reformation und wollen ein „geistliches Band sein, das die Gliedkirchen
der EKU in Ost und West in wahrer Gemeinschaft beieinander hält".
Dabei bestehen weitgehende Übereinstimmungen mit den Gottesdienst-
ordnungen der meisten anderen ev. Kirchen in Deutschland. Die Entwicklung in den letzten 20 Jahren hat gezeigt, daß kaum wirklich weg-
weisende neue agendarische Formen entwickelt wurden bzw. entwik-
kelt werden konnten − sieht man von den sogenannten „Gottesdiensten in anderer Gestalt" einmal ab, die zumeist auch die Grundformen
des in der A. Vorgeschlagenen variieren. Oft wird übersehen, daß die
derzeit gültige A. für fast alle gottesdienstlichen Handlungen reiche liturgische Gestaltungsmöglichkeiten enthält. Nach Art. 69, 1 KO ist der
Pfarrer bei der Leitung des öffentlichen → Gottesdienstes und bei dem
Vollzug der Amtshandlungen an die Ordnungen der gültigen A. gebunden, wobei dem Presbyterium im Blick auf den Gemeindegottesdienst
am Sonntagvormittag entsprechend der gemeindlichen Tradition (→
Bekenntnisstand) die Auswahl der Form A oder B/andere Form/einfache
Form zusteht. Die auf Beschluß des Leitungsorgans zulässige Durchführung von „Gottesdiensten in anderer Gestalt" setzt die A. nicht
außer Kraft (Beschlüsse der LS 1971), gibt aber Gelegenheit, neue Formen zu erproben.

Akademie, Evangelische

„Die Evangelischen Akademien entstanden in Deutschland aus der Situation der Nachkriegszeit. Sie führten Menschen aller Bevölkerungs-
schichten, die durch die moralische Katastrophe des Dritten Reiches

und durch ihre Erlebnisse in Krieg und Gefangenschaft zutiefst erschüttert waren, zu einem gemeinsamen Nachdenken über die Grundlagen ihrer Existenz und über ihre Aufgabe im Alltag zusammen" (Denkschrift der EKD: „Dienst der Evangelischen Akademien im Rahmen der kirchlichen Gesamtaufgabe" 1963).

Seit jener ersten Phase bleibt es Auftrag und Ziel der Akademie (A.), die wechselnden Herausforderungen der Zeit anzunehmen und die geistigen und gesellschaftlichen Fragen mit Menschen verschiedener gesellschaftlicher Gruppen und wissenschaftlicher Disziplinen so zu besprechen, daß sich daraus Konsequenzen für den Glauben und das alltägliche Handeln ergeben. Die Tagungen der A. sind an einem Thema orientiert und versammeln eine überschaubare Zahl von Personen, die zum Teil gezielt eingeladen werden und durch freiwillige Teilnahme persönliches Interesse bekunden. Sachthemen und Berufsprobleme werden zusammen mit der persönlichen Betroffenheit und der Frage nach dem Lebenssinn verhandelt. Die christliche Botschaft wird im gegenseitigen Austausch, in Gespräch und Besinnung auf die Lebenssituation der Teilnehmer vermittelt.

Information und Prospekte durch: Evangelische Akademie, Haus der Begegnung, Uhlenhorstweg 29, 4330 Mülheim (Ruhr) 1. In beschränktem Umfang stehen die Räume der A. auch für Tagungen von Gemeinden und Einrichtungen der EKiR offen. → Erwachsenenbildung; → Industrie- und Sozialarbeit.

Allianz

Die Evangelische Allianz (E. A.) ist der erste Versuch, weltweite Gemeinschaft von Christen darzustellen, damit die biblische Botschaft nicht durch Streit von Christen untereinander unglaubwürdig werde. Schon 1846 kamen so in London 921 „Brüder" zusammen, die zu insgesamt 50 verschiedenen Kirchen gehörten — allerdings keiner von ihnen zur katholischen Kirche. Die E. A. will keinen Kirchenbund, sondern einen Bruderbund von einzelnen Christen bilden, die die „Basis" der E. A. bejahen, d. h. Richtlinien zur Autorität der Hl. Schrift, zum Mittlerdienst Jesu u. a. In Deutschland tritt die E. A. durch die jährlich in der ersten vollen Januarwoche stattfindende Allianzgebetswoche an die Öffentlichkeit. Die Materialien dazu wie auch der regelmäßig erscheinende Allianz-Brief werden von der Geschäftsstelle der E. A. (1000 Berlin 41, Albestr. 4) versandt. Außerdem erscheint (in 6330 Wetzlar, Postfach 1820) wöchentlich idea, der Informationsdienst der E. A. Bei Aktionen der Allianz, z. B. bei Allianz- → Evangelisationen, ist darauf zu achten, daß die in der Allianz vertretenen Personen nicht ohne weiteres ihre Organisationen repräsentieren. Die Allianz kann also erst dann von einer Mitarbeit und Mitfinanzierung durch einen Kirchenkreis oder eine Kirchengemeinde sprechen, wenn über die persönliche Mitarbeit von Pfarrern hinaus offizielle Beschlüsse der Leitungsgremien gefaßt worden sind.

Altar

→ Abendmahl.

Altenarbeit

Zu den offenen Angeboten der Altenarbeit (A.) gehören Altentagesstätten und Altenclubs, deren Träger überwiegend Kirchengemeinden sind. Sie dienen den Bedürfnissen alter Menschen nach Kommunikation, Information, Bildung und Freizeitgestaltung. Sie können mit → Beratungsstellen, Mahlzeitendiensten (→ Essen auf Rädern), Körperpflegediensten, Reparaturdiensten u. a. ambulanten Diensten verbunden sein. In Altenclubs ist das Charakteristische, daß die Mitglieder zu einer festen Gruppe zusammenwachsen. Die Angebote reichen vom zwanglosen Zusammensein und Kaffeetrinken bis zu Interessengruppen mit Spezialthematik, von sportlichen bis zu musischen Betätigungen. Es gilt, die Eigeninitiative der Besucher zu wecken und sie zur Mitgestaltung sowie zur Mitverantwortung anzuregen. Dem Bedürfnis nach Ruhe und Gemütlichkeit einerseits und der notwendigen körperlichen und geistigen Bewegung andererseits soll Rechnung getragen werden. In entsprechende Angebote sollen auch Bewohner von Altenheimen einbezogen werden. Dadurch können Ängste vor dem Heimleben und falsche Vorstellungen abgebaut werden. Das Altenwohnheim ist eine heimmäßige Zusammenfassung von Altenwohnungen. Es bietet rüstigen alten Menschen die Möglichkeit, unter erleichterten Bedingungen selbständig zu wohnen und im Bedarfsfall ambulant betreut zu werden.
Im Altenheim gibt der alte Mensch einen Teil seiner Selbständigkeit durch Verzicht auf einen eigenen Haushalt auf. Manche Altenheime „mit Wohnheimcharakter" ermöglichen eine teilweise Selbstverpflegung. Den meisten Altenheimen ist eine Pflegestation für vorübergehende Erkrankungen zugeordnet.
Im Altenkrankenheim werden alte Menschen nach akuten Krankheiten langfristig, aber nicht zur Dauerpflege aufgenommen. Es stellt eine Zwischenstation zwischen Krankenhaus und Altenheim oder eigener Wohnung dar.
In Altenpflegeheimen wird die umfassende Betreuung und Versorgung chronisch kranker und pflegebedürftiger alter Menschen angeboten.

Altenclub

→ Altenarbeit.

Altenheim

→ Altenarbeit.

Amtshandlungen

In den Amtshandlungen (A.) wird bestimmten Menschen in besonderer Lage nach einer vorgegebenen Ordnung das Evangelium als Wort und Sakrament zugesprochen und dargereicht. Zu den A., deren Ordnung durch die → Agende (Teil II) bestimmt ist, gehören: → Taufe, → Konfirmation, → Trauung, → Beerdigung; weiter: → Ordination, Einsegnungen, → Einführungen, → Einweihungen; ferner auch die → Aufnahme eines getauften Christen, die Wiederaufnahme eines Ausgetretenen, die Feier der goldenen Hochzeit, die Krankenkommunion und die Einzelbeichte.

Die KO regelt in Art. 75–78 die Frage der Zuständigkeit für A. und die Möglichkeit der Übertragung dieser Zuständigkeit (Abmeldebescheinigung = Dimissoriale).

Amtstracht

In den meisten ev. Kirchen in Deutschland wird der betont schlichte schwarze Talar mit weißem Beffchen als Amtstracht (A.) vorgeschrieben, zu dem im Freien ein flaches Samtbarett getragen wird. Diese A. geht auf eine Kabinettsordre des preußischen Königs aus dem Jahre 1811 zurück.

Der Talar ist „die A. des ordinierten Dieners am Wort" und wird bei „allen öffentlichen Gottesdiensten und den → Amtshandlungen" von Pfarrern, Pastoren im Hilfsdienst, Gemeindemissionaren und Predigthelfern getragen. Anwärter auf eines dieser Ämter (z. B. Vikare) und beauftragte → Lektoren dürfen ebenfalls den Talar tragen. Vgl. „Richtlinien über das Tragen des Talars" KABI 1963, S. 236.

Über die Zulassung einer helleren A. − in Anlehnung an viele Kirchen der Ökumene − wird diskutiert.

Andacht

Neben dem öffentlichen → Gottesdienst hat die Andacht (A.) als eine andere Form der Verkündigung ihren festen Platz in der Gemeinde. Sie ist die häufigste Form der Verkündigung in Kreisen und Gruppen. An einen festen liturgischen Rahmen (→ Liturgie) ist sie nicht gebunden. Häufig wird sie nicht vom Pfarrer, sondern von einem Mitglied des Kreises oder einem anderen Mitarbeiter der Gemeinde gehalten. Grundlage der A. ist ein biblischer Text, der entweder frei ausgelegt wird oder zu dessen besserem Verständnis andere kommentierende Texte (Meditationen, Gedichte, Erzählungen) verlesen werden. Lied und → Gebet treten hinzu. Um nicht wahllos einen biblischen Text zu suchen, empfiehlt es sich, auf die → Losungen, Andachtsbücher, Bibellesepläne oder die im letzten Teil des → Gesangbuches gedruckten Vorschläge zurückzugreifen. Sie enthalten auch Hinweise für tägliche Hausandachten in der Familie oder bei besonderen Gelegenheiten. Heute bedient man sich vielfach verschiedener Medien (Dias, Collagen, Kurzfilme, Bilder, Tonband). Mit ihrer Hilfe soll die A. einen mehr meditativen Stil erhalten (→ Meditation). Das Ziel ist, durch Einladung zu einem Gespräch möglichst viele Mitglieder des Kreises an den Überlegungen zum Text und damit an der Gestaltung der A. zu beteiligen. – Bei fast allen gemeindlichen Veranstaltungen ist die A. am Anfang oder zum Schluß die Regel, nicht aber Gesetz.

Angestellte

Angestellte (A.) sind diejenigen Mitarbeiter, die in einer der Rentenversicherung der A. unterliegenden Beschäftigung tätig sind. Nach herkömmlicher Betrachtungsweise sind dies diejenigen Mitarbeiter, die überwiegend geistige Arbeiten verrichten. Es können aber auch diejenigen als A. beschäftigt werden, die der Rentenversicherung der Arbeiter zugeordnet sind und deren Tätigkeit in der Allgemeinen Vergütungsordnung aufgeführt ist (§ 1 Abs. 2 → BAT-KF). So werden im kirchlichen Bereich regelmäßig die → Küster und → Hausmeister als A. beschäftigt.
Die Feststellung, ob jemand Arbeiter oder A. ist, ist nach dem Arbeitsvertrag zu beurteilen, der im kirchlichen Bereich schriftlich abzuschließen ist. Ist im Arbeitsvertrag der BAT-KF vereinbart, so handelt es sich in jedem Fall um einen A. Das Leitungsorgan kann in Zweifelsfällen mit dem Mitarbeiter vereinbaren, in welchem Rechtsstatus er angestellt werden soll. Dabei ist von der Tätigkeit in der Allgemeinen Vergütungsordnung auszugehen.
Bei nebenberuflich beschäftigten Mitarbeitern ist davon auszugehen, wie ein entsprechend hauptberuflicher Mitarbeiter zu behandeln ist.
Das Recht der A. richtet sich im wesentlichen nach den Bestimmungen des BAT-KF. Wesentliche Unterscheidungen zum Recht der Arbeiter ergeben sich in der → Vergütung, im → Urlaubsanspruch, in Angelegenheiten der Lohnfortzahlung im Krankheitsfalle und in den Kündigungsfristen (→ Kündigung). A. haben durch das Erfordernis der vorherigen Zustimmung des KSV zu allen Kündigungen einen erhöhten kirchlichen Kündigungsschutz gegenüber Arbeitern. Nach dem Kirchengesetz über Ausnahmen vom Erfordernis der Zugehörigkeit zur Evangelischen Kirche ist bei A. das LKA, bei Arbeitern der KSV Genehmigungsbehörde. Bei A. bedarf die Ein- und → Höhergruppierung der Genehmigung einer kirchlichen Aufsichtsbehörde (bis Vergütungsgruppe VII BAT-KF der KSV, ab Vergütungsgruppe VIb BAT-KF das LKA), bei Arbeitern bedarf es keiner Genehmigung. → Tarife.

Anstellungsfähigkeit

Zum → Pfarrer wählbar sind nur solche Theologen, denen das LKA auf Grund der Bestimmungen des Pfarrerdienstgesetzes die „Anstellungsfähigkeit als Pfarrer" zuerkannt hat. Hierüber wird ein Zeugnis ausgestellt. Bewerbern aus anderen Kirchen kann die Anstellungsfähigkeit auf Antrag durch das LKA zuerkannt werden, wenn auf Grund der Personalakte und durch ein Kolloquium festgestellt worden ist, daß sie für den Dienst in der EKiR geeignet sind. Nach dem Pfarrstellenbesetzungsgesetz (→ Pfarrstelle) ist zusätzliche Voraussetzung für die „Wählbarkeit" die schriftliche Zustimmung zum Grundartikel der EKiR und die Übernahme der Verpflichtung, den → Bekenntnisstand der Gemeinde zu achten, sowie die Regelung der Versorgungsverhältnisse (§ 2).

Die → Pfarrwahl darf erst angesetzt werden, wenn sich ein Presbyterium über die Wählbarkeit des Kandidaten vergewissert hat. Zur Anstellungsfähigkeit von → Mitarbeitern: → BAT-KF; → Tarife; → Ausbildungsstätten.

Anstellungsgespräch

Ein kirchliches Anstellungsverhältnis wird unter der Voraussetzung abgeschlossen, daß es in einem bestimmten Bereich und in fest umrissenen Grenzen Teil des Dienstes der Gesamtkirche ist. Daher ist von → Anstellungsträgern zu erwarten, daß sie sich mit den → Mitarbeitern als Teilhaber an den Gaben und Aufgaben verstehen, die Christus seiner Gemeinde gibt, und bereit sind, mit ihnen gemeinsam im Glauben und in der Liebe zu wachsen. Diese Bereitschaft ist der tragende Grund des Anstellungsgespräches, in dem über Gehalt, Arbeitszeit, Mitarbeiter, Wohnung, Diensträume und Erstattungen klare Absprachen getroffen werden. Unerläßlich erscheint es, gegenseitiges Verstehen bzw. Übereinstimmung im Blick auf Erwartungen, Ziele und Kriterien für die Würdigung der künftigen Arbeit und den Grad der Selbständigkeit zu suchen. Um Einblick in die fachliche Qualifikation von Bewerbern zu bekommen, ist zu empfehlen, den Synodalbeauftragten des entsprechenden Fachgebietes hinzuzuziehen. Weil in einem Anstellungsgespräch, dem der Beschluß einer Einstellung folgt, nie das letzte Wort gesprochen werden kann, sollen weitere regelmäßige Gespräche die Arbeit des Mitarbeiters begleiten. → Dienstanweisung.

Anstellungsträger

Anstellungsträger (A.) im Bereich der EKiR sind juristische Personen, die → Mitarbeiter beschäftigen: Kirchengemeinden (→ Gemeinde), → Kirchenkreise sowie deren Verbände und die → Landeskirche. Im diakonischen Bereich sind es die eingetragenen → Vereine und die Gesellschaften mit beschränkter Haftung. A. können grundsätzlich nicht die aufgrund des Verbandsgesetzes gebildeten Zusammenschlüsse sein, die nicht die Form einer juristischen Person haben; allerdings kann durch die Satzung geregelt werden, daß die Rechte und Pflichten des A. auf die Organe dieser Zusammenschlüsse übergehen.

Die Rechte und Pflichten der A. im Blick auf die Mitarbeiter bestehen im wesentlichen in der Dienst- und Fachaufsicht, sowie in den arbeitsrechtlichen Pflichten zur Entlohnung und zur Fürsorge.

Die Dienstaufsicht umfaßt im weitesten Sinne das Weisungsrecht des Dienstgebers. So kann der A. im Rahmen der → Dienstanweisung dem Mitarbeiter konkrete Anweisungen zur Erfüllung seines Dienstes erteilen, der A. entscheidet über die Genehmigung von → Dienstfahrten, → Fortbildung, → Urlaub usw. Eine Delegation dieser Dienstaufsicht auf einzelne Personen, z. B. den unmittelbaren Dienstvertreter, ist möglich.

Die Fachaufsicht umfaßt die fachlichen Belange des Mitarbeiters. Sie liegt ebenfalls grundsätzlich beim A. Er kann die Fachaufsicht durch Satzung auf Fachausschüsse (→ Ausschüsse) → delegieren. Die Gesamtverantwortung des A. bleibt hiervon unberührt.

Antirassismus-Programm

Die Vollversammlung des ÖRK stellte 1968 in Uppsala fest: „Rassendiskriminierung ist eine klare Leugnung des christlichen Glaubens." Rassismus leugnet das in der Schöpfung begründete gemeinsame Menschsein sowie die Wirksamkeit des Versöhnungswerkes Jesu Christi und unterstellt zu Unrecht, daß die Identität des Menschen stärker durch seine Rassenzugehörigkeit als durch seine Christus-Bindung gegeben ist. Das sog. „Antirassismus-Programm" (A.) des ÖRK verfolgt sein Ziel, dem Rassismus weltweit zu begegnen, auf zwei Wegen. In seinem „Hauptprogramm" stellt es finanzielle und organisatorische Mittel bereit, um die Erforschung rassistischer Verhältnisse und eine gegenüber dem Rassismus sensible Bewußtseinsbildung zu fördern sowie Arbeitsprogramme zugunsten rassisch benachteiligter Menschen zu fördern. Der „Sonderfonds" des Programms dient vorwiegend der unmittelbaren Unterstützung von Selbsthilfe-Organisationen der rassisch Unterdrückten. Umstritten ist dieser Sonderfonds des A., weil aus ihm auch Befreiungsbewegungen unterstützt werden können, die Gewaltanwendung gegen bestehende Gewalt nicht ausschließen. In solchen Fällen werden von den geförderten Organisationen allerdings bindende Zusicherungen verlangt, daß sie die Mittel aus dem Sonderfonds ausschließlich zu humanitären Zwecken (z. B. für medizinische Hilfe, Hungerhilfe oder Bildungsprogramme) verwenden. Eine Rechnungslegung wird jedoch nicht verlangt, weil die ökumenischen Partner in ihrer Mündigkeit ernst genommen werden. In der EKiR gilt bis jetzt die Regelung, daß zum Hauptprogramm des A. aus ordentlichen Haushaltmitteln, zum Sonderfonds des A. aus Spendenmitteln beigetragen werden soll. Von einzelnen Gemeinden und Kirchenkreisen wird die Meinung vertreten, daß als deutliches Zeichen der kirchlichen Solidarität auch Kirchensteuermittel für den Sonderfonds des A. bestimmt werden sollten. Als Hauptzielpunkt des A. gilt die Apartheitspolitik der Republik Südafrika. Darüber wird weithin nicht zur Kenntnis genommen, daß das A. in seinen beiden Teilen von Anfang an in allen Erdteilen aktiv war und z. B. auch in Mitteleuropa Gastarbeiterfragen und Minderheitenprobleme aufgegriffen hat.

Anwesenheitspflicht

Der Pfarrer ist verpflichtet, mit seiner Familie die → Dienstwohnung zu beziehen. Er soll so wenig wie möglich von seiner Gemeinde abwesend sein. Eine Abwesenheit aus dienstlichen oder persönlichen Gründen von mehr als 48 Stunden hat er dem Presbyterium und dem Superintendenten rechtzeitig anzuzeigen. Die Abwesenheit aus persönlichen Gründen wird bis zu drei Tagen im Einzelfall und bis zu 14 Tagen im Jahr nicht auf den Erholungsurlaub (→ Urlaub) angerechnet. Zu einer dienstlichen Abwesenheit von mehr als drei Tagen bedarf der Pfarrer der Zustimmung des Superintendenten, von mehr als 28 Tagen im Jahr zusätzlich der Genehmigung des Landeskirchenamtes. Bleibt der Pfarrer unentschuldigt dem Dienst fern, so verliert er für diesen Zeitraum den Anspruch auf Dienstbezüge (→ Vergütung); Disziplinarmaßnahmen sind nicht ausgeschlossen. → Pfarrhaus.

Apostolikum

Unter allen überlieferten Glaubensbekenntnissen hat sich das Apostolikum (A.) am stärksten durchgesetzt. Die liturgischen Reformen des 19. Jh. gaben ihm einen festen Platz im → Gottesdienst, wo es nach der Schriftlesung gesprochen wird. Sein ökumenischer Charakter wird dadurch unterstrichen, daß sich die katholische und die evangelische Kirche auf einen gemeinsamen Wortlaut geeinigt haben. Das A. war das Taufbekenntnis (→ Taufe) der römischen Gemeinde. Seine Vorformen reichen bis in die Mitte des 3. Jh. zurück. Die Apostel waren nicht seine Verfasser. Es will die Botschaft der Apostel zusammenfassen.
Seine Urform ist die dreifache, auf den Taufbefehl Jesu zurückgehende Frage an den Täufling: „Glaubst du an Gott, den allmächtigen Vater? . . . an Jesus Christus, unsern Heiland? . . . an den heiligen Geist, eine heilige Kirche und die Vergebung der Sünden?" Darauf antwortete der Täufling jedesmal: „Ich glaube." Er sagte sich von seinem bisherigen Leben los und vertraute sich dem dreieinigen Gott an. Später wurden diese Fragen zu einem Bekenntnis umformuliert, das der Täufling als Ganzes aufzusagen hatte. Die zweite Frage wurde um die entscheidenden Stationen des Weges Jesu erweitert, um jene Irrlehre abzuwehren, die Jesus nur einen Scheinleib zusprach und die Menschwerdung Gottes leugnete. Luther sah im A. die Summe der heiligen Schrift, so etwas wie die eiserne Ration eines Christen. Mit der Übernahme des A. stellte sich die Reformation bewußt auf den Boden der einen, ungeteilten Kirche, die sie erneuern, nicht spalten wollte. Das A. erweckt den Eindruck, als zähle es die „Heilstatsachen" auf, ohne den, der es nachspricht, persönlich einzubeziehen. Luther korrigierte diesen Eindruck, indem er in seiner Auslegung den persönlich betroffenen Menschen in den Mittel-

punkt rückte (Ich glaube, daß mich Gott geschaffen hat, . . . daß Jesus Christus sei mein Herr). Das verhinderte nicht den Einwand, das A. schweige gerade zu den wichtigsten Stücken des Glaubens, zur Erbsünde, zur Erlösung, zur Rechtfertigung des Sünders. In neuerer Zeit kam die Kritik an dem hier stillschweigend vorausgesetzten, für uns überholten Weltbild hinzu. Es bleibt deshalb unsere Aufgabe, in unsere Situation hinein mit unseren Worten zu sagen, was wir meinen, wenn wir Jesus Christus als unseren Herrn und Heiland bekennen (→ Glaubensbekenntnis).

Arbeitsgemeinschaft Christlicher Kirchen

Die Arbeitsgemeinschaft Christlicher Kirchen in der Bundesrepublik Deutschland und Berlin (West) e. V. (ACK) wurde 1948 gegründet und 1974 unter Beteiligung der röm.-kath. Kirche neu konstituiert. Ihr gehören als Mitglieder an: die EKD, die röm.-kath. Kirche, die griech.-orth.-Metropolie von Deutschland, der Bund Ev.-Freikirchl. Gemeinden, die Ev.-methodistische Kirche, das Kath. Bistum der Alt-Katholiken in Deutschland, die Vereinigung der Deutschen Mennonitengemeinde, die Europäisch-Festländische Brüder-Unität, die Heilsarmee in Deutschland, die Ev.-altref. Kirche in Niedersachsen. Als Gäste gehören dazu: der Bund freier ev. Gemeinden in Deutschland, die Religiöse Gesellschaft der Freunde (Quäker), die Selbständige Ev.-Luth. Kirche, der Christl. Gemeinschaftsverband Mülheim/Ruhr und die Arbeitsgemeinschaft der Christengemeinden in Deutschland.
Die ACK dient der Zusammenarbeit „im gemeinsamen Zeugnis und Dienst" sowie der gegenseitigen Unterrichtung und fördert v. a. das theologische Gespräch zwischen den Kirchen. Sie nimmt gemeinsame Aufgaben in der Öffentlichkeit wahr, vermittelt bei Meinungsverschiedenheiten der Mitgliedskirchen und bemüht sich um Erfüllung ökumenischer Aufgaben (→ Ökumene). Die Mitglieder behalten ihre Selbständigkeit hinsichtlich Bekenntnis, Lehre, Leben und Ordnung. Ihre gemeinsame theologische Basis lautet: „Sie (die Mitgl.) bekennen den Herrn Jesus Christus gemäß der Heiligen Schrift als Gott und Heiland und trachten darum gemeinsam zu erfüllen, wozu sie berufen sind, zur Ehre Gottes, des Vaters, des Sohnes und des Heiligen Geistes." Die ACK ist regional untergliedert. Die EKiR liegt in den Gebieten der „ACK in NRW" und der „ACK Region Südwest". Die volle oder gastweise Mitgliedschaft in der ACK gilt als Kriterium für die Fähigkeit zu ökumenisch-nachbarschaftlicher Zusammenarbeit. Die Mitglieder der ACK anerkennen gegenseitig die → Taufe und jeweilige Form der religiösen Unterweisung und haben daher Einverständnis darüber erzielt, daß auf gegenseitige Abwerbung von Mitgliedern als Missionszweck zu verzichten sei. (Vgl. zum Unterschied → Sekten.)

Arbeitsrecht

Grundlage des Arbeitsrechts (A.) der EKiR ist das Kirchengesetz über das Verfahren zur Regelung der Arbeitsverhältnisse der → Mitarbeiter im kirchlichen Dienst (Arbeitsrechtsregelungsgesetz — ARRG) vom 19. Januar 1979. Es legt fest, daß abweichend von den sonst üblichen Rechtsgrundlagen des individuellen A. und des Tarifvertragsrechts die Bestimmungen über den Inhalt, die Begründung und die Beendigung von Arbeitsverhältnissen durch eine Arbeitsrechtliche Kommission erlassen werden. Sie besteht aus 18 Mitgliedern, von denen jeweils neun von der Dienstgeberseite und von der Seite der Vereinigungen von Arbeitnehmern bestellt werden, und tritt auf Antrag der Beteiligten oder aufgrund eigenen Beschlusses zusammen. Will einer der beteiligten Dienstgeber oder ein Drittel der Mitglieder der Arbeitsrechtlichen Kommission einem Beschluß nicht folgen, muß er innerhalb eines Monats Einwendungen erheben. Die Arbeitsrechtliche Kommission muß in diesem Fall erneut über die Sache beschließen. Bleibt sie bei ihrem Beschluß, so kann der Einwendende seine Einwendungen zurückziehen oder eine Schiedskommission anrufen, die im Wege des freien Ermessens die gültigen arbeitsrechtlichen Regelungen verbindlich festsetzt. Diese besondere Grundlage der Regelung des kirchlichen A. ermöglicht es den Mitarbeitern, selbst über ihre arbeitsrechtlichen Belange mitzubestimmen und im Konfliktfall diese auch gegen die Beschlüsse von Kirchenleitungen durchzusetzen.

Weitere Rechtsgrundlage ist die Notverordnung über die Regelung des für die kirchlichen → Angestellten geltenden Dienstrechts vom 13. Juli 1961. Auf ihr gründend gelten im Bereich der EKiR im wesentlichen folgende Bestimmungen für die Gestaltung des kirchlichen A.:

1. Der Bundes-Angestelltentarifvertrag kirchlicher Fassung (→ BAT-KF), einschließlich Sonderregelungen und Vergütungsverordnungen.

2. Der Manteltarifvertrag für Arbeiter (MTL II), → Tarife.

3. Die Richtlinien für die Regelung des Dienstrechts kirchlicher Mitarbeiter, die weniger als die Hälfte der Arbeitszeit eines vollbeschäftigten Mitarbeiters beschäftigt werden.

4. Der Manteltarifvertrag für Auszubildende.
Daneben gelten eine Reihe von Bestimmungen, die an das entsprechende Recht im öffentlichen Dienst angelehnt sind.

Ein weiterer Zweig des kirchlichen A. umfaßt die Mitbestimmung und Mitwirkung von Mitarbeitern in kirchlichen Dienststellen in Bezug auf die Dienststelle, geregelt durch das → Mitarbeitervertretungsgesetz — MVG vom 23. Januar 1975, aufgrund der Ausnahme der Kirchen von der Geltung des Betriebsverfassungsgesetzes und des Personalvertretungsgesetzes.

Neben den kirchlichen Rechtsgrundlagen des A. gelten im wesentlichen für die EKiR auch die staatlichen Bestimmungen über das A.

Arbeitszeit

→ Tarife.

Archiv

Das Archiv (A.) dient der Aufbewahrung des erhaltenswerten Schriftgutes sowie der Bilder, Fotos, Karten, Pläne, Ton- und Datenträger und der älteren Altargeräte. Archivgut gehört zum Vermögen einer Gemeinde, dessen ordnungsgemäße Pflege und Verzeichnung Aufgabe des Presbyteriums ist. Die fachliche Aufsicht über die A. in der rheinischen Kirche führt das A. der EKiR, Düsseldorf. Auf der Ebene des Kirchenkreises berät der A.-pfleger. Kirchliche Archivalien sind unveräußerlich. Die Benutzung eines A. aus rechtlichen, wissenschaftlichen oder familiengeschichtlichen Interessen ist durch die Benutzungsordnung geregelt. Die wichtigsten Hilfen und Vorschriften sind enthalten im Handbüchlein für A.-pfleger und A.-ordner der EKiR; Düsseldorf 1978.

Arnoldshain

→ EKU.

Auflösungsvertrag

Ein Arbeitsverhältnis kann unabhängig von der Möglichkeit zur Kündigung jederzeit im Wege des Auflösungsvertrages (A.) beendet werden. Er ist ein Vertrag, mit dem beide Parteien durch übereinstimmende Willenserklärungen die Beendigung eines Arbeitsverhältnisses vereinbaren (§ 58 BAT-KF, § 56 MTL II). Ein solcher Vertrag macht alle allgemeinen Kündigungsregelungen hinfällig und ist grundsätzlich formfrei. Es ist aber aus Beweisgründen dringend zu empfehlen, ihn schriftlich abzuschließen. Aufgrund bestimmter rechtlicher Folgewirkungen empfiehlt es sich, die Initiative zum Auflösungsvertrag in den Vertragstext aufzunehmen (z. B. „auf Wunsch des Arbeitgebers"). Ist der A. auf Wunsch des Arbeitnehmers abgeschlossen worden, so erhält der Arbeitnehmer bei eintretender Arbeitslosigkeit vier Wochen lang keine Arbeitslosenunterstützung. Ebenso verliert er in diesem Fall bis zum 31. 3. des folgenden Jahres seinen Anspruch auf die Weihnachtszuwendung für das vergangene Jahr.
Ein A. kann angefochten werden, wenn er z. B. aufgrund einer arglistigen Täuschung oder widerrechtlichen Drohung hin abgeschlossen wurde.

Aufnahme

Die Mitgliedschaft in einer Gliedkirche der EKD wird in der Regel durch die → Taufe in einer ihrer Kirchengemeinden erworben. Erwachsene, die bereits getauft sind, ohne einer Gliedkirche der EKD anzugehören (z. B. Ausgetretene, röm.-kath. Christen), können die Mitgliedschaft durch Aufnahme (Wiederaufnahme) erwerben (Art. 48 und 50 KO). Der Aufnahme muß eine evangelische Unterweisung vorausgehen und der Aufzunehmende soll sich in der vom Presbyterium festzusetzenden Übergangszeit am gemeindlichen Leben, vor allem am Gottesdienst, beteiligen. Die Aufnahme wird vom Presbyterium der Wohnsitzkirchengemeinde beschlossen und nach der → Agende in einem Gottesdienst oder in Gegenwart von zwei Presbytern vollzogen.

Ein getauftes religionsunmündiges Kind (unter 14 Jahren) erwirbt die Mitgliedschaft durch die entsprechende Erklärung der Erziehungsberechtigten. (Näheres s. Kirchenmitgliedschaftsgesetz § 6 Abs. 2).

Aufwandsentschädigung

Über die → Auslagenerstattung hinaus haben Pfarrer und Gemeindemissionare (in Ausnahmefällen auch andere Mitarbeiter) Anspruch auf eine Aufwandsentschädigung (A.). Sie dient der Abgeltung von Auslagen, die steuerrechtlich als Werbungskosten abzugsfähig wären. Für Pfarrer gilt z. Z. der Höchstsatz von DM 75,—. Davon unberührt bleibt die Erstattung der Kosten für die Heizung, Beleuchtung und Reinigung von Amts- und Wartezimmern (→ Dienstwohnung). Die Zahlung einer A. für besondere Dienstleistungen oder Funktionen ist nicht zulässig.

Ausbildungsstätten

Neben den Ausbildungsstätten (A.) für Pfarrer (theologische Fakultäten, Kirchliche Hochschulen) gibt es im Bereich der EKiR A. für andere kirchliche Mitarbeiter, z. T. in kirchlicher, diakonischer oder privater Trägerschaft. Die Landeskirchen von Rheinland, Westfalen und Lippe unterhalten die „Evangelische Fachhochschule Rheinland, Westfalen und Lippe", (Immanuel-Kant-Straße, Bochum). Sie ist eine vom Staat anerkannte private Fachhochschule, deren Abschlüsse staatlich anerkannt sind, deren Absolventen im kirchlichen und staatlichen Bereich beschäftigt werden können (z. Z. 50 Lehrende, 1000 Studenten). Das Studienangebot erstreckt sich auf Sozialpädagogik, Sozialarbeit und Heilpädagogik. Der Fachbereich „Theologie und Religionspädagogik" bildet für den innerkirchlichen Bereich aus (er soll in absehbarer Zeit in die anderen Studiengänge integriert werden). Voraussetzung für das Studium ist ein mittlerer Bildungsabschluß. Das Studium dauert sechs Semester (drei Jahre). Die Ausbildung ist mit dem darauf folgenden Berufsanerkennungsjahr und einem abschließenden Kolloquium beendet. Zum Diakon oder zur Diakonin bilden Einrichtungen der Diakonie aus (Tannenhof, Bad Kreuznach). Einer theologischen Ausbildung geht eine staatlich anerkannte pflegerische Ausbildung voraus. Innerhalb der EKU ist diese Ausbildung gesetzlich geregelt. Die Berufsbezeichnung „Dia-

kon" ist gesetzlich geschützt. In der Trägerschaft der Diakonie befinden sich außerdem Ausbildungsangebote für den Beruf des Erziehers und der Erzieherin.
Freie A., z. B. das Johanneum in Wuppertal, bilden für innerkirchliche Tätigkeiten aus. Oft gehört zu den Voraussetzungen der Ausbildung eine abgeschlossene Berufsausbildung, weil diese A. keinen staatlich anerkannten A.-abschluß vermitteln können.
Die einzelnen A. erteilen auf Anfrage Auskunft über Ausbildung, Abschluß und berufliche Möglichkeiten. Das LKA steht ebenfalls zur Auskunft zur Verfügung. — Man wird davon ausgehen können, daß in der Kirche auch in Zukunft neben dem Pfarrer andere Mitarbeiter mit einer speziellen Ausbildung tätig sind (Mitarbeiter in der Verwaltung, Organist, Jugendleiter, Kindergärtnerin usw.). Wenn Gemeinden Mitarbeiter zur Anstellung suchen, sollten sie neben der fachlichen Qualifikation des Bewerbers ebenso die Frage prüfen, ob der Bewerber den Auftrag der Kirche bejaht und seinen speziellen Dienst als einen Beitrag zum Gesamtauftrag der Kirche versteht. — Wenn junge Menschen eine Ausbildung zum kirchlichen Mitarbeiter anstreben, sollten sie nach Möglichkeit eine solche Ausbildung wählen, die ihnen neben der kirchlichen auch eine staatliche Anerkennung vermittelt. Dadurch sind sie in ihrer späteren beruflichen Tätigkeit beweglicher. → Berufe, kirchliche.

Ausländer

Ausländer (GG Art. 116, 1) und Asylberechtigte (Ausländergesetz § 28) unterliegen dem Ausländerrecht. Seit 23. 11. 1973 werden keine ausländischen Arbeitnehmer mehr angeworben. Bevorrechtigt unter den Ausländern sind Angehörige der EG-Mitgliedstaaten. Die soziale Beratung der ausländischen Arbeitnehmer und ihrer Familien wird von den Freien Wohlfahrtsverbänden wahrgenommen: Türken, Jugoslawen, Marokkaner und Tunesier vorwiegend durch die Arbeiterwohlfahrt, katholische Italiener, Spanier und Portugiesen durch den Caritas-Verband, orthodoxe Griechen sowie Christen aus der Türkei (z. B. Assyrer, Armenier und Araber) durch das → Diakonische Werk. Unter den Asylsuchenden ausländischen Flüchtlingen befinden sich auch Angehörige christlicher Minderheiten in der Türkei. Die ökumenische Zusammenarbeit mit ausländischen Mitbürgern findet ihren Ausdruck in der Öffentlichkeit u. a. durch den „Tag des ausländischen Mitbürgers". Die Integration (nicht Assimilation) als gleichwertiges Zusammenleben verschiedener Kulturen kann von Gemeinden gefördert werden, indem sie Ausländern Räume zur Verfügung stellen, mit ihnen gemeinsame Veranstaltungen durchführen und Nachbarschaften vermitteln. Im → Kindergarten sind die Kinder ausländischer Eltern nicht nur in der deutschen, sondern auch in ihrer Muttersprache zu betreuen. Die Fachschule für Sozialpädagogik in Köln-Michaelshoven bildet junge Ausländerinnen zu Erzieherinnen aus. Arbeitshilfen zum Thema sind von der LS und der KL herausgegeben worden.

Auslagenerstattung

Die Erstattung von im Dienst und für den Dienst der Gemeinde entstandenen Kosten sollte für ehren- und hauptamtliche Mitarbeiter selbstverständlich sein. Hierzu gehören in erster Linie Fahrtkosten und sonstige Ausgaben, die durch Belege nachweisbar sind (z. B. Tagungsgebühren, → Fortbildungskosten, Auslagen für Geschenke bei Besuchen). Eine Pauschalierung der Auslagenerstattung ist nicht wünschenswert. Bei hauptamtlichen Mitarbeitern kommt noch hinzu, daß Pauschalierungen nachprüfbar sein müssen in Bezug auf ihre steuerliche Relevanz. → Telefon; → Dienstfahrten; → Aufwandsentschädigung.

Aussageverweigerung

→ Beichtgeheimnis; → Verschwiegenheit.

Ausschreibung

a) In Bausachen
Bauleistungen werden je nach Art und Umfang öffentlich oder beschränkt ausgeschrieben oder freihändig vergeben. Die Verdingungsordnung für Bauleistungen (VOB) ist eine allgemein anerkannte Grundlage für die Ausgestaltung von Bauverträgen. Teil A regelt das Verfahren für die Vergabe des Bauauftrages. Teil B regelt die Vertragsgestaltung für die Ausführung von Bauleistungen.
Kirchliche Bauherrn weisen sich als korrekte Partner des Bauhandwerks aus, wenn sie die VOB konsequent anwenden.
b) Stellenausschreibung
Eine kirchengesetzliche Verpflichtung zur Ausschreibung im Kirchlichen Amtsblatt besteht nur für die Stellen der Gemeindepfarrer und der Kirchenmusiker (mit Ausnahme der Stellen für C-Kirchenmusiker). Diese Stellen sowie die Stellen für andere kirchliche Mitarbeiter können darüber hinaus auch in der kirchlichen Presse und in anderen geeigneten Publikationsorganen ausgeschrieben werden. → Pfarrstelle.

Ausschüsse

Das → Presbyterium soll nach Art. 127 KO folgende Fachausschüsse bilden: Theologie und Gottesdienst, Diakonie und Finanzen. Die Bildung anderer Ausschüsse (A.) (z. B. Öffentlichkeitsarbeit, Jugendarbeit, Personalfragen, Bauangelegenheiten) ist den Presbyterien freigestellt. Die A. haben beratenden Charakter. Sie sind vor Entscheidungen, die ihren Fachbereich betreffen, zu hören. Das Presbyterium kann ihnen durch Gemeindesatzung einzelne Rechte des Presbyteriums übertragen, u. a. auch die Verfügung über Finanzen im Rahmen des Haushaltsplanes (→ delegieren). Die Gesamtleitung durch das Presbyterium muß allerdings gewährleistet sein. Die Berufung der A. gilt jeweils für eine Amtsperiode des Presbyteriums. Neben den Fachausschüssen kann das

Presbyterium auch Bezirksausschüsse bilden, denen die Sorge für einen Pfarrbezirk (→ Bezirk) oder Wohnbereich obliegt (Art. 129 KO). Diesen Bezirksausschüssen können die gleichen Rechte übertragen werden wie den Fachausschüssen.

Die Arbeitsteilung und Kooperation zwischen Presbyterium und Ausschüssen erfordert eine sorgfältige Kompetenzklärung. Anfängliche Schwierigkeiten sollten nicht entmutigen, sondern als Schritte in einem Klärungsprozeß bearbeitet werden, die zu deutlicheren Absprachen führen können.

Auf der Ebene des → Kirchenkreises schreibt die KO die Bildung von Fachausschüssen nicht zwingend vor (Art. 152 Abs. 1). Werden solche Ausschüsse gebildet, so haben sie erhebliche Kompetenzen: Sie können Auskünfte von den Kirchengemeinden verlangen; sie können Vertreter der Gemeinden zu ihren Sitzungen hinzuziehen; sie haben ein Initiativrecht an die KS und an den KSV. Ihnen können durch Satzung Aufgaben in eigener Verantwortung übertragen werden. Sie können Verfügungsrecht über Haushaltsmittel erhalten. Auch hier gilt die Einschränkung: „daß die Gesamtleitung . . . von der KS und vom KSV wahrgenommen" wird (Art. 152, 3 KO).

Für wichtige Aufgabengebiete hat auch die → Landessynode ständige A. gebildet (Art. 189 KO), die − ähnlich den A. der KS − mit besonderen Rechten ausgestattet sind.

Außenamt, kirchliches

→ EKD.

Austritt

Glieder der EKiR können jederzeit aus der Kirche austreten. Das Verfahren ist in einem Staatsgesetz vom 30. 11. 1920 geregelt. Der Austritt muß beim Amtsgericht des Wohnsitzes erklärt werden. Die Erklärung wird entweder zu Protokoll des Gerichtes abgegeben oder in öffentlich beglaubigter Form (z. B. in einer notariellen Urkunde) eingereicht. Sie wird sofort − d. h. mit dem Eingang beim Gericht − wirksam. Besondere Wartefristen gibt es nicht. Gleichzeitig erlöschen alle Rechte und Pflichten gegenüber der Kirche; allerdings endet die Kirchensteuerpflicht erst mit Ablauf des Monats, in dem der Austritt wirksam geworden ist.

Bank für Kirche und Diakonie

Die Bank für Kirche und Diakonie e. G. (BKD), Duisburg, dient den Gemeinden und Werken der EKiR als genossenschaftliche Selbsthilfeeinrichtung zur finanziellen Förderung von kirchlich zweckbestimmten Investitionen vor allem im Bau- und Anstaltswesen sowie als Spar- und Kreditinstitut für haupt- und nebenamtliche kirchliche Mitarbeiter. Die BKD wurde 1953 als Darlehnsgenossenschaft der rheinischen Kirchengemeinden gegründet (112 Mitglieder). Neben juristischen Personen können auch der ev. Kirche verbundene natürliche Personen in begrenztem Maße Genossenschaftsanteile erwerben. Die BKD, die 1977 mit ihrer Bilanzsumme die Milliardengrenze überschritt, hatte 1980 1573 Genossenschaftsmitglieder.

Barett

→ Amtstracht.

Barmer Erklärung

„Ungehorsam gegen ein Kirchenregiment, das wider Gottes Wort regiert, ist Gehorsam gegen Gott" (Karl Immer sen.). So wurde 1934 zur Sammlung der evangelischen Christen „unter dem Wort" und zur Scheidung von der „kirchenzerstörenden Irrlehre" der „Deutschen Christen" (DC) und der in ihrem Geiste geschehenden „Gleichschaltung" der Kirche der altpreußischen Union (APU) und anderer Landeskirchen gerufen. Dieser Aufgabe dienten vor allem die ersten „freien" Synoden 1934. Die bedeutsamste war die BK-Synode der Deutschen Evangelischen Kirche (DEK) vom 29. bis 31. Mai 1934. Aus 18 Landeskirchen kamen 139 Synodale: Lutheraner, Reformierte und Unierte. Sie beriefen den Reichsbruderrat zur legitimen Leitung der Bekennenden Kirche (BK) in Deutschland. In Barmen wurden die sechs Sätze der Barmer Erklärung, von Karl Barth formuliert, von Asmussen ausgelegt, einstimmig angenommen. Sie wurden weit über Deutschlands Grenzen bekannt. Seit 1952 gehören sie in die → Ordinationsverpflichtungen der Pfarrer in der EKiR und werden von der KO als ein den Bekenntnisschriften gleichgeordnetes Zeugnis der Kirche aufgeführt (Art. 67; 84 KO); ihre Anerkennung wird ebenso von Presbytern erwartet. Die sechs Sätze entfalten in je drei Schritten: das Zeugnis der Schrift — seine bindende Kraft für den Christen — die Verwerfung der Irrlehre. Alle Sätze kreisen um die 1. These und erläutern sie: Jesus Christus, wie er uns in der Heiligen Schrift bezeugt wird, ist das eine Wort Gottes, das wir zu hören, dem wir im Leben und im Sterben zu vertrauen und zu gehorchen haben.

Wir verwerfen die falsche Lehre, als könne und müsse die Kirche als Quelle ihrer Verkündigung außer und neben diesem einen Worte Gottes auch noch andere Ereignisse und Mächte, Gestalten und Wahrheiten als Gottes Offenbarung anerkennen.

Abkürzungs-Verzeichnis

AEJ	Arbeitsgemeinschaft der Evangelischen Jugend i. d. BRD und Berlin (West) e. V.	esr	Evangelische Schülerarbeit im Rheinland
APU	Evangelische Kirche der Altpreußischen Union	FFF	Film-, Funk- und Fernsehzentrum
Apg	Apostelgeschichte	GA	Grundartikel oder Gemeindeamt
ARRG	Arbeitsrechtsregelungsgesetz	GAW	Gustav-Adolf-Werk
AT	Altes Testament	GEP	Gemeinschaftswerk Evangelischer Publizistik
atl	alttestamentlich	GfW	Gemeindedienst für Weltmission
BAT	Bundesangestelltentarif	GG	Grundgesetz
BAT-KF	BAT kirchliche Fassung	gr	griechisch
BK	Bekennende Kirche oder Schülerbibelkreise	HdB	Haus der Begegnung
BKD	Bank für Kirche und Diakonie	HLD	Haus Landeskirchliche Dienste
CA	Confessio Augustana	JASchG	Jugendarbeitsschutzgesetz
CPT	Clinical Pastoral Training	KABI	Kirchliches Amtsblatt
CVJM	Christlicher Verein Junger Männer/Menschen	KDA	Kirchlicher Dienst in der Arbeitswelt
DC	Deutsche Christen	KED	Kirchlicher Entwicklungsdienst
DCSV	Deutsche Christliche Studentenvereinigung	KGD	Kindergottesdienst
		KiHo	Kirchliche Hochschule
DEKT	Deutscher Evangelischer Kirchentag	KJR	Konferenz für Jugendarbeit in der EKiR
EC	Jugendbund für Entschiedenes Christentum	KKV	Kirchenkreisverband
EAiD	Evangelische Akademikerschaft in Deutschland	KL	Kirchenleitung
		KO	Kirchenordnung
		KS	Kreissynode
EDV	Elektronische Daten Verarbeitung	KSA	Klinische Seelsorgeausbildung
EFD	Evangelische Frauenarbeit in Deutschland	KSV	Kreissynodalvorstand
EG	Europäische Gemeinschaft	KU	Kirchlicher Unterricht
EKD	Evangelische Kirche in Deutschland	lat	lateinisch
		LKA	Landeskirchenamt
EKH	Evangelische Krankenhaus-Hilfe	LKR	Landeskirchenrat
		LS	Landessynode
EKiR	Evangelische Kirche im Rheinland	MBK	Mädchenbibelkreise
		MVG	Mitarbeitervertretungsgesetz
EKU	Evangelische Kirche der Union	NT	Neues Testament
		OKR	Oberkirchenrat
epd	Evangelischer Pressedienst	ÖRK	Ökumenischer Rat der Kirchen
ESG	Evangelische Studentengemeinde	OT	Offene Tür
		PfDG	Pfarrerdienstgesetz

PTI	Pädagogisch-Theologisches Institut	TZI	Themenzentrierte Interaktion
PWO	Presbyterwahlordnung	VCP	Verein Christlicher Pfadfinder
ROSTA	Raumordnungs- und Strukturausschuß	VELKD	Vereinigte Evangelisch-Lutherische Kirche in Deutschland
RS	Rechtssammlung	VEM	Vereinigte Evangelische Mission
soz	sozial		
StGB	Strafgesetzbuch	Vf	Verfassung
StVollzG	Strafvollzugsgesetz	VMA	Volksmissionarisches Amt
Sup	Superintendent	VO	Verwaltungsordnung
TO	Tagesordnung	ZDL	Zivildienstleistender
TOP	Tagesordnungspunkt	ZGAST	Zentrale Gehaltsabrechnungsstelle
TOT	Teiloffene Tür		
TS	Telefonseelsorge		

Wichtige Anschriften:

Landeskirchenamt
und
Kirchenleitung

> Hans-Böckler-Str. 7
> 4000 Düsseldorf 30
> Tel. 02 11 – 4 56 21

Dienststellen im

Haus Landeskirchliche Dienste
> Rochusstr. 44
> 4000 Düsseldorf 30
> Tel. 02 11 – 3 61 01

Zur Erläuterung: Wer bekennt: „Jesus Christus der Herr", der bezeugt zugleich:

1. Quelle und Inhalt der Offenbarung Gottes ist nicht „unsere" Geschichte (1933 Heilswende), nicht eine andere Person (Führer, Prophet, Retter), kein anderes Dogma (Rasse, Stimme des Blutes).

2. Das Zeugnis der Schrift ist nicht „artgemäß" oder „zeitgemäß" zu verändern; das Evangelium darf nicht weltanschaulichen oder politischen Ansprüchen angepaßt werden (gegen Verwerfung des AT, Verstümmelung des NT).

3. Die Christen kennen nur einen bedingungslosen Gehorsam, gegen ihren Herrn (gegen Amtseid auf den „Führer", Arierparagraph).

4. Die Kirche Christi kennt kein „Führerprinzip", ihre Ämter stehen in keinerlei Beziehung zu politischen Herrschaftsformen, sondern „dienen" ohne Herrschaftsansprüche.

5. Der Staat hat keine totale Machtbefugnis. Die Kirche kann deshalb nie Instrument oder Organ des Staates werden. Ihre Hoffnung ist nicht das „Dritte" oder ein anderes politisches Reich, sondern der wiederkehrende Herr.

In diesem Bekenntnis angesichts der DC-Irrlehre waren die Synodalen „einstimmig". Innerhalb der „Konfessionsstände" aber blieb die Vielstimmigkeit bestehen. Infolgedessen wird der Barmer Erklärung in den ev. Landeskirchen unterschiedliches Gewicht beigemessen. Gemeinsame Überzeugung ist jedoch:

Man sagte: „Wir befehlen es Gott, was dies für das Verhältnis der Bekenntniskirchen untereinander bedeuten mag."

Die Barmer Erklärung fragt jede Generation, welcher neuen, anderen Irrlehre sie mit dem Zeugnis der Schrift zu widerstehen hat.

BAT-KF

Der Bundesangestellten-Tarifvertrag kirchlicher Fassung (BAT-KF) ist als umfassende Rechtsgrundlage für kirchliche Angestellte eingeführt worden. Die Eingruppierung des Mitarbeiters richtet sich nach der jeweils überwiegend ausgeübten Tätigkeit, deren Merkmale aus der Allgemeinen Vergütungsordnung abgelesen werden können. Die jeweiligen Änderungen erfolgen aufgrund des Arbeitsrechtsregelungsgesetzes.

Der BAT-KF lehnt sich an die Bund-Länder-Fassung an und schließt die Geltung des BAT-kommunaler-Fassung aus. Die Abweichungen beruhen auf der Besonderheit des kirchlichen Dienstes. So gelten anstelle des Gelöbnisses die Bestimmungen der KO über die → Einführung von Mitarbeitern im Gottesdienst. Die Dienst- und Beschäftigungszeiten werden auf den kirchlichen Bereich ausgedehnt, die Zusatzversorgung wurde der Kirchlichen Zusatzversorgung übertragen, und der → Austritt aus der Kirche gilt als Grund zur außerordentlichen → Kündigung.

In den Sonderregelungen und der Allgemeinen Vergütungsordnung gibt es zahlreiche kircheneigene Regelungen, so z. B. für Diakonie, → Kirchenmusiker, → Küster, → Gemeindeschwestern, Internatserzieher, insbesondere für den Dienst an Sonn- und Feiertagen. Der BAT gilt nicht für Mitarbeiter, die weniger als die Hälfte der Arbeitszeit eines entsprechenden Vollbeschäftigten tätig sind, kann aber auf sie angewandt werden. → Tarife; → Höhergruppierung.

Bazar

→ Gemeindefest.

Beamte

Das Beamtenverhältnis ist ein öffentlich-rechtliches Dienstverhältnis, ebenso wie das Dienstverhältnis der → Pfarrer und Pastoren im Hilfsdienst (→ Kirche und Staat). Vom Beamten (B.) wird erwartet, daß er sich mit voller Kraft den ihm übertragenen Aufgaben widmet. Er untersteht der Weisungsbefugnis des Vorgesetzten und der Disziplinargewalt des Dienstherren. Die Weisungsbefugnis gilt für Pfarrer nicht im Blick auf ihren Dienst als Verkündiger und Seelsorger. Daher wird ihr Dienstverhältnis als beamtenähnlich bezeichnet. Der B. wird grundsätzlich auf Lebenszeit berufen. Das besondere Treueverhältnis schließt ein Streikrecht aus. Der Treuepflicht des B. korrespondiert die Fürsorgepflicht des Dienstherrn. Der Dienstherr hat den B. zu alimentieren (→ Vergütung) in gesunden und kranken Tagen sowohl der aktiven Zeit (Besoldung) als auch im Ruhestand (Versorgung). Diese Verpflichtung besteht auch nach dem Tod des B. weiter gegenüber den Angehörigen, insbesondere der Witwe. Etwaige Rechtsstreitigkeiten aus dem B.-Verhältnis werden vor den Verwaltungsgerichten ausgetragen (→ Gerichte, kirchliche).

Beerdigung

Die Beerdigung (B.) (kirchliche Bestattung) ist ein öffentlicher Gottesdienst, in dem die christliche Gemeinde ihre Toten zu Grabe geleitet. Durch die Verkündigung des Evangeliums am Grabe wird kundgetan, daß der Verstorbene nicht bloß der Verwesung zu überlassen ist, sondern seinem Herrn übergeben wird, der als Schöpfer und Erlöser in Zeit und Ewigkeit Anspruch auf ihn hat. Zugleich werden die Hinterbliebenen mit dem Zuspruch des Evangeliums getröstet und daran erinnert, daß auch sie als Christen diesem Herrn gehören, der durch sein Sterben am Kreuz den Tod als Gottes Gericht auf sich nahm. Die B. umfaßt Verkündigung und Seelsorge; sie gründet sich auf die Glaubensgewißheit, „daß weder Tod noch Leben . . . uns scheiden kann von der Liebe Gottes, die in Christus Jesus ist, unserm Herrn" (Röm. 8, 38 f.).
Die B. kann in verschiedenen „Stationen" erfolgen: Im Trauerhaus / In der Friedhofskapelle (Krematorium) / Am Grabe. Die Ordnung der → Agende II der EKU sieht einschließlich der Urnenbeisetzung verschie-

dene Grundmodelle vor. So ist es zu erklären, daß die B. auch in der
EKiR im Detail recht vielgestaltig ausgeprägt ist.
Die kirchliche B. ist die am häufigsten in Anspruch genommene → Amts-
handlung der Volkskirche. Die sehr unterschiedlichen Erwartungen der
Hinterbliebenen stellen den Pfarrer vor schwierige, stets neu zu bewäl-
tigende pastoraltheologische Probleme, die im Grunde nicht durch den
kurzen B.-Gottesdienst allein gelöst werden können, sondern eine langfristige seelsorgerliche Begleitung notwendig machen, zu der auch Gemeindeglieder berufen sind (→ Besuchsdienst). − Zur Frage der B. aus
der Kirche Ausgetretener vgl. Art. 64 u. 66 KO.

Beffchen

→ Amtstracht.

Behinderte

Während in der Vergangenheit fürsorgliches und beschützendes Handeln gegenüber dem Behinderten Vorrang hatte, gilt heute grundsätzlich das Bemühen um Integration des Behinderten in den gesellschaftlichen Prozeß als vorrangig. Seit einigen Jahren hat sich − besonders
auch in christlichen Gruppen − eine Bewegung entwickelt, die Hinder-
nisse abzubauen sucht und z. B. das Gemeindeleben daran mißt, ob
auch Behinderte daran teilnehmen können und akzeptiert werden. Solche Bestrebungen können in Kirchen und Gemeindehäusern zu archi-
tektonischen Vorkehrungen führen, um Behinderten den Zugang und
Aufenthalt zu erleichtern. Andererseits bleibt für Schwerstbehinderte,
v. a. für schwer Geistigbehinderte, eine Heimunterbringung die Regel.
Der damit verbundenen Gefahr der Isolation versuchen manche Gemeinden dadurch zu begegnen, daß sie → Besuchsdienste einrichten
und persönliche Patenschaftsverhältnisse zu solchen Behinderten fördern.

Beichtgeheimnis

Den Beichtzwang hat die Reformation abgeschafft, nicht die Beichte! Ihr
Verschwinden wäre ein Mangel für die ev. Kirche und ihre → Seelsorge,
zumal das Verlangen nach Seelsorge und Beichte zu wachsen scheint
(Kirchentage!). Wichtig ist die Stärkung seelsorgerlichen Vertrauens
zum Pfarrer auch durch das Bewußtmachen seelsorgerlicher → Verschwiegenheit, zu der der ev. Pfarrer durch sein Ordinationsgelübde
ebenso verpflichtet ist, wie der kath. → Priester. Der Staat anerkennt
diese Pflicht durch das Recht der Aussageverweigerung des Pfarrers
„für das, was ihm in seiner Eigenschaft als Seelsorger anvertraut ist"
(StGB § 139, 2). Nach der KO ist „das Beichtgeheimnis unverbrüchlich"
(Art. 71, 2). Nichts − auch nicht das Wissen um begangene Verbrechen
− und niemand − auch nicht der Beichtende − kann von der Schwei-

gepflicht entbinden. Nur unter besonderen Umständen muß die Amts-
verschwiegenheit gebrochen werden, nämlich wenn durch Schweigen
anderen schwere Gefahr droht, z. B. Bestrafung Unschuldiger. Darauf
muß der Beichtende hingewiesen werden. Ob und inwieweit das Recht
der Aussageverweigerung im Strafprozeß auch auf Nichtpfarrer (Diakone, Katecheten, Jugendwarte, Gemeindehelfer) delegiert werden
kann, ist nicht eindeutig festgelegt.

Beihilfe

Mitarbeiter mit mindestens der Hälfte der regelmäßigen Arbeitszeit haben bei Krankheit, Geburt und Tod Anspruch auf Beihilfe, deren Höhe
sich nach dem Familienstand richtet. Die Anträge sind auf vorgeschrie-
benen Formblättern unter Beilage der Originalbelege der Festsetzungs-
stelle vorzulegen. Die Krankheitsbeihilfe muß innerhalb eines Jahres
nach der ersten Ausstellung der Rechnung beantragt werden. Eine Ausnahme hiervon ist nicht möglich. → Darlehen; → Umzugskosten.

Beirat

Die Wahl eines Gemeindebeirates (G.) wird dem Presbyterium in der
KO (Art. 131) empfohlen. Verbindliche Bestimmungen dazu gibt es nicht.
Im Unterschied zur → Gemeindeversammlung, zu der alle Gemeindeglieder eingeladen werden, wird es Sinn und Ziel des G. sein, Vertretern der verschiedenen in der Gemeinde aktiven Gruppen und Kreise
— den → ehren- und hauptamtlichen Mitarbeitern also — eine Ge-
sprächsplattform zum Austausch, zu Absprachen und zu abgestimmter
Zielsetzung zu bieten. Die Bildung des G. kann ein Zeichen dafür sein,
daß das Presbyterium den Kontakt zu den aktiven Gruppen der Gemeinde sucht und ihre Mitverantwortung für das Ganze der Arbeit
schätzt.
Unberührt von der Bildung des G. bleibt die Verpflichtung des Presbyteriums, haupt- und nebenamtliche Mitarbeiter zu seinen → Sitzungen
einzuladen, wenn ihr Arbeitsgebiet Gegenstand der Beratungen ist.

Bekenntnisbewegung

Am 21. 1. 1966 wurde in Westfalen die „Bekenntnisbewegung" (B.)
„Kein anderes Evangelium" gegründet, die am 6. 3. 1966 in Dortmund
ca. 20 000 Gemeindeglieder zu einer ersten Großkundgebung gegen
„Irrlehre und Pluralismus" innerhalb der Kirche zusammenrief. 1967
folgte eine weitere Kundgebung in Düsseldorf, auf der die „Düsseldorfer Erklärung" zur Christologie bekanntgegeben wurde. Verschärft
wurde der Kampf um Bekenntnistreue und Lehrzucht innerhalb der Landeskirchen nach den Ev. → Kirchentagen in Köln 1965 und Stuttgart
1969. Die B. lehnte den Ev. Kirchentag ab und veranstaltete seit 1973
„Gemeindetage" abwechselnd in Stuttgart und Dortmund. Hinzu kommt
die Auseinandersetzung um das Missionsverständnis. Die B. spielt im

Rheinland kaum eine Rolle. Zwar gehören alle Gemeinschaftsverbände aus dem Rheinland (über den Gnadauer Verband) und ein Rheinischer Arbeitskreis zur B. Aber andere Kräfte des rheinischen → Pietismus (z. B. → CVJM-Westbund und die aus dem Essener Weigle-Haus kommende Pfarrerschaft) gehören bewußt nicht dazu, die meisten Gemeinschaftsverbände konzentrieren sich eher auf gegenseitige Stärkung im Glauben und persönliche → Evangelisation als auf Kirchenkritik. Sie teilen die Sorge der B. um einen bekenntniswidrigen Pluralismus in der Kirche, suchen aber geistliche Schäden mit geistlichen Mitteln abzuwenden.

Bekenntnisstand

Mit dem Bekenntnisstand (B.) beschreibt die Kirchengemeinde, welche Folgerungen sie aus den Trennungslehren des → luth. und → ref. Bekenntnisses für die Gemeindemitgliedschaft, die Sakramentsordnung, die Gottesdienstordnung (→ Agende), die Verpflichtung ihrer Prediger und den Gebrauch des → Katechismus zieht. Luth. und ref. Konfessionskirchengemeinden betrachten ihre Trennungslehren als Unterscheidungsmerkmal für die Gemeindemitgliedschaft: Christen der anderen Konfession sind nicht ihre Gemeindeglieder. Unierte Gemeinden betrachten dagegen die Trennungslehren nicht als Hindernis gemeinsamer Gemeindemitgliedschaft: sie haben luth., ref. und solche Gemeindeglieder, die auch für sich persönlich das Gemeinsame gegenüber dem Trennenden als entscheidend ansehen. So unterscheidet die KO GA II fünf B.: luth., ref., uniert-ref., uniert-luth. und konsensusuniert. Auch in Konfessionsgemeinden sind Gemeindeglieder der jeweils anderen Konfession zum Gottesdienst und den Sakramenten zugelassen (GA II).
Pfarrer, Presbyterien und Synoden haben auf die Wahrung des B. zu achten. Sie dürfen ihn nicht etwa durch Beschluß ändern. Ändert sich aber der B. durch gewandelte Auffassung der Gemeindeglieder, so kann ein Presbyterium das nach Anhören der Gemeindeglieder feststellen. Stimmt die Kirchenleitung dieser Feststellung zu, ist der geänderte B. kirchenrechtlich anerkannt.

Beratung

→ Beratungsstelle; → Gemeindeberatung; → psychologische Beratung; → Schwangerschaftsberatung.

Beratungsstelle

In der EKiR gab es im Jahre 1981 35 Beratungsstellen (B.) für Erziehungs-, Familien-, Ehe- und Lebensberatung in kirchlicher Trägerschaft. Entsprechend dem ev. Verständnis von Beratung werden Erziehungs-, Ehe- und Lebensberatung als gemeinsames Angebot einer Familienberatung integriert. Jede B. ist mit einem Team von psychologischen,

sozial- und therapeutisch-pädagogischen sowie medizinischen Fachkräften besetzt. Im Bereich der Ehe- und Lebensberatung, für den neben diesen Berufen auch die des Theologen und des Juristen in Betracht kommen, muß eine besondere Qualifikation (psychotherapeutische oder gleichwertige Zusatzausbildung) nachgewiesen werden. Alle
Fachkräfte der B. kommen zur Klärung der Beratungsfälle und zur gegenseitigen fachlichen Unterstützung regelmäßig zusammen. Die Bera-
tungstätigkeit soll regelmäßig entweder im Team oder einzeln supervi-
siert werden. Darüber hinaus ist jede Fachkraft zur Fortbildung verpflichtet. Alle Mitarbeiter der B. wahren → Verschwiegenheit. Die Beratung erfolgt kostenlos und steht jedem Ratsuchenden offen. Die
Dienstaufsicht obliegt dem Träger der B.; meistens werden einzelne
Dienstaufsichtsfunktionen an die Leitung der B. delegiert. In fach-
licher Hinsicht erfüllt die B. ihre Aufgabe unabhängig. Darüberhinaus
steht die landeskirchliche „Hauptstelle für Familien- und Lebensberatung" den B. in der EKiR für fachliche Beratung und Unterstützung zur
Verfügung. Wenn die personelle Besetzung der B. den Förderungsricht-
linien des Landes NRW entspricht, wird den Trägern aus Landesmitteln
ein Zuschuß bis zu 50 Prozent der Personalkosten gewährt. Das Land
beteiligt sich bei Neueinrichtung einer B. an den Sachkosten. Ähnliche
Bestimmungen gelten für das Land Rheinland-Pfalz. →psychologische
Beratung; → Schwangerschaftsberatung.

Bereitschaftsdienst

→ Arbeitsrecht.

Berufe, kirchliche

Die Entwicklung kirchlicher Berufe in den letzten 50 Jahren ist vorwiegend durch zwei Tatsachen bestimmt: Die kirchliche und diakonische
Arbeit hat bis weit in den sozialen Bereich der Gesellschaft hinein er-
heblich zugenommen, was die vermehrte Anstellung von → Mitarbeitern
notwendig machte. Zum anderen werden für die alten und für viele neue
Arbeitsbereiche Mitarbeiter mit einer speziellen Ausbildung benötigt
(z. Z. gibt es in Kirche und Diakonie in der EKiR 47 000 haupt- und nebenamtliche Mitarbeiter). Neben die klassischen Mitarbeiter — → Pfarrer, → Gemeindeschwester, → Küster, → Kirchenmusiker — treten heute
→ Sozialarbeiter, → Sozialpädagogen, Erzieher, Altenpfleger → Erwach-
senenbildner, Mitarbeiter in der Verwaltung u. a. m. Soweit sie hauptamtlich tätig sind, stehen sie in einem Dienstverhältnis, das weitgehend den
vergleichbaren staatlichen Regelungen angeglichen ist. Voraussetzung
für ein Anstellungsverhältnis ist eine abgeschlossene und in der Regel
staatlich und/oder kirchlich anerkannte Ausbildung (→ Ausbildungsstätten). Der Aufgabenbereich des Mitarbeiters wird in der → Dienstanweisung beschrieben. Sie enthält auch den Hinweis, daß alle kirchlichen
Mitarbeiter an ihrer Stelle den kirchlichen Auftrag wahrzunehmen haben

und so leben sollen, daß ihr Verhalten dem kirchlichen Auftrag entspricht.
Bevor eine Gemeinde einen neuen Mitarbeiter einstellt, sollte ein ausführliches Gespräch zwischen Presbyterium und Bewerber (→ Anstellungsgespräch) stattfinden. Mitarbeiter müssen nach Art. 90 KO grundsätzlich der ev. Kirche angehören. Der Bewerber darf erwarten, daß das Presbyterium ihm für sein Arbeitsgebiet konkrete und auch möglichst klar begrenzte Aufgaben überträgt.

Beschlüsse

Beschlüsse (B.) sind die geläufige Form der Willensäußerung oder Entscheidung des → Presbyteriums. Für ihre Ausführung ist — wenn nicht jemand anders beauftragt wird — der → Vorsitzende des Presbyteriums verantwortlich; über sie sollte regelmäßig berichtet werden. Rechtmäßig gefaßte B. sind bindend für alle Betroffenen. Ihre Ausführung kann nur in besonderen Ausnahmefällen auf Zeit ausgesetzt werden; die Aussetzung ist in der nächsten → Sitzung zu begründen.
B. müssen klar und eindeutig formuliert und vorher auf ihre Realisierbarkeit hin überprüft werden (Finanzierung, Rechtmäßigkeit, Zumutbarkeit für Betroffene usw.). In der Praxis gibt es B., die eine Legalisierung oder den Vollzug von Entscheidungen bedeuten, die aus früheren Verpflichtungen herrühren (z. B. Folgekosten) oder gesamtkirchlich geregelt sind (z. B. → Kirchensteuerhebesatz). Andere B. setzen eine intensive Meinungs- und Willensbildung des Presbyteriums voraus. Es ist wichtig, die eine Art von der anderen zu unterscheiden und die Energien — und Sitzungszeiten — entsprechend zu verteilen. Ebenso wichtig ist es, auf eine angemessene Tragfähigkeit von B. (→ Einmütigkeit) zu achten. Umstrittene, risikoreiche Entscheidungen brauchen überzeugende → Abstimmungsergebnisse. Vom Vorsitzenden, von → Kirchenmeistern, Beauftragten oder der Verwaltung vorformulierte B.-entwürfe können zur Vorinformation bereits mit der Einladung verschickt werden.

Besetzungsrecht

→ Pfarrwahl.

Besuchsdienst

Der Besuchsdienst (B.) gilt als eine hilfreiche und verbreitete Form des → Gemeindeaufbaus, die aus der → Ökumene bekannt ist. Er basiert auf der Entdeckung, daß Gemeinschaft und Kontakte in einer Gemeinde nicht Sache eines Amtsträgers allein, sondern Aufgabe der Gemeindeglieder ist. Sie bilden eine Arbeitsgruppe, die sich in regelmäßigen Treffen mit Gesprächsschulung, Information, theologischer Arbeit und Erfahrungsaustausch auf → Hausbesuche bei ausgewählten → Zielgruppen (z.B. Zugezogene, Alte, Taufeltern, Trauernde, Konfirmandeneltern, Kranke usw.) vorbereitet. Wichtig ist, daß diese Gruppe nicht nur Hilfsdienste für den Pfarrer leistet, sondern sich als Träger einer eigenständigen Aufgabe der Gemeinde versteht. Zielsetzung und Vollzug des B. wird sowohl von der Situation und Bereitschaft der Besuchten als auch von den Fähigkeiten und dem Selbstvertrauen der Besucher abhängen. Aufbau und Beratung von Besuchsdienstgruppen ist Auftrag des VMA.

Bezirk

Bezirke werden in der Gemeinde meist als Pfarrbezirke verstanden und anhand von Schlüsselzahlen begrenzt. Sie können auch an der Gemeindegliederung orientiert werden. Dann berücksichtigen sie vor allem Wohnbereiche und Lebenseinheiten, Siedlungen, Hochhäuser, Ortskerne. Diese Gliederung macht Aufgabenfelder, Arbeitsschwerpunkte und förderungswürdige Eigenarten sichtbar.

Bibelstunde

Die Bibelstunde (B.) hat ihren festen Platz im Leben vieler Gemeinden, auch wenn sie in ihrer herkömmlichen Form stark zurückgegangen ist. Hinter ihr steht der Wunsch nach intensiver Beschäftigung mit biblischen Texten, die Zusammenhänge besser zu verstehen, Hilfe zur Stärkung des Glaubens zu erfahren.

Die gottesdienstliche Erneuerung der Reformationszeit bot den Gemeinden anstelle der Messen ausführliche Bibelauslegung in den Nebengottesdiensten an den Wochentagen an. Der → Pietismus regte an, das Bibelstudium in Bibelstunden, in Gemeinde- und → Hauskreisen durchzuführen. Hier bekamen die Teilnehmer anders als im → Gottesdienst (→ Predigt) die Möglichkeit, Fragen zu stellen und die Auslegung selbst im Gespräch zu erarbeiten. Der Weg vom Hören zum Reden gibt Hilfe zum tieferen Verstehen, ist von elementarer Bedeutung für das Mündigwerden der Gemeindeglieder und Voraussetzung für verantwortliche Mitarbeit in der Gemeinde. Wichtig ist, Anstoß und Hilfe in der Gemeinschaft mit anderen zu erfahren für das persönliche Bibellesen zu Hause. In der Arbeit der → Bibelwoche hat das Anliegen der B. eine besondere Entsprechung erfahren. Sie kann als Starthilfe zur Bildung neuer Bibellesekreise gute Dienste tun. Neue Auslegungsreihen und Bibellesehilfen bieten auch für den Laien verständliche Hilfen für das gemeinsame Bibelstudium an.

Bibelübersetzungen

Neben der auch heute noch am meisten gelesenen Lutherübersetzung erschien schon 1531 die Züricher Bibel in der reformierten Schweiz. Heute werden 29 Übersetzungen des NT und 18 des AT in deutscher Sprache angeboten. Die Bemühungen durch möglichst zeitgenössische Sprach- und Ausdrucksweise dem Leser in seiner Sprache zu begegnen, führt nicht selten zu Unterschieden in der Übersetzung. So wichtig die Verständlichkeit der Sprache ist, muß doch die Textgemäßheit der

Übersetzung Vorrang haben. Die gebräuchlichsten Übersetzungen sind: Die gute Nachricht, Riethmüller, Wilkens (NT m. Erkl.), Bruns m. Erkl., Jerusalemer Bibel (kath. m. Erkl.), Elberfelder Bibel, Zink, Herderbibel (kath.), ökumenische Einheitsübersetzung (NT u. Ps.), daneben einzelne Bibelteile, vor allem die Psalmen in moderner Übertragung.
Für den Gebrauch im Gottesdienst ist in der Regel nur die revidierte Lutherübersetzung vorgesehen. Die rheinische Landessynode hat 1971 eine Auswahl von modernen Übersetzungen zugelassen (Lektionare 1971 u. 73)

Bibelwoche

Etwa 5000 Gemeinden im Bereich der EKD führen jährlich eine Bibelwoche (B.) durch. In der B. wird ein größerer biblischer Zusammenhang in sieben Einzelabschnitten zur Erarbeitung angeboten, und zwar in dreijährigem Rhythmus nacheinander aus den Evangelien, den Briefen des NT und dem AT. Der Gemeinde wird geeignetes Arbeitsmaterial einschließlich Medien und Werbematerial zur Verfügung gestellt. Es bleibt ihr überlassen, wie viele Texte sie behandelt und wann sie die B. durchführt. Die B. hilft zum gemeinsamen Bibellesen, zum Austausch von Glaubensfragen und -erfahrungen und hat sich an manchen Orten als tragendes Element ökumenischer Arbeit erwiesen. Für die Referenten der B. in den Gemeinden bietet das VMA jährlich im Haus der Begegnung im September/Oktober eine 2tägige Vorbereitungstagung an. Beratung und Hinweise auf Arbeits- und Werbematerial durch das VMA.

Bildungsstätten

Kirchliche Bildungsstätten (B.) haben ihren geschichtlichen Ursprung in den durch den dänischen Theologen Grundtvig im vorigen Jh. begründeten Heimvolkshochschulen. Nach diesem Vorbild entstanden in Neukirchen Kr. Moers und in Meisenheim am Glan ähnliche Einrichtungen, die 1959 zu der Ev. Landvolkshochschule in Altenkirchen vereinigt wurden. Weitere B. entstanden unter dem Einfluß kirchlicher → Erwachsenenbildung in Simmern (Sonnenhof) und in Bad Godesberg (→ Frauenhilfe). Spezielle Jugendbildungsstätten in Radevormwald, Hackhausen, Kastellaun und des CVJM auf der Wuppertaler Bundeshöhe bieten eine besonders konzentrierte Möglichkeit der → Jugendarbeit. In der Zielsetzung und im Arbeitsstil sind B. vergleichbar mit der Arbeit der Ev. → Akademien. Sie laden eine begrenzte Personenzahl zu einer → Fortbildungsmaßnahme ein, in der Gelegenheit besteht, losgelöst von den täglichen Anforderungen über mehrere Tage mit Betroffenen und Fachleuten die Fragen des persönlichen Lebens zu durchdenken und nach Antwort zu suchen.
Es geht dabei in erster Linie um die Beziehung zwischen christlichem Glauben und den Problemen des beruflichen und politischen Lebens.

Die B. verstehen sich als ein Angebot zur Glaubensvergewisserung und zur Hilfe, den Glauben in den säkularen Lebensbereichen zu verwirklichen. Das kann nur geschehen in einem gemeinsamen Lernprozeß. Die B. verfügen im Unterschied zu Tagungsstätten über einen Stab pädagogischer Mitarbeiter, nach deren Fachgebieten sich die speziellen Themenangebote richten, z. B. Landwirtschaft, polit. Bildung, → Industrie- und Sozialarbeit. Es gibt Tagungen und Lehrgänge für geschlossene Gruppen einer Gemeinde oder mit Teilnehmern, die der offenen Ausschreibung eines Themas gefolgt sind. B. dienen im wesentlichen der Fortbildung haupt- und ehrenamtlicher Mitarbeiter. Anschriften der B. können bei den Erwachsenenbildungswerken und beim Amt für Jugendarbeit erfragt werden.

Bücherei, Ev. Gemeinde-

Ev. Gemeindebüchereien (B.) wenden sich als öffentliche Büchereien an jedermann. Ihr Schwerpunkt liegt in der Begleitung und Unterstützung der Gemeindearbeit. Im Bereich der Rhein. Kirche gibt es z. Z. ca. 250 B, mit zusammen rund 500 000 Bänden. Etwa $^2/_3$ der Bestände sind Kinder- und Jugendbücher. Der Mindestbestand einer B. sollte 2000– 3000 Bände umfassen, als Öffnungszeiten haben sich 6–8 Stunden pro Woche bewährt. Grundlage der Finanzierung einer B. ist der Etat der Gemeinde. Hier sollten — je nach Größe der Gemeinde — jährlich DM 1500,– bis DM 3000,– eingesetzt werden. Die B. werden überwiegend ehren- oder nebenamtlich geleitet. Deshalb ist die Aus- und → Fortbildung der Mitarbeiter besonders wichtig. Die Landeskirchliche Bücherei-Fachstelle setzt in dieser Ausbildungsarbeit einen Schwerpunkt. Daneben berät sie die B. in bibliothekarischen, literarischen und praktischen Fragen.

Bürgerinitiativen

Bürgerinitiativen (B.) sind in der Bundesrepublik Deutschland noch ein zwar neuartiger aber unübersehbarer Faktor in der politischen Landschaft. Auslösende Faktoren können sein: Unzufriedenheit mit der langsamen, von Experten geprägten Gesetzgebung und Verwaltung; Untätigkeit politischer Parteien: mangelhafte oder uneinsichtige Planung bei Problemen, die den Bürgern tagtäglich begegnen. Zumeist handelt es sich um Probleme, die einen lokalen, kommunalen oder regional eng umgrenzten Raum nicht überschreiten. Die B. handeln im vorparlamentarischen Raum, wollen nicht Parlamente ersetzen, sondern sie dazu bringen, die richtigen Entscheidungen zu treffen. Um Erfolgschancen zu haben, bedürfen B. einer gewissen Organisation (Treffs, die Form des e. V., Bürgerforen und Bürgerräte). Der umfassendste Zusammenschluß ist der Bundesverband B. → Umweltschutz (BBU), Karlsruhe. Gemeinden und Presbyterien werden zu prüfen haben, ob und wie ihre Gemeindeglieder von den durch B. aufgegriffenen Problemen so betroffen sind, daß eine Mitarbeit (personell, materiell, ideell) angezeigt ist.

Camping

Die Präsenz der Kirche für Menschen unterwegs in Zelten und Wohnwagen, die Urlaub machen oder in den Sommermonaten im Naherholungsbereich ihren 2. Wohnsitz haben, ist eine Chance. Möglichkeiten gemeindlicher Angebote während der Saison: Gottesdienste im Grünen (mit Posaunenchor), Besuche bei den „Gemeindegliedern auf Zeit" mit Übergabe eines Gemeindebriefes oder von Kleinschriften, Familienfeste, Gästeabende, Wanderungen, Lagerfeuer, Film, Diavorträge usw. Mitarbeiter: Presbyterium, Männer, Frauen, Jugendgruppen der Gemeinde; auch Urlauber sind zu gewinnen. Planung und Durchführung: Bildung von Mitarbeiterteams oder einem Arbeitskreis für Urlauber. → Urlauberseelsorge (Beratung und Hilfestellung durch das VMA).

Charisma

Charisma (gr. = Gnadengabe) ist ein vom Apostel Paulus geprägtes Wort, mit dem er Fähigkeiten, Aufgaben und Dienste in der frühen Gemeinde als Erscheinungsformen und Wirkungsweisen der Gnade Gottes definiert (s. Röm. 12; 1. Kor. 12 ff.). Dabei stellt er keine Rangfolge unter den Diensten auf; alle werden nur daran gemessen, ob und wie die Gemeinde durch sie auferbaut wird (s. 1. Kor. 14, 5 u. a.). Voraussetzung des Gedankens bei Paulus ist die Verheißung, daß in jeder Gemeinde die Gaben vorhanden sind, die sie für ihre Aufgaben braucht (s. 1. Kor. 1, 7); sie müssen entdeckt, respektiert und gefördert werden. Neben den traditionellen Charismen können heute auch Fähigkeiten, wie z. B. die Gabe der Analyse, des Managements, des Kontaktes und der Gesprächsführung für den → Gemeindeaufbau wichtig sein. Diesen und anderen Gaben schadet weder das profane Gewand noch die Tatsache, daß sie erlernbar sind. Entscheidendes Kriterium ist, ob sie sich ermutigend in den Dienst des Gemeindeaufbaus einfügen.

Chor

Singen und Musizieren sind von Anfang an mitgestaltende Bestandteile des christlichen Gottesdienstes. Christen verkündigen durch Singen und Instrumentalspiel Gottes große Taten, sie antworten auf sein Wort mit Bekennen, Rühmen und Loben. Über den Gesang der Gemeinde in Gottesdienst und Feier hinaus sammeln sich Sängerinnen und Sänger in Chören. Unter Anleitung eines Chorleiters oder Kantors bemühen sie sich um die Aufführung geistlicher und weltlicher Musik. Chöre haben unter den ehrenamtlichen Aktivitäten einer Kirchengemeinde einen bedeutenden Rang. Die Statistik der EKiR weist für das Jahr 1979 2 568 Sängerchöre und Instrumentalgruppen mit insgesamt 47 928 Mitgliedern auf.
Betätigungsfelder für den Chor sind in der Gemeinde
— Mitgestalten des Gottesdienstes, beispielsweise Eingangspsalm, Hallelujavers, Sonntagslied im Wechsel.

- Veranstalten von Abendmusik oder Konzert.
- Mitwirken bei Gemeindeabenden und
- Durchführen von Offenem Singen und Kurrendesingen.

Das Presbyterium soll die Arbeit der Sänger- und Instrumentalchöre ermöglichen und fördern, indem es Übungsräume und Instrumente sowie finanzielle Mittel für Sach- und Verwaltungsausgaben bereitgestellt. → Kirchenmusik.

Clarenbach

Adolf Clarenbach (gest. 1529) ist geboren und aufgewachsen auf dem Buscherhof bei Lennep. Er wurde schon früh durch die reformatorische Lehre beeinflußt, war als Lehrer sowie auch als Laienprediger in Münster, Wesel, Büderich und in seiner Heimat tätig. Obwohl er als Ketzer gesucht wurde, wagte er sich nach Köln, um seinem Freund Johann Klopriss in dessen Ketzerprozeß beizustehen. Zusammen mit dem Studenten Peter Fliesteden bemühte er sich darum, der reformatorischen Botschaft in der alten Bischofsstadt Geltung zu verschaffen. Mit Fliesteden wurde er am 28. September 1529 — ein Jahr vor dem Augsburger Reichstag 1530 — nach langer Kerkerhaft als Märtyrer des evangelischen Glaubens in Köln verbrannt.

CVJM

Die „Jünglingsvereine", die sich in der Erweckungsbewegung meist als Jugendgruppen der Gemeinden bildeten, und die Großstadt-CVJM, die übergemeindlich und auch überkonfessionell arbeiten, haben ihre formulierte Grundlage in der 1855 beim Zusammenschluß der verschiedenen Vereine zum CVJM-Weltbund verfaßten „Pariser Basis": „Die Christlichen Vereine Junger Männer haben den Zweck, solche jungen Männer miteinander zu verbinden, die Jesus Christus nach der Heiligen Schrift als ihren Gott und Heiland anerkennen, in ihrem Glauben und Leben seine Jünger sein und gemeinsam danach trachten wollen, das Reich ihres Meisters unter den jungen Männern auszubreiten."
Die in der BRD nach 1945 zunächst eigenständig aufgebaute Mädchenarbeit ist inzwischen voll in den CVJM integriert. Viele CVJM haben inzwischen ihren Namen in „Christlicher Verein Junger Menschen" geändert. Im Bereich der EKiR arbeiten etwa 270 örtliche CVJM mit ca. 30 000 Mitgliedern und regelmäßigen Besuchern. Sie sind zusammengeschlossen im CVJM-Westbund, zu dem weitere 530 CVJM im Bereich anderer Landeskirchen gehören.
In der zentralen Jugendbildungsstätte Bundeshöhe in Wuppertal werden die ehren- und hauptamtlichen Mitarbeiter geschult und begleitet. Darüberhinaus beschäftigt der CVJM-Westbund 24 Fachkräfte zur Beratung der vielfältig ausgeprägten örtlichen CVJM-Arbeit. Anschrift: CVJM-Westbund, Postfach 20 20 20, 5600 Wuppertal 2. → Jugendarbeit.

Darlehen

Richtlinien für die Aufnahme von Kassenkrediten bzw. langfristigen Darlehen sind in der VO § 25 bzw. § 87 f. enthalten. (→ Verschuldung) Für die Anlegung oder Ausleihung kirchlicher Gelder gelten §§ 68, 69 der VO.

Unverzinsliche Vorschüsse an Pfarrer und andere Mitarbeiter werden nach bestimmten Vorschriften geleistet, die auch die Höhe und die Tilgungsweise regeln. Wohnungsfürsorgedarlehen können nach den entsprechenden Richtlinien gewährt werden. Für die Beschaffung von dienstlich genutzten privateigenen Kraftfahrzeugen können Vorschüsse nach den entsprechenden Bestimmungen zur Verfügung gestellt werden.

Datenschutz

Das neue Bundesdatenschutzgesetz und die auf ihm beruhenden Gesetze der Länder machen den Datenfluß zwischen staatlichen und kirchlichen Stellen u. a. davon abhängig, daß beim Datenempfänger ausreichende Datenschutzmaßnahmen getroffen sind. Deshalb erließen die Kirchen neue Rechtsbestimmungen (vgl. KABl. Nr. 6/1978 S. 127 ff.). Ziel und Gegenstand des Datenschutzes ist die Nutzung der personenbezogenen Daten der Kirchenmitglieder für die Erfüllung des kirchlichen Auftrages in allen Bereichen unter Gewährleistung eines umfassenden Datenschutzes. Über die Einhaltung der Datenschutzvorschriften wacht außer den jeweiligen Aufsichtsorganen ein von der Kirchenleitung bestellter Datenschutzbeauftragter.

Deckungsfähigkeit

Für den → Haushaltplan gilt u. a. das Gesamtdeckungsprinzip. Das bedeutet, daß die Einnahmen des Haushaltplanes zur Deckung aller Ausgaben dienen. Ausgenommen davon sind Einnahmen für bestimmte Ausgaben (z. B. staatliche → Zuschüsse und zweckgebundene → Spenden). Die betragsmäßige Bindung der Ausgaben im Haushaltsplan kann ausnahmsweise durch einen besonderen Vermerk aufgelockert werden. Danach können Ausgabeansätze für gegenseitig oder einseitig deckungsfähig erklärt werden. Dabei muß es sich jedoch um ähnliche oder nahe verwandte Aufgaben handeln. Unzulässig ist die Deckungsfähigkeit zwischen Sachkosten und Personalkosten. Ebensowenig dürfen Deckungsvermerke bei Ausgabeansätzen ohne nähere Bezeichnung des Verwendungszweckes (z. B. Unvorhergesehenes) angebracht werden.

Delegieren

Die Vielschichtigkeit und Fülle der Gemeindearbeit macht es immer wieder notwendig, Aufgaben zu delegieren. Dieser Vorgang der Arbeitsteilung ist geläufig, hat aber seine Tücken. Unbedacht bleibt häufig, daß mit der Delegation einer Aufgabe auch Verantwortung und Eigenständigkeit zu delegieren sind; das gilt sowohl für Mitarbeiter als auch für → Ausschüsse. Dazu ist es unerläßlich, einen Rahmen zu definieren, in dem Verantwortung und Eigenständigkeit gelten. Beides, Auftrag und Rahmensetzung, muß von beiden Seiten klar akzeptiert werden können. Es bewährt sich, wenn Kriterien für angestrebte Ergebnisse und auch Zeitpunkte für Berichterstattung und Rechenschaft abgesprochen werden.

Klare Absprachen zur Delegation erleichtern Freude und Zufriedenheit mit der eigenständigen Arbeit. Häufig ist die Ungenauigkeit eines Auftrages oder die nicht respektierte Eigenständigkeit dessen, dem eine Aufgabe delegiert wurde, Ursache für Unlust und Verdruß.

Denkmalschutz

Denkmalschutz ist eine staatliche, aber auch eine kirchliche Aufgabe. In den Staatskirchenverträgen mit den Ländern hat die EKiR das anerkannt und in der VO Schutzregeln aufgestellt (§ 32). Bindungen gelten für Bestand, Änderung und Nutzung von denkmalswerten Bauten. Diese sind in Bücher oder Listen eingetragen. Die Freiheit der Religionsausübung darf durch die Denkmalpflege nicht beeinträchtigt werden (Art. 411 GG).

Denkschriften

Die Denkschriften der → EKD sollen sachkundige Anstöße zur Diskussion wichtiger gesellschaftlicher und politischer Fragen geben und die vielschichtigen Voraussetzungen für verantwortliche Entscheidungen klären, die „Gottes kräftigem Anspruch auf unser ganzes Leben" (→ Barmer Erklärung 1934) gerecht werden. Sie werden von Fachausschüssen (Kammern) erarbeitet und vom Rat oder der Kirchenkanzlei der EKD veröffentlicht. Ihre Verfasser und Herausgeber berufen sich dabei nicht auf die Autorität des kirchlichen Lehramtes, sondern auf die Schriftgemäßheit und die Überzeugungskraft der zur jeweiligen Sache vorgebrachten Argumente (vgl. „Die Denkschrift Aufgaben und Grenzen kirchlicher Äußerungen zu gesellschaftlichen Fragen" 1970). Die Denkschriften liegen gesammelt vor in: Gütersloher Taschenbücher Bd. 413 bis 415.

Diakon(in)

→ Berufe, kirchliche.

Diakonie

Diakonie ist der Dienst, der zum Wesen und zum Leben der Gemeinde Jesu Christi gehört. Sie erfährt diesen Dienst in ihrem Gottesdienst, bei

Drei Kreise der Diakonie

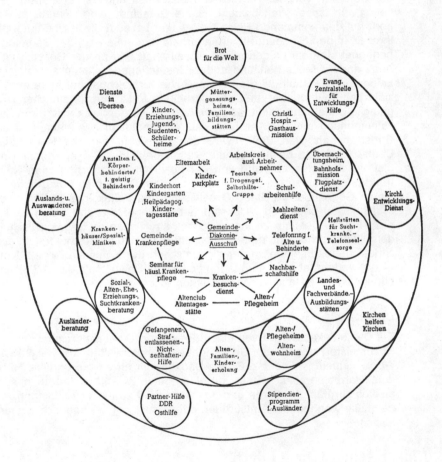

Innerer Kreis: Gemeindliche Diakonie
Mittlerer Kreis: Spezielle Diakonie
Äußerer Kreis: Ökumenische Diakonie © WELTWEITE HILFE

Taufe und Abendmahl. Sie gestaltet diesen Dienst, indem in der Gemeinde der eine für den anderen eintritt und ihm hilft, wo er es nötig hat. In der Nachfolge Jesu Christi ist die Gemeinde zu diesem Dienst für jeden Menschen da, ohne sich hindern zu lassen durch seine Stellung, sein Bekenntnis oder seine Rasse. Der Glaube der Christen wird in ihrer D. zur Tat der Liebe. So erweist sich Jesus Christus als der Herr der Welt. Seine Herrschaft ist D., Dasein für andere, Dienst. Zwischen der Botschaft von der Herrschaft Jesu Christi und der Erfahrung des Leidens in dieser Welt besteht für die Gemeinde eine Spannung. Sie hofft auf das kommende Reich Gottes und bezeugt diese Hoffnung mit ihrer D. In den Hilfebedürftigen innerhalb und außerhalb der Gemeinde begegnet sie dem Leiden in der Gesellschaft und an der Gesellschaft. Auch andere Menschen und andere Institutionen nehmen sich dieses Leidens an. Deshalb ist die D. der Kirche vergleichbar mit anderer Sozialarbeit (→ Industrie- und Sozialarbeit) in freier oder öffentlicher Trägerschaft. Sie kann damit nicht verwechselt werden, wenn sie ihren Zusammenhang mit der Anrufung und Verkündigung des Namens Jesu Christi behält. Den Stellenwert, den die D. in der Bundesrepublik Deutschland hat, bestimmen die Gemeindeglieder der ev. Kirche. Ihr diakonisches Handeln wird von der positiven weltanschaulichen Neutralität des Staates ermöglicht und gefördert. Dabei bleibt die Kirche in einem Gegenüber zu Staat, Gesellschaft und Politik, das in jeder geschichtlichen Lage neu zu bestimmen ist (→ Kirche und Staat). D. ist nicht Politik. Deshalb ist innerhalb des kirchlichen Auftrages zwischen dem diakonischen und dem politischen Auftrag zu unterscheiden. In der christlichen Gemeinde, in der die Botschaft der Königsherrschaft Jesu Christi verkündet wird, muß D. mit politischer Bewußtseins- und Willensbildung Hand in Hand gehen. → Diakonisches Werk.

Diakoniekasse

Die Diakoniekasse wird von einem Presbyter (Diakoniekirchmeister, → Kirchmeister) oder einem Gemeindebeamten verwaltet (Art. 112, 2 KO). Wenn Gemeindeglieder z. B. aus Dankbarkeit für seelsorgerliche Hilfe dem Pfarrer persönlich Geld „für einen guten Zweck" anvertrauen, soll er dies sorgfältig notieren und das Gabenheft zu seiner Entlastung regelmäßig von einem Amtsbruder oder Presbyter rechnerisch prüfen lassen.

Diakonisches Jahr — Intertat

Das Diakonische Jahr ist ein Doppelangebot der Kirche an junge Menschen. Hier erhalten sie einerseits die Möglichkeit, menschliches Leben in seiner Vielfalt und in seiner Verletzbarkeit kennen und verstehen zu lernen, andererseits können sie durch ihr Handeln Hoffnung für sich und für andere gewinnen. Eine Hoffnung, die ihre tiefsten Wurzeln in der Liebe Jesu zu den Menschen hat. Für die EKiR sagte 1956 der da-

malige Präses Joachim Beckmann in seinem Aufruf zum Diakonischen Jahr, daß derjenige, der sich vor der Not seiner Mitmenschen nicht verschließt, Entscheidendes für sich gewinnt. „Kein Mensch kommt im Leben ohne den Nächsten aus." Auch im Namen „Intertat" soll dies ausgedrückt werden: Wir brauchen einander, wir nehmen und geben. An Intertat können sich beteiligen:
— Jugendliche ab 17 Jahren im Diakonischen Jahr. Anschrift: Intertat — Diakonisches Jahr, Antoniterstr. 22, 5300 Bonn-Bad Godesberg;
— Kinder, Jugendliche und Erwachsene in den Ortsgemeinden an kurzfristigen Diensten. Informationen und Anregungen gibt: Evangelische Jugendbildungsstätte Hackhauser Hof, 5650 Solingen 11.

Diakonisches Werk

Zum Diakonischen Werk (D.) der Ev. Kirche im Rheinland e. V. haben sich im Jahre 1963 der rheinische Provinzialausschuß für Innere Mission und das Hilfswerk der EKiR vereinigt. Seine Mitglieder sind die EKiR, ihre Kirchenkreise und Kirchengemeinden und die Träger diakonisch-missionarischer Dienste, Anstalten und Vereine im Gebiet der EKiR. Aufgabe des Werkes ist es, zum Dienst der Liebe in der Nachfolge Jesu Christi aufzurufen und seinen Mitgliedern bei der Gestaltung dieses Dienstes durch theologische, fachliche, rechtliche und wirtschaftliche Beratung zu helfen. Es versteht → Diakonie als Wesens- und Lebensäußerung der Kirche und bemüht sich, das helfende und heilende Handeln der Kirche als Tätigkeit der ganzen Gemeinde zu verwirklichen. Dazu hält es Verbindung mit den Gemeindediakonieausschüssen, den Kreisdiakonieausschüssen und den Kreissynodalbeauftragten für Diakonie. Für diakonische Aufgaben auf der Ebene der Kirchenkreise gibt es kreiskirchliche D. In einigen Kirchenkreisen tragen sie den Namen „Ev. Gemeindedienst — Innere Mission und Hilfswerk". Das D. bedient sich zur Durchführung seiner Arbeit einer Geschäftsstelle mit dem Sitz in Düsseldorf. Es gliedert sich in das Direktorat und in die Abteilungen Gemeindediakonie, Öffentlichkeitsarbeit, Sozialwesen, gesellschaftliche und ökumenische Diakonie sowie Recht und Wirtschaft.
Über die Arbeitsgebiete der Abteilungen und über die angeschlossenen Mitglieder informiert das Handbuch der Diakonie im Rheinland, das allen Kirchengemeinden zugesandt wird.
Das Zeichen der Diakonie ist das Kronenkreuz. Das Kreuz ist Hinweis auf Not und Tod, die Krone Hinweis auf Hoffnung und Auferstehung. Die Verbindung von Krone und Kreuz soll zeigen: Not ist zu überwinden, weil Christus Not und Tod überwunden hat. Das Kronenkreuz enthält die Buchstaben IM. Sie erinnern an die Innere Mission, den Anfang des D.

Diakonisse

→ Berufe, kirchliche; → Gemeindeschwester.

Diaspora

Die ev. Diaspora (D.) (gr. = Zerstreuung = eine Minderheit in einer andersartigen Umgebung) entstand in den Zeiten der Reformation und Gegenreformation. Zu einer planmäßigen D.-Hilfe ist es aber erst im 19. Jh. gekommen. Die drei in der EKiR bestehenden D.-Verbände arbeiten trotz verschiedener Aufgabenstellungen organisatorisch zusammen. Der Evangelische Bund (Mitglieder können alle Interessierten werden) will Pfarrer und Laien mit Informationsmaterial und Veranstaltungen über den Stand der evangelisch-katholischen → Ökumene informieren. Das Gustav-Adolf-Werk (GAW) (Mitglieder sind Kirchengemeinden) ist eine Einrichtung der EKiR mit Sitz in Neuss und setzt sich zusammen mit einer eigenen Frauenarbeit geistlich und materiell für die D.-Gemeinden und D.-Kirchen in Europa und Südamerika ein. Diesem Zwecke dienen neben Publikationen und Veranstaltungen vor allem Sammelaktionen. Über die Hilfsprojekte gibt ein jährlich von der GAW-Zentrale in Kassel herausgegebener Katalog Auskunft. Der Verband der D.-Pfarrer (Mitglieder sind Pfarrer und Gemeinden) konzentriert sich auf die Situation der D.-Gemeinden in der EKiR. Deren Pfarrer und Presbyter werden in allen Fragen beraten, die sich aus der oft erschwerten Arbeit ergeben.

Dienstanweisung

Die Dienstanweisung (D.) ist neben der Berufungsurkunde bzw. dem Arbeitsvertrag die konkrete Darstellung der von dem Mitarbeiter erwarteten Dienste und formuliert den Rahmen des Weisungsrechtes des Dienstgebers. Deshalb wird die D. auch allein vom Dienstgeber aufgestellt und dem Mitarbeiter lediglich „Zur Anerkennung" vorgelegt. Die D. wird dadurch rechtlicher Bestandteil des Dienst- oder Arbeitsverhältnisses. Dies hat Bedeutung z. B. bei Fragen der → Vergütung des Angestellten, bei der Zuweisung neuer Aufgabengebiete oder bei Fragen der → Fortbildung.
Die D. regelt den Aufgabenbereich des Mitarbeiters, sein Verhältnis zu anderen Mitarbeitern sowie in der Regel grundsätzliche Fragen der Fortbildung. In ihr wird auch die Frage der Fach- und Dienstaufsicht konkretisiert (→ Anstellungsgespräch). Die KO schreibt vor, daß jeder Mitarbeiter eine D. erhalten muß (für → Pfarrer Art. 69; für andere → Mitarbeiter Art. 103, 1). Sie sind von der Kirchenleitung bzw. vom Superintendenten zu genehmigen. Durch diese aufsichtlichen Genehmigungen soll sichergestellt werden, daß die Dienste den kirchlichen Notwendigkeiten und den Fähigkeiten des Mitarbeiters entsprechend ausgeübt werden.
Für viele Arbeitsbereiche gibt es Musterdienstanweisungen, z. B. für Pfarrer, Diakone, Gemeindehelfer, Küster und Kirchenmusiker.
Allen D. gemeinsam ist ein Vorspruch, der die Mitarbeiter an den Auftrag der Kirche bindet und von ihnen gewissenhafte Erfüllung ihrer Dienstpflichten und Einfügung in die Dienstgemeinschaft, Teilnahme am

Leben ihrer Gemeinde und eine christliche Lebensführung fordert. Es ist ratsam und hilfreich, D. von Zeit zu Zeit zusammen mit den Mitarbeitern zu überprüfen. → Anstellungsträger; → Freizeit.

Dienstaufsicht

→ Anstellungsträger; → Dienstanweisung.

Dienstfahrten

Ein Kraftfahrzeug, das jährlich mindestens 2000 km für die Erledigung von Dienstgeschäften genutzt wird, kann vom Leitungsorgan anerkannt werden unter Festsetzung der jährlichen Kilometerhöchstgrenze und des Bereiches, für den die Anerkennung gilt. Für die im → Fahrtenbuch nachgewiesenen Dienstfahrten wird Kilometergeld nach konkreter Staffelung gezahlt. Einzelne Dienstfahrten mit nichtanerkannten Fahrzeugen müssen besonders angewiesen werden und können nach den gleichen Richtsätzen vergütet werden.

Dienstwohnung

Eine Dienstwohnung (D.) ist den Mitarbeitern zur Verfügung zu stellen, von denen der Anstellungsträger aufgrund der dienstlichen Obliegenheiten eine weitestgehende → Anwesenheit am Dienstsitz auch außerhalb der Dienststunden erwartet.
Sie darf nicht ohne Entgelt vergeben werden. Das Entgelt der D. von Mitarbeitern (Werksdienstwohnung) richtet sich nach dem örtlichen Mietwert, darf aber bestimmte Höchstsätze nicht überschreiten, die sich nach der Höhe der Dienstbezüge richten, und wird von diesen abgezogen. Bei Pfarrern gehört die D. zu den Bezügen; dafür wird der − in der Beamtenbesoldung vorgesehene − Ortszuschlag einbehalten. Unabhängig vom tatsächlich einbehaltenen Entgelt/Ortszuschlag ist steuerlich der ortsübliche Mietwert maßgeblich. D. werden ohne Mietvertrag zugewiesen; d. h. das Recht zu ihrer Nutzung endet mit dem Ausscheiden aus dem Dienstverhältnis. D. können in einem → Pfarrhaus, in sonstigen kircheneigenen Gebäuden oder als von der Gemeinde angemietete Wohnung gestellt werden. Pfarrer sind nicht berechtigt, die Annahme einer geeigneten D. zu verweigern. Detaillierte Bestimmungen (VO Anhang 21) regeln alle Fragen der Unterhaltung, Ausstattung und Nutzung der D. sowie die wechselseitigen Rechte und Pflichten der Nutzer und der Gemeinde. Bei der Zuweisung einer D. wird das Presbyterium darauf achten müssen, daß − nicht nur in Pfarrhäusern − die Räume den dienstlichen Notwendigkeiten im Blick auf Gespräche und Besprechungen und den familiären Gegebenheiten entsprechen.

Dimissoriale

→ Amtshandlungen.

Disziplinargesetz

Verletzt ein Pfarrer oder Kirchenbeamter schuldhaft seine Pflichten, müssen Maßnahmen möglich sein, die Gemeinde und das Amt zu schützen. Dazu ist für die Kirche und auch den Amtsinhaber ein durch Disziplinargesetz geordnetes Verfahren notwendig. Es ist anzuwenden, wenn Tatsachen bekannt werden, aus denen sich eine Pflichtverletzung ergibt. Die zuständige Dienststelle — in der Regel das LKA — hat den Sachverhalt aufzuklären. Weniger schwere Fälle kann sie mit Warnung, Verweis oder Geldbuße beenden. In schweren Fällen leitet sie ein förmliches Verfahren ein, in dem sich der Amtsinhaber vor dem Kirchengericht der Landeskirche (Disziplinarkammer) zu verantworten hat. Die Entscheidung der Gerichte können bis zur Amtsenthebung (→ Wartestand) und Entfernung aus dem Dienst gehen. Berufung oder Beschwerde beim Disziplinarhof (→ Gerichte, kirchl.) der EKiR sind möglich. → Versetzung im Interesse des Dienstes.

Dogma

Das Wort Dogma (D.) (gr. = Beschluß, Verordnung) wird im NT (z. B. Luk. 2, 1; Apg. 16, 4) in unterschiedlicher Bedeutung gebraucht; im christlichen Sprachgebrauch steht es für: → Lehre, Lehrsatz, Bekenntnis. Die ev. Kirche lebt aus der Verkündigung des lebendigen Wortes Gottes. Dieses Wort Gottes — bezeugt in den Schriften der Bibel — bewirkt Glauben bei einzelnen Menschen und in der Kirche. Der Glaube ist Antwort auf die Anrede Gottes. Er äußert sich als gemeinsames Bekenntnis in Lehrsätzen, → Glaubensbekenntnissen und Bekenntnisschriften, d. h.: im „Dogma" der Kirche. Zu den wichtigsten D. gehören das Apostolische Glaubensbekenntnis (→ Apostolikum), Luthers kleiner → Katechismus, die Augsburger Konfession, der Heidelberger Katechismus, die → Barmer Erklärung. Das D. der Kirche ist nicht Glaubensgegenstand des Christen. Der Christ steht in einer persönlichen Glaubensbeziehung zum dreieinigen Gott. Darum ist jedes D., jedes formulierte Bekenntnis der Heiligen Schrift untergeordnet. D. sind keine Zwangsglaubenssätze, sondern sie sind den Bojen im Meer vergleichbar, die die Fahrtrichtung für die Schiffe markieren. In der ev. Kirche gibt es kein unfehlbares Lehramt, das die göttliche Wahrheit in endgültigen und irrtumslosen D. definiert. Die ev. Christenheit lebt in der Zuversicht, daß sich die Wahrheit Gottes durch die Verkündigung des Zeugnisses der Heiligen Schrift selbst durchsetzt.

EC

Die Jugendbünde für entschiedenes Christentum (EC) wollen Menschen den Weg zu Jesus Christus zeigen. Sie fördern das Bemühen, in der Gemeinschaft als Christen ein verändertes Leben zu führen. Mitglied im EC kann werden, wer das EC-Bekenntnis unterzeichnet. Es enthält ein Bekenntnis des Glaubens an Jesus Christus und eine Bereitschaftserklärung, das eigene Leben in regelmäßiger Bibellese und im Gebet an dem Willen Christi zu orientieren. Darüberhinaus wird die Bereitschaft zur Mitarbeit im Jugendbund und in der Gemeinde bekundet. Ziel des EC ist die verantwortliche Mitarbeit möglichst vieler Jugendlicher. Im Zusammenwirken mit Kirchengemeinden und landeskirchlichen Gemeinschaften leistet der EC Kinder-, Jungschar- und → Jugendarbeit, er baut Bibelkreise, Dienstgruppen sowie Gruppen junger Erwachsener und Ehepaare auf und betreibt Mitarbeiterschulung. Der deutsche EC-Verband umfaßt 650 Jugendbünde (in 11 Landes- und 74 Kreisverbänden, Zentralstelle in Kassel, Frankfurter Str. 180, 3500 Kassel 42). Die Arbeit des EC ist international in 76 Ländern verbreitet und begann 1881 in den USA. Der Deutsche EC-Verband ist Mitglied des „Deutschen Verbandes für Gemeinschaftspflege und Evangelisation e. V. (Gnadauer Verband) und der „Arbeitsgemeinschaft der Evangelischen Jugend in der Bundesrepublik Deutschland und Berlin West e. V." (AEJ). → Allianz; → evangelikal.

ehrenamtlich

Die Bereitschaft zur ehrenamtlichen Mitarbeit ist ein Kennzeichen für die Lebendigkeit einer Gemeinde. Der ehrenamtliche Dienst ist ebenso wichtig für den → Gemeindeaufbau wie der Einsatz hauptamtlicher Mitarbeiter. Besonders geeignete Arbeitsfelder für Ehrenamtliche sind Jugend- und Erwachsenenkreise, → Kindergottesdienst, → Besuchsdienstgruppen, Chorarbeit und die Mitarbeit im Presbyterium. Für den Dienst ehrenamtlicher → Predigthelfer und → Lektoren hat die Landessynode besondere Regelungen getroffen. Die Landessynode hat 1977 den Gemeinden dringend empfohlen, die Aus- und → Fortbildung ehrenamtlicher Mitarbeiter zu fördern. Dafür sollen in den Gemeinden und Kirchenkreisen entsprechende Mittel bereit gestellt werden. Für Fortbildungsmaßnahmen stehen → Bildungsstätten zur Verfügung; zur Beratung und Vermittlung können die Erwachsenenbildungswerke sowie das VMA und andere Ämter im HLD (→ Landeskirchliche Dienste, Haus) in Anspruch genommen werden. Die → Auslagenerstattung für ehrenamtliche Mitarbeiter sollte in den Gemeinden großzügig geregelt werden.

Einführung

Die Einführung (E.) ist eine gottesdienstliche Handlung, in der → Pfarrer, → Gemeindemissionare, → Presbyter und andere → Mitarbeiter zum Dienst in einem örtlich umgrenzten Bereich eingewiesen werden. Sie wird von → Ordination und Einsegnung unterschieden, kann aber mit ihnen verbunden werden. Pfarrer und Gemeindemissionare werden durch den Superintendenten, Presbyter und andere Mitarbeiter durch einen Pfarrer der Gemeinde eingeführt. Für Pfarrer, Gemeindemissionare, Presbyter und die Mitarbeiter in der Verkündigung (Diakone, Gemeindehelfer) ist die E. obligatorisch. Die E. anderer Mitarbeiter ist auf Presbyteriumsbeschluß möglich. Die E. geschieht nach der → Agende auf der Grundlage von Schriftlesung, Fürbitte und persönlichem Zuspruch in Sendung und Segnung. Die Mitwirkung von Gemeindegliedern (Presbyter, hauptamtliche bzw. ehrenamtliche Mitarbeiter) ist guter Brauch. Das Dienstverhältnis des Pfarrers wird durch die E. begründet. Die E. der Presbyter ist mit einem Gelübde verbunden (Art. 84 KO). Auch Träger übergemeindlicher und kirchenleitender Dienste werden nach der Agende in ihre Ämter eingeführt. Eine geregelte Form der E. für → ehrenamtliche Mitarbeiter gibt es nicht. Es ist nachdenkenswert, in welcher Form die Bereitschaft zur ehrenamtlichen Mitarbeit durch Veröffentlichung (im Gottesdienst? im → Gemeindebrief!) Rückhalt, Unterstützung und also Beauftragung erfahren kann.

Eingruppierung

→ BAT-KF; → Tarife.

Einmütigkeit

Einmütigkeit (E.) von Beschlüssen im → Presbyterium ist eine oft umstrittene Empfehlung der KO (Art. 119, 1). Einstimmigkeit ist nicht gemeint. Ziel der Empfehlung sind tragfähige Entscheidungen oder solche, die nach der → Abstimmung vom gesamten Presbyterium mit getragen werden. Einem Leitungsgremium tut es — wie einer Regierung — nicht gut, wenn es in wichtigen Fragen mit knappen Mehrheiten oder verletzten Minderheiten arbeiten muß. Einer knappen Mehrheit kann die veränderte Anwesenheit einer nächsten Sitzung den Folgebeschluß verwehren; eine verletzte Minderheit hat es schwer, ihre volle Energie in die weitere Arbeit einzubringen.

Die E. verschleiert nicht → Konflikte; die werden eher durch verletzende Mehrheitsbeschlüsse in grundlegenden Fragen geschaffen. Die Bewältigung schwieriger Fragen braucht Energie. Diese Energie sollte vor der Beschlußfassung zum Erreichen der E. aufgewandt werden. Sonst wird sie nachher in einem gereizten Klima, in Unlust oder Gleichgültigkeit verbraucht. E. ist erreichbar durch einen Prozeß von Hören und Lernen: Welche Aspekte des Problems werden gemeinsam bejaht? Welche Aspekte sind umstritten? Welche Bedingungen sind in Ja und Nein enthalten? Welche Zugeständnisse sind möglich? Welche Positionen sind wirklich unaufgebbar?

Einweihung

Die Ev. Kirche versteht unter Einweihung eine gottesdienstliche Feier zur ersten Ingebrauchnahme bzw. Indienststellung kirchlicher Gebäude oder deren Inneneinrichtung.

Die → Agende hat Formulare zur Grundsteinlegung, Einweihung einer Kirche, erstem Gebrauch von Altar (Abendmahlstisch) Abendmahlsgeräten, Kanzel, Taufstein, → Orgeln, → Glocken, → Friedhof, Friedhofskapelle.

EKD, Evangelische Kirche in Deutschland

Der aus fünfzehn Mitgliedern — Laien und Theologen — bestehende Rat der EKD spricht für die evangelischen Landeskirchen und konfessionellen Zusammenschlüsse im Bereich der Bundesrepublik Deutschland, die als EKD einen Kirchenbund bilden. Er äußert sich durch die Kommuniques seiner monatlichen Sitzungen, durch Erklärungen und → Denkschriften. Dem Rat stehen „Kammern" zur Seite, die Denkschriften und andere Stellungnahmen grundsätzlicher Art erarbeiten. Der Kirchenkonferenz gehören die Repräsentanten der KL der Gliedkirchen der EKD an. Neben 17 Landeskirchen gehören die Vereinigte Ev. Lutherische Kirche Deutschlands (VELKD) mit zwölf Kirchen lutherischen Bekenntnisses sowie die → EKU zur EKD. Delegierte der Gliedkirchen der EKD, die Mitglieder des Rates und der Kirchenkonferenz bilden die Synode der EKD, die, von einem Präsidium geleitet, in der Regel einmal im Jahr tagt. Sie nimmt die Berichte der Werke (Diakonisches Werk, Ev. Missionswerk, Gemeinschaftswerk Ev. Publizistik, des Kirchlichen Außenamtes sowie vor allem den Bericht des Rates, vom Ratsvorsitzenden erstattet) entgegen. Sie verabschiedet den Haushaltsplan der EKD und greift Fragen von gesamtkirchlicher und öffentlicher Bedeutung auf. Ihre Beschlüsse zu solchen Fragen haben für die Gliedkirchen empfehlenden Charakter.

Eine 1974 erarbeitete neue Grundordnung für die EKD, die eine Kirchengemeinschaft vorsieht, hat nicht die Zustimmung aller Gliedkirchen gefunden und konnte daher nicht in Kraft treten. Somit bleibt die Grundordnung von 1948, in der die EKD als Kirchenbund verstanden wird, gültig. Die Kirchen außerhalb der VELKD haben sich in der Arnoldshainer Konferenz zusammengeschlossen. Diese bildet keinen konfessionellen Zusammenschluß, sondern dient dem theologischen Gespräch zwischen → unierten, → reformierten und → lutherischen Landeskirchen. Die konfessionellen Zusammenschlüsse VELKD und EKU haben den Charakter von Kirchen, deren Synoden in bestimmten Fragen des Bekenntnisses, der Personalgesetzgebung und der Lebensordnung Richtlinienkompetenz für die jeweiligen Mitglieder haben. → S. 52

EKiR, Evangelische Kirche im Rheinland

→ rheinische Kirche.

Die Gliedkirchen der
Evangelischen Kirche in
Deutschland und des
Bundes der Evangelischen
Kirchen in der Deutschen
Demokratischen Republik

(Die Ortsnamen geben den
Sitz der jeweiligen
Kirchenleitung wieder.)

Kiel
NORDELBIEN

GREIFS-
WALD
Greifswald

MECKLENBURG

Schwerin

Leer

OLDEN-
BURG
BREMEN
Bremen

Oldenburg

HANNOVER

Berlin

(West) (Ost)

SCHAUMB.-
Bückeburg LIPPE

Hannover

Wolfenbüttel

BERLIN-
BRANDENBURG

Magdeburg

Bielefeld LIPPE
Detmold

BRÄUN-
SCHWEIG

ANHALT
Dessau

WESTFALEN

Kassel

KIRCHENPROVINZ SACHSEN

Düsseldorf

KURHESSEN-
WALDECK

GÖRLITZ
Görlitz

RHEINLAND

Eisenach

THÜRINGEN

SACHSEN

Dresden

HESSEN UND
NASSAU

Darmstadt

PFALZ

Speyer

Karlsruhe

Stuttgart

BAYERN

WÜRTTEMBERG

BADEN

München

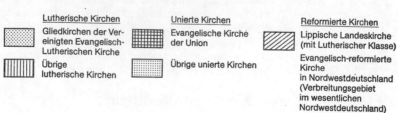

Lutherische Kirchen

Gliedkirchen der Ver-
einigten Evangelisch-
Lutherischen Kirche

Übrige
lutherische Kirchen

Unierte Kirchen

Evangelische Kirche
der Union

Übrige unierte Kirchen

Reformierte Kirchen

Lippische Landeskirche
(mit Lutherischer Klasse)

Evangelisch-reformierte
Kirche
in Nordwestdeutschland
(Verbreitungsgebiet
im wesentlichen
Nordwestdeutschland)

EKU, Ev. Kirche der Union

Zur Ev. Kirche der Union gehören die ehemaligen sieben preußischen Kirchenprovinzen (→ Karte der EKD). Sie wurden 1817 durch königliche Anordnung → uniert und fanden sich vor zwei wesentliche ökumenische Aufgaben gestellt: verschiedene reformatorische Konfessionen in einer Kirche nebeneinander gelten zu lassen (→ reformiert; → lutherisch) und mit räumlich entfernten Mitchristen Kirchengemeinschaft einzuüben.

Kennzeichen dieser Unionskirche waren und sind daher: Gemeinden unterschiedlichen → Bekenntnisstandes gewähren volle Kanzel- und → Abendmahlsgemeinschaft. Eine gemeinsame → Agende gewährt im → Gottesdienst unterschiedliche Gestaltungsmöglichkeiten. Die → presbyterial-synodale Struktur, vornehmlich von den Gemeinden am Niederrhein aus der Zeit der Gegenreformation eingebracht, prägt die Struktur der ganzen Unionskirche und gewährt den Einzelgemeinden ein hohes Maß an Selbständigkeit. Die ursprüngliche „Ev. Kirche der Altpreußischen Union" bildete den Schauplatz für einen wichtigen Teil der Auseinandersetzungen in den Jahren 1933—1945; aus der in diesen Zeiten gewachsenen und gefestigten Gemeinschaft des Glaubens erwuchs eine Union, die 1951/53 unter ihrem gegenwärtigen Namen eine neue Ordnung und Bindung der Gliedkirchen untereinander ermöglichte. Seit 1972 muß die EKU in zwei Bereichen existieren. Name und Grundordnung gelten sowohl in der EKU im Bereich der BRD als auch in der EKU im Bereich der DDR. Die EKU bewahrt soviel Gemeinschaft wie möglich sowohl auf rechtlichem Gebiet als auch durch Information, Kontakte und Anteilnahme. Sie will bis heute nicht die Früchte ihrer schmerzlichen Kirchwerdung aufgeben.

Eller, Elias

Elias Eller (1690—1750) ist das Beispiel für einen entarteten → Pietismus. Mit dem Elberfelder Pfarrer Schleiermacher und der hübschen Anna van Buchel, der „Zionsmutter", gründete er eine schwärmerische Gemeinschaft, die sich der unmittelbaren göttlichen Inspiration rühmte. Die Bergische Synode 1737 betrachtete dieses Treiben mit Mißtrauen. Eller zog daraufhin mit seinen Anhängern von Elberfeld nach Ronsdorf, daher der Name „Ronsdorfer Rotte". Die den „Zionseltern" geborenen Kinder galten — dem Heiland gleich — als unmittelbar von Gott gezeugt. Eller war fromm und zugleich geschäftstüchtig und hielt sich für den wahren Propheten Gottes. Seine Anhänger, darunter viele Geschäftsleute und Theologen, genossen zeitweise den Schutz des toleranten Preußenkönigs Friedrich II. Erst 1765 fanden die Reste der sich allmählich verlaufenden Sekte zur Gemeinde zurück.

Energiesparen

Eine verantwortungsbewußte Energieverwendung ist angesichts der gegenwärtigen ökonomischen und ökologischen Probleme eine Aufgabe, der sich auch die Kirche mit ihren Einrichtungen nicht mehr entziehen kann. Der hohe Anteil des Energieverbrauchs, der durch Raumheizung und Warmwasserbereitung innerhalb kirchlicher Einrichtungen anfällt und die durch Verteuerung der Energie steigenden Belastungen kirchlicher Haushalte zwingt dazu, Energiesparen als eine vordringliche Aufgabe anzusehen. Während Maßnahmen zur Verbesserung des Wärmeschutzes und energiesparender Heizungsanlagen in Neubauten heute gut einzuplanen sind und durch entsprechende Gesetze und Durchführungsverordnungen gestützt werden, fehlen solche Richtlinien weithin noch für die vorhandene Bausubstanz. Ein Katalog mit entsprechenden Vorschlägen, Hilfen und Empfehlungen von Maßnahmen für den Wärmeschutz und Maßnahmen zur Verbesserung von heizungs- und lüftungstechnischen Einrichtungen getrennt für → Kirchen und andere kirchliche Gebäude wird erarbeitet.

epd, Evangelischer Pressedienst

Der epd ist eine Nachrichtenagentur, die öffentlich interessierende Nachrichten sowie Materialien zur Hintergrundinformation aus dem ev. Bereich und für diesen erarbeitet und verbreitet. Die Zentralredaktion des epd hat ihren Sitz in Frankfurt. Die regionale Nachrichtenarbeit wird von zehn Landes- bzw. Regionaldiensten geleistet. Einer davon ist der epd west (Düsseldorf), zuständig für die Gebiete der rheinischen, westfälischen und lippischen Landeskirche (Region West). Der epd arbeitet in erster Linie für die Redaktionen von Zeitungen, Zeitschriften und Rundfunk. Daneben ermöglicht er die rasche Verbreitung von Informationen innerhalb der Kirche. Diesem Zweck dient vor allem die Nachrichtenzeitschrift „evangelische information", die in den o. g. Gebieten als „ausgabe region west" zentrale und regionale Nachrichten, jeweils aus einer Woche gesammelt, enthält und im Abonnement bezogen werden kann. Anschrift: Evangelischer Pressedienst Region West, Rochusstraße 44, 4000 Düsseldorf 30, Telefon (02 11) 3 61 06 (auch nachts erreichbar).

Erwachsenenbildung

Erwachsenenbildung (E.) stellt sich dem Problem, daß diejenigen, die Verantwortung wahrnehmen wollen in Kirche und Gesellschaft, sich dem Prozeß des lebenslangen Lernens nicht entziehen können. Predigt, Seelsorge, Diakonie und Mission müssen mit Lernangeboten verbunden sein, damit Menschen befähigt werden, ihren Glauben zu aktualisieren.
Ziel kirchl. E. wird es dabei sein müssen, die Bedeutung christlichen Glaubens für die menschliche Existenz in allen Lebensbereichen aufzuzeigen. Immer neu ist zu lernen, Glauben als Grundlage unserer Existenz zu verstehen, von diesem Glauben zu reden, von der Basis des Glaubens her Stellung zu nehmen zu den Fragen der Welt, mit Hilfe des

Glaubens Konflikte zu bewältigen. Von der Grundlage des Evangeliums her sucht kirchliche E. nach Lösungen, aber auch nach Möglichkeiten, ungelöste Konflikte zu ertragen.
Inhaltliche Schwerpunkte bilden die Bereiche: Theologie, Ehe und Familie, politische Orientierung, Erziehung, Umweltgestaltung, Entwicklungspolitik.
Die E.werke sind zuständig für Beratung der Gemeinden und Kirchenkreise, → Fortbildung der → ehrenamtlichen Mitarbeiter in den verschiedensten Bereichen, Planungs- und Organisationshilfe, Unterstützung in der Finanzierung (→ Zuschuß), Bereitstellung von Materialien.
Sie sind nach den Ländergrenzen aufgeteilt:
Nordrhein, Rochusstraße 44, 4000 Düsseldorf 30;
Rheinland-Süd, Auf der Schlicht 41, 6540 Simmern;
Saarland, Großherzog-Friedr.-Str. 44, 6600 Saarbrücken 6;
Hessen, Johanneshof 18, 6300 Wetzlar 2.

Essen auf Rädern

Essen auf Rädern hat vorrangig die Aufgabe, behinderte oder einsame Menschen mit einer vollwertigen Mahlzeit (auch Schonkost) zu versorgen. Dabei sollte der Überbringer die Möglichkeit zum Gespräch nutzen, Kontakte knüpfen, z. B. zur Altentagesstätte oder zum Altenclub, und die vielseitigen Hilfsdienste anbieten (Einkäufe, Kleider- und Wäschepflege). Bei der Einrichtung berät das → Diakonische Werk.

Ev. Akademiker

Ev. Akademiker aus der Altfreundeschaft der Deutschen Christlichen Studentenvereinigung (DCSV) gründeten 1954 die „Evangelische Akademikerschaft in Deutschland" (EAiD). Die EAiD ist ein Mitgliederverband mit Sitz in Stuttgart, Herausgeberin der Vierteljahreszeitschrift RADIUS. Sie wirkt durch → Hauskreise, Wochenendtagungen und kongreßbegleitende Seminarreihen.

evangelikal

„Evangelikal" soll das englische „evangelical" wiedergeben und als neue Sammelbezeichnung alle Strömungen benennen, die die persönliche Heilsgewißheit des Christen, das missionarische Engagement der Gemeinde und die Autorität der Bibel betonen. Zu diesen geistlichen Prioritäten kommt Kritik an der Genfer Ökumene und am innerkirchlichen Pluralismus hinzu.

Evangelisation

Evangelisation (E.) ist die ständige Aufgabe jeder Gemeinde, das → Evangelium einladend so weiterzusagen, daß ahnungslose, gleichgültige und vergeßliche Menschen „von Herzen und mit aller Konsequenz

„Ja' sagen" (K. Barth), umkehren und die ersten Schritte des Glaubens riskieren. Gerade in der volkskirchlichen Situation gewinnt die E. an Bedeutung, sie soll aus einer „Religion ohne Entscheidung" herausrufen in Glaubensgewißheit und verbindliche Nachfolge, damit man nicht immer schon als Christ angesprochen wird, es aber offenbar nie zu werden braucht und weiß, ob man dazugehört oder nicht. E. geschieht in der Sonntagspredigt (→ Predigt), die erwecklich und elementar zu Christus ruft, in persönlichem Gespräch und Zeugnis z. B. bei Hausbesuchen, in christlichen Verteilschriften, in → Andachten bei Jugendkreisen und → Gottesdiensten im Grünen (→ Camping). Die Gabe evangelistischer Rede soll sowohl von Pfarrern als auch von „Laien" wiederentdeckt werden. Hilfestellung dazu geben ein „Pfarrerarbeitskreis für evangelistische Verkündigung" (Vors. Pfr. Blunck, Solingen) und gedruckte Gesprächshilfen als Ermutigung zum Zeugnis. Neben der permanenten E. haben besondere E. in säkularen Räumen wie Stadthallen, Dorfgemeinschaftshäusern oder Zelten ihr gutes Recht. Hier ist auch der besonders begabte Evangelist am Platz.
Beratung, Begleitung, Durchführung von E. und Arbeitshilfen („Evangelisation in unserer Gemeinde — Was kommt da auf uns zu?") durch das VMA.

Evangelium

Evangelium (E.) (gr. = „frohe Botschaft", „gute Nachricht") bezeichnet zunächst ganz allgemein den Inhalt der Verkündigung von Jesus Christus. Später wird E. zur Bezeichnung jener Berichte, die das Leben, Leiden, Sterben und Auferstehen des Gottessohnes zum Inhalt haben und die zunächst mündlich weitergegebene Christusüberlieferung schriftlich festhalten. Die vier ältesten und bekanntesten E. finden sich im NT. In ihrer Endfassung sind sie vermutlich in der 2. Hälfte des 1. Jh. nach Chr. entstanden. Die Verlesung von E.-Texten im → Gottesdienst hat vermutlich schon im 2. Jahrhundert begonnen. Das Wort E. wird nunmehr im liturgischen Sinn zur Bezeichnung für die letzte und höchstwertige von mehreren Schriftlesungen, die jeweils nach dem Kirchenjahr ausgewählt sind und dem Gottesdienst des betreffenden Sonntags seine inhaltliche Prägung geben. Dieses Prinzip hat die luth. Kirche beibehalten; sie hat darüberhinaus das jeweilige Sonntags-E. zum Predigttext gemacht, während in der ref. Kirche vorzugsweise Reihenpredigten über ganze biblische Bücher gehalten wurden.
Heute ist in der → Agende der EKU für jeden Sonn- und Feiertag ein Episteltext (= Abschnitt aus einem der Briefe des NT oder aus der Apostelgeschichte oder der Offenbarung) und ein E.-Text vorgesehen, die in vielen Gemeinden von → Lektoren gelesen werden.
Die Lesung des E. ist in der Liturgie durch zwei Rahmenverse („Ehre sei dir, Herre!" — „Lob sei dir, o Christe!") besonders hervorgehoben — ein Hinweis darauf, daß hier der auferstandene Herr selbst in seinem von den Evangelisten überlieferten Wort zu seiner Gemeinde redet.

Ev. Schülerarbeit

Viele Jugendliche nutzen heute die Möglichkeit verlängerter Ausbildung. Damit verlängert sich für sie die Zeit der Orientierung bei der Bildung einer wachsenden Persönlichkeit. Die Schule in der heutigen Form kann hier nur begrenzte Orientierungshilfe bieten. Die Ev. Schülerarbeit im Rheinland (ESR.), ein Zusammenschluß von BK, MBK und der Schulwochenarbeit, will dem mit ihrem Angebot für Mittel- und Oberstufenschüler und deren Lehrer und Eltern Rechnung tragen. In ihrem Programm lebendigen Lernens finden sich Klassentagungen, offene Seminare, internationale Begegnungen, Projekte (Workcamps, Sozialpraktika). Das Angebot wird in einem Jahresprospekt veröffentlicht, den die Geschäftsstelle im HLD (Rochusstraße 44, 4000 Düsseldorf 30) verschickt. → Jugendarbeit.

Fachaufsicht

→ Anstellungsträger; → Dienstanweisung.

Fachhochschule

→ Ausbildungsstätten.

Fahrtenbuch

Mitarbeiter, deren Kraftfahrzeug nach den Kfz.-Richtlinien anerkannt ist, sind auch aus steuerlichen Gründen verpflichtet, die im dienstlichen Interesse zurückgelegten Fahrten (→ Dienstfahrten) in einem Fahrtenbuch (F.) nachzuweisen. Aus dem F. muß ersichtlich sein: Reiseziel, Tag und Zählerstand bei Beginn und Ende der Fahrt, zurückgelegte Dienstkilometer sowie ggf. die Namen der mitgenommenen Personen.

Familienarbeit

Familienarbeit (F.) umfaßt sowohl dem Aufbau der Familie dienende, als auch die Familie ergänzende und unterstützende Angebote. So bemühen sich die aus früheren Mütterschulen hervorgegangenen Familienbildungsstätten Hilfen für die Gestaltung des Familienlebens mit den Schwerpunkten: Haushalt, Gesundheit, Freizeit, zu geben. Im Bereich der EKiR gibt es zu diesem Zweck 14 ev. Einrichtungen. Eine Sonderstellung nimmt in ihrem Bereich der sog. Mütterbildungsurlaub ein. Dazu kommen beratende Hilfen: Ehe- und Lebens-, Erziehungs-, Familienplanungs- und → Schwangerschaftskonflikt-, Suchtberatung (→ Beratungsstelle). Die staatlich geförderte Familienerholung ist ein relativ junger Zweig der F., dessen Möglichkeiten kirchlicherseits nicht immer erkannt werden. Familienpolitik hat die Ganzheit der Familie im Blick und zielt neben der wirtschaftlichen Förderung auf die Stärkung ihrer Erziehungskraft ab. F. in der Kirchengemeinde umfaßt z. B. die Elternarbeit im Kindergarten, Familienwochenenden und -freizeiten. Eine finanzielle Stützung dieser Arbeit ist durch das Weiterbildungsgesetz NW möglich. Information und Beratung durch das Amt für Sozialethik und Sozialpolitik — HLD, Rochusstr. 44, 4000 Düsseldorf 30.

Fernstudium

In Fernstudienlehrgängen erfahren → ehrenamtliche Mitarbeiter eine besonders intensive Zurüstung für ihre Arbeit. Ein Lehrgang erstreckt sich über 12—18 Monate. Er umfaßt Selbststudium mit Hilfe von Studienbriefen, Studienzirkel als Nachmittag- oder Abendveranstaltungen und Direktkurse als Wochenendveranstaltung. Bei erfolgreichem Abschluß erhalten die Teilnehmer ein landeskirchliches Zertifikat. Alle drei Erwachsenenbildungswerke (→ Erwachsenenbildung) bieten Fernstudienlehrgänge an. Durchgeführt werden z. Z. die Kurse: Grundkurs Erwachsenenbildung und Aufbaukurse zur Alten- sowie zur Eltern- und Familienbildung.

Finanzausgleich

Der Finanzausgleich (F.) in der EKiR dient dazu, für finanzschwache Kirchengemeinden und Kirchenkreise die zur Erfüllung ihrer Aufgaben notwendigen finanziellen Mittel bereitzustellen. Die für den F. erforderlichen Mittel sind im Wege der → Umlage von finanzstarken Kirchengemeinden oder Verbänden aufzubringen. Der F. erfolgt einmal innerhalb eines Kirchenkreises („innersynodaler F."). Die Regelung hierfür ist dem jeweiligen KSV durch die KO übertragen (Art. 157). Er entscheidet selbständig über die Verteilung der durch die Umlage aufgebrachten Gelder. Zum anderen findet ein F. auf der Ebene der Kreissynoden („übersynodaler F.") statt. Die Regelung hierfür ergibt sich aus Art. 170 KO in Verbindung mit dem Finanzausgleichsgesetz (KABl 1980, S. 27). Der „übersynodale F." wird durch die landeskirchliche Umlage II mitgeregelt. In der EKiR gibt es z. Z. neun Kirchenkreise, deren jährliches Pro-Kopf-Aufkommen an Kirchensteuern je Gemeindeglied unter DM 106,— liegt. Damit fallen diese Kirchenkreise in den Kreis der Empfänger von F.-mitteln. Die anderen 37 Kirchenkreise haben ein jährliches Pro-Kopf-Aufkommen, das DM 110,— übersteigt, und werden damit zu Gebern im übersynodalen F. Die Festlegung der Zahlen und der Höhe des Pro-Kopf-Aufkommens erfolgt jährlich. Der „Große Finanzausschuß" legt jährlich rechtzeitig vor den Haushaltsberatungen die Ausgangswerte für den F. des folgenden Haushaltsjahres fest. Durch den F. sollen die Selbständigkeit und Selbstverantwortung der Gemeinden und Verbände erhalten und verstärkt werden. Eine rechtliche Regelung dieser Art verhindert finanzielle Abhängigkeiten der finanzschwachen von finanzstarken Gemeinden oder untergeordneter Körperschaften von übergeordneten. → Kirchensteuer.

Fliedner

Theodor Fliedner (1800—1864) übernahm als 22jähriger die Pfarrstelle der armen evangelischen Gemeinde Kaiserswerth. Für die wirtschaftliche Erhaltung seiner Gemeinde unternahm er Kollektenreisen durch Deutschland und ins Ausland. In Holland und England fand er Vorbilder für sein großes Lebenswerk: Die Begründung der weiblichen Diakonie. Er wies den von ihm ausgebildeten Diakonissen die Arbeitsfelder zu: Gefangenenseelsorge, Alten- und Krankenpflege, Kleinkindererziehung. Mit der Tracht der damaligen Bürgersfrau verlieh Fliedner den unverheirateten, wirtschaftlich nicht abgesicherten Diakonissen ein äußeres Zeichen der Aufnahme in eine eigenständige Gemeinschaft und damit für damalige Verhältnisse ein Zeichen der Emanzipation. 1849 legte er sein Pfarramt nieder, um sich ganz seinem Diakoniewerk zu widmen. Seine Tätigkeit beschränkte sich nicht auf Kaiserswerth. Als er starb, gab es an vielen anderen Orten insgesamt 30 Mutterhäuser mit 1600 Diakonissen.

Fortbildung

Die Fortbildung (F.) ist eine der wichtigsten Maßnahmen zur Erholung und Förderung der Arbeitsmöglichkeit und Arbeitsfreude aller → Mitarbeiter.

Es sollte keine → Dienstanweisung geben, in der nicht das Recht auf und die Pflicht zur F. angesprochen werden. Für Pfarrer und andere Mitarbeiter sehen die dienstlichen Bestimmungen pro Jahr einen F.-urlaub vor (ohne Anrechnung auf den Jahresurlaub) (→ Urlaub). Der Pfarrer-F. dient vornehmlich das → Pastoralkolleg; außerdem werden unterschiedliche Kurse verschiedener Träger und auch ein Kontaktstudium (ein Semester) angeboten. Die Kosten werden zumeist von der Landeskirche getragen.

Eigenanteile und Reisekosten können und sollten von der Gemeinde übernommen werden.

Für hauptamtliche Mitarbeiter gelten unterschiedliche Regelungen: Weiterbildungsmaßnahmen, die zur Vorbereitung auf ein weiteres Examen dienen, werden von der Landeskirche finanziert. Bei F.-Veranstaltungen werden die Anstellungsträger um Übernahme der Kosten einschließlich Reiseauslagen gebeten. Verantwortlich für die F. der Mitarbeiter sind im Auftrag des LKA die Beauftragte für Mitarbeiter im HLD und die Jugendakademie in Radevormwald.

Die F. → ehrenamtlicher Mitarbeiter ist besonders zu pflegen. Sie kann innerhalb der Gemeinde geschehen; aber auch übergemeindlich werden eine große Zahl von teils speziellen Tagungen verschiedener Träger angeboten (eine Zusammenstellung erscheint jährlich im Informationsblatt des HLD; → Fernstudium, → Seminar). Sie dienen der Information, dem Erfahrungsaustausch, der Befähigung und Ermutigung. Es gilt als selbstverständlich, daß entstehende Kosten erstattet werden.

Frauenarbeit

Frauenarbeit (F.) als eigenständiger kirchlicher Arbeitsbereich entstand gegen Ende des vorigen Jahrhunderts, als im weltlichen Bereich die Frauenbewegung eine stark emanzipatorische oder staatsbürgerliche Zielsetzung verfolgte. Dem hat sich die ev. F. nur teilweise geöffnet. Sie hat wesentlich zur Verlebendigung des Gemeindelebens beigetragen. Die unterschiedlichen Gemeinschafts- und Arbeitsformen richten sich nach Bildungs- und Interessenlage der Teilnehmerinnen. Gemeinschaft und Dienst sind die besonderen Kennzeichen kirchlicher F. Einige Gruppen sehen Information und Weiterbildung als ihre besondere Aufgabe. Ehemals getrennte Gruppen der Frauen- und → Männerarbeit haben vielerorts gemeinsame Aktivitäten entwickelt und versuchen, eine naturständische Isolierung zu überwinden. Ev. F. im Rheinland ist der organisatorische Zusammenschluß von ca. 25 Verbänden. Es gehören dazu: Ev. → Frauenhilfe i. Rhld., Deutscher Ev. Frauenbund, Aktionsring Frau und Welt, → Pfarrfrauendienst, Vereinigung ev. berufstätiger

Frauen u. a. Die Dienststelle der Ev. F. i. Rhld. befindet sich im Haus
→ landeskirchliche Dienste. Die Ev. F. in Deutschland (EFD) hat ihre
Geschäftsstelle in Frankfurt. Sie gibt ein eigenes Mitteilungsblatt heraus: Korrespondenz − Die Frau.

Frauenhilfe

Die Ev. Frauenhilfe (F.) im Rheinland e. V. − Sitz in Bonn-Bad Godesberg − arbeitet mit ca. 120 000 Mitgliedern als freies Werk im Bereich
der EKiR. Sie verfolgt das Ziel, „evangelische Frauen bei der Erfüllung
ihrer Aufgaben in Familie, Beruf, Kirche und Gesellschaft zu unterstützen und Bereitschaft zur Verantwortung zu wecken". Daraus erwachsen
insbesondere die Aufgaben: Verbindung zu und unter den örtlichen
Gruppen (ca. 1600) und Kreisverbänden (42) zur Hilfe bei der Erfüllung
jeweils spezieller Aufgaben; Förderung der Mitarbeit evangelischer
Frauen in den Kirchengemeinden und in den Leitungsgremien der Kirche, im Bereich der → Diakonie und in öffentlichen Gremien; Angebot
von Arbeitshilfen und anderem für die → Frauenarbeit geeignetem
Schrifttum; Angebote evangelischer → Erwachsenenbildung, insbesondere für Leiterinnen von Frauengruppen.
In Trägerschaft des Landesverbandes bzw. der F.-Diakonieschwestern-
schaft (z. Z. 168 Schwestern) stehen eine Tagungsstätte, ein Krankenhaus, drei Altenheime, heimverbundene Altenwohnungen, zwei Mütter-
genesungsheime, eine Krankenpflegeschule, eine Berufsfachschule und
ein Fachseminar für Familienpflege. Im Auftrag der Landeskirche führt
die F. das → Diakonische Jahr durch.

Freikirchen

Als Freikirchen (F.) werden solche Kirchen bezeichnet, die weder geschichtlich noch rechtlich mit einem Staatswesen verbunden sind bzw.
waren und bei denen die Mitgliedschaft ausschließlich durch freiwilligen
Beitritt erworben wird. Gemeinsame Kennzeichen sind strenges Festhalten an der Alleingültigkeit der Heiligen Schrift und am Grundsatz des
allgemeinen Priestertums (starke Laienaktivität), die Forderung nach
persönlicher Entscheidung des einzelnen für Jesus Christus, nach der
Bereitschaft aller Mitglieder, die Kirche und ihre Mission durch finanzielle Opfer und persönliche Mitarbeit mitzutragen sowie die Forderung
nach strikter Trennung von → Kirche und Staat. Die F. in Deutschland
lassen sich teilweise bis auf die Reformationszeit zurückführen, sind
aber in ihrer heutigen Gestalt von Erweckungsbewegungen oder durch
lehrbedingte Spaltungen der Großkirchen im 18. und 19. Jh. bestimmt.
Die LS der EKiR hat 1976 − unter Mitwirkung von Gästen aus F. − über
das Verhältnis zwischen F. und Landeskirche beraten und die Gemeinden aufgefordert, trotz der Unterschiede die Gemeinschaft mit den F. in
Gottesdienst, Sakrament, Gebet, Bibelstudium und in gemeinsamen

missionarischen und diakonischen Bemühen zu suchen. → Allianz; →
Arbeitsgemeinschaft Christlicher Kirchen; zum Unterschied: → Sekten.

Freizeit

Die Freizeit (F.) hat ihren Grund in dem von Gott angebotenen und ge-
botenen Sabbat, den die Christenheit als das Auferstehungsfest des um
ihrer Rechtfertigung willen Gekreuzigten verkündigt. Dem in der modernen Industriegesellschaft unter erhöhtem Leistungsdruck stehenden
Menschen ist auch sie zu einem Leistungszwang geraten: Man muß sich
etwas leisten können, um dem Leben Wert zu geben. Die Botschaft von
der ohne Leistung geschenkten Gnade befreit den Menschen vor der
übersteigerten Erwartung, erst durch F. könne ihm Erfüllung und Heil
zuteil werden. Die Kirche begleitet ihre Glieder in der F. nach freizeit-
pädagogischen Methoden mit derselben Botschaft, die auch dem ar-
beitenden Menschen gilt. Sie befähigt zu kritischem Umgang mit den
Träume weckenden Angeboten der F.-Industrie. Nachdem der klassi-
sche Feierabend als kleinste F.-Einheit weitgehend tot ist, weil er der
Erledigung persönlicher Pflichten gilt und darüberhinaus teleprogram-
miert ist, finden regelmäßige kirchliche Abendveranstaltungen immer
weniger Interesse. Dagegen fordern das Wochenende und der Jahresurlaub das aktive und begleitende (→ Camping- u. → Urlauberseelsorge) Handeln der Kirche heraus.
Gemeinden, Kirchenkreise und Verbände bieten F. sowohl für begrenzte
Zielgruppen an (→ Altenarbeit, → Behinderte, → Jugendarbeit), um
auf deren Belange besonders eingehen zu können, als auch für umfas-
sendere Personenkreise (→ Familien, Arbeitgeber und -nehmer), um
alltägliche Beziehungen gemeinsam aufzuarbeiten. Für die inhaltliche
und organisatorische Beratung von F. (→ Zuschuß) stehen die betreffenden Ämter im HLD (→ Landeskirchliche Dienste . . .) zur Verfügung.
Angebot und Gebot des Sabbats gelten auch für die kirchlichen Mitarbeiter. Die Fürsorgepflicht des Leitungsorgans bezieht sich auch auf die
Gewährung der erforderlichen F. Arbeitsrechtregelungen (→ Arbeitsrecht) und Dienstrecht der Pfarrer und Kirchenbeamten beschreiben den
Rahmen für die → Dienstanweisung, die in gegenseitiger Vergewisserung des gemeinsamen Auftrages ständiger Konkretion bedarf (→ Anstellungsgespräch). Für den kirchlichen Mitarbeiter, für jeden Christen
gehört F. zum Dienst; zu ihr zu ermutigen und sie zu ermöglichen ist
Aufgabe der Gemeinde. → Urlaub.

Friedhof

Ein Friedhof (F.) steht in der Trägerschaft einer juristischen Person. Er
genießt besonderen strafrechtlichen Schutz gegen Störungen des religiösen Friedens, des religiösen Gefühls des einzelnen und Schutz der
Totenruhe (§ 59, 5 VO). Leichenreden sind auch auf kircheneigenen F.
gemeinrechtlich gestattet. Kirchliche F. werden zur Bestattung verstor-

bener Gemeindeglieder angelegt. In besonderen Fällen können dort auch andere Personen bestattet werden (§ 59, 1 VO). Für die Anlage und Erweiterung, die Benutzung einschließlich Gebührenerhebung, die Außerdienststellung (Schließung) eines kirchlichen F. sind kirchen- und z. T. staatsaufsichtliche Genehmigungen einzuholen (§§ 59—65 VO).

Frömmigkeit

Die Frage nach rechter Frömmigkeit, nach einer neuen „Spiritualität" ist wieder im Gespräch. „Wir sehnen uns nach einer neuen Spiritualität, die unser Planen, Denken und Handeln durchdringt" (Nairobi 1975, Vollvers. d. Ök. Rates). Es geht bei voller Weltverantwortung um die persönliche Leitung durch den Heiligen Geist, um hilfreiche Formen des Gebets, des Bibellesens und der geistlichen Gemeinschaft. Hilfen dazu sind:
1. Bibellesepläne, Auslegungen auf Abreißkalendern, die → Losungen, meditative Texte zu Bildern, Andachtsbücher, Lieder, → Gebete.
2. Freizeiten und Einkehrtage, Angebote von Häusern der Stille für Gruppen und Einzelne.
3. Auseinandersetzung mit Frömmigkeitsformen anderer Konfessionen.
4. Entdeckung alter Traditionen.
Das glaubwürdige Zeugnis des Christen in dieser Welt durch Wort und Tat bedarf des vertrauten und lebendigen Hörens und Antwortens vor Gott. Es ist Aufgabe der Gemeinde, Gruppen und einzelnen Hilfe auf der Suche nach Frömmigkeit anzubieten. Vgl. die Denkschrift der EKD „Evangelische Spiritualität". → Meditation.

Gebet

Gebet (G.) ist Gespräch mit Gott: Dank, Lob, Bitte, Klage, Fürbitte des einzelnen oder der Gemeinde werden „unserem Vater" gesagt. Beten lernt man mit biblischen Texten, den Psalmen als dem Gebetbuch der israelischen Gemeinde, dem „Unser Vater", das Jesus seine Jünger lehrte. Hilfen für das G. sind Lieder und Gebetbücher. Sie leiten an in Stille und Sammlung Gott Leben und Welt anzubefehlen. – Für den → Gottesdienst werden in den → Agenden formulierte G. angeboten, die es der Gemeinde ermöglichen, gemeinsam sich an bestimmte Gebetsanliegen zu gewöhnen und so das vom Liturgen verlesene G. mitzubeten. Ob freies oder liturgisch formuliertes, ob persönliches oder gemeinsames G. – der Beter rechnet damit, daß Gott hört.

Gehalt

→ Vergütung.

Gehaltsvorschuß

→ Darlehen.

Gemeinde

a) Die Kirchengemeinde (Kgm.) ist die kleinste autonome Einheit, in der die → Kirche vor Ort organisiert ist. Bei ihr liegt die Steuerhoheit; sie ist Anstellungsträger; sie trägt die Rechte und Pflichten einer Körperschaft öffentlichen Rechtes. Sie wird geleitet und nach außen durch das → Presbyterium vertreten.
b) Ursprünglich waren die Grenzen einer Kgm. identisch mit den Lebens-, Siedlungs- oder Arbeitsregionen. In Ballungsgebieten spielen häufig andere Kriterien eine Rolle. Unter den manchmal widerstreitenden Zielsetzungen von Überschaubarkeit und Leistungsfähigkeit haben sich Kgm. unterschiedlichster Größe gebildet. Galt vor Jahren die Teilung wachsender Kgm. als die Lösung, so wird heute vielfach eine strukturelle Gliederung großer Kgm. als Lösungsmöglichkeit erwogen. Dabei können Bezirksausschüsse und die arbeitsteilige Schwerpunktsetzung unter den → Pfarrern und anderen Mitarbeitern in Zusammenarbeit mit Fachausschüssen hilfreich sein. → Ausschüsse
c) In der Situation der Volkskirche ist die Kgm. der Ort, an dem Christen versuchen, untereinander und für die Menschen in ihrer Nachbarschaft von den Verheißungen zu leben, an die sie glauben. Das NT versucht nur in Ansätzen die Kgm. zu beschreiben. Dagegen kennt und braucht es eine Fülle von Bildern, in denen grundlegende Elemente des Gemeindelebens und des → Gemeindeaufbaus zur Sprache kommen: die Braut (Matth. 9, 15), die in einer erwartungsvollen Beziehung zu Jesus Christus lebt; die Herde (Joh. 10), die bei Jesus Christus Geborgen-

heit findet; die Reben (Joh. 15), deren Kraft und Früchte sich von Jesus Christus herleiten; der Leib (1. Kor. 12, 12), dessen Glieder ihre Fähigkeiten, ihre Funktionen und ihren Zusammenhalt vom gemeinsamen Haupt Jesus Christus haben; das Salz der Erde (Matth. 5, 13), das seine Bedeutung nicht durch besondere Anstrengungen, sondern aufgrund der Zusage von Jesus Christus in der Welt hat. Diese Bilder besagen, daß die Kgm. nicht durch Organisation und Leistung Gemeinde wird, sondern durch das Wirken des auferstandenen und gegenwärtigen Herrn.

Gemeindeamt

Im Gemeindeamt (G.) werden alle Verwaltungsangelegenheiten der Kirchengemeinde erledigt: Die Verwaltung der finanziellen Mittel nach den Festlegungen des → Haushaltsplanes, die Verwaltung des Gemeindevermögens und evtl. der gemeindeeigenen → Friedhöfe, die Ausführungen der → Beschlüsse des Presbyteriums [soweit nicht vom (→ Präses) Vorsitzenden selbst erledigt], die Bearbeitung der Meldeunterlagen, der Kirchenbücher und der Personalangelegenheiten der → Mitarbeiter. Außerdem soll das G. die Pfarrer und Mitarbeiter bei der Organisation gemeindlicher Veranstaltungen entlasten.

Die Leitung des G. liegt beim G.-leiter, der seinerseits die Weisungen des Vorsitzenden des Presbyteriums und des zuständigen → Kirchmeisters zu beachten hat. Das G. ist wegen dieser Weisungsgebundenheit rechtlich keine Behörde; die Zuständigkeit für alle Entscheidungen liegt beim Presbyterium, das freilich die laufenden Geschäfte der Verwaltung auf den G.-leiter delegieren kann.

Wegen des zunehmenden Umfangs der Verwaltungsgeschäfte sind in den letzten Jahren praktisch für alle Kirchengemeinden Verwaltungsdienststellen eingerichtet worden. Um Personalkosten zu sparen und arbeitssparende technische Hilfsmittel besser einsetzen zu können, hat man häufig die Verwaltungsangelegenheiten mehrerer Gemeinden in zentralen Dienststellen zusammengefaßt: Gemeinsame G. für mehrere Gemeinden, Verwaltungsämter für den ganzen Bereich des → Kirchenkreises (oder bei weitläufigen Kirchenkreisen für eine ganze Region). Von Verwaltungsämtern spricht man nur, wenn alle Verwaltungsaufgaben der angeschlossenen Gemeinden dort erledigt werden, vielfach unter Einschluß der Superintendentur, die eine gesonderte Abteilung des Verwaltungsamtes darstellt, sowie unter Einbeziehung der diakonischen Einrichtungen und Wirtschaftsbetriebe des Kirchenkreises. Lediglich für den Schriftwechsel der Pfarrer und hauptamtlichen Mitarbeiter, für die Abrechnung der → Kollekten und die Aufzeichnung der → Amtshandlungen bleibt hier und da ein Schreibbüro (Teilzeitkraft) in den Gemeinden.

Solche gemeinsamen Verwaltungsdienststellen sind in der Regel von den beteiligten Körperschaften auf Grund einer → Satzung nach dem → Verbandsgesetz errichtet worden, wobei darauf zu achten ist, daß

die Verwaltungsangelegenheiten für jede Gemeinde gesondert und nach deren Weisungen auszuführen sind.
Aus früherer Zeit bestehen auch noch mehrere Rentämter, die ebenfalls für viele Gemeinden tätig werden, in der Regel aber nur für das Kassen- und Rechnungswesen zuständig sind.
Gemeinsame G., Verwaltungsämter und Rentämter werden von besonderen → Ausschüssen der beteiligten Gemeinden geleitet, in denen alle Träger-Körperschaften vertreten sind. Für die Ausführung der Verwaltungsgeschäfte der angeschlossenen Gemeinden bleiben deren Presbyterien zuständig.

Gemeindeaufbau

Das Wort Gemeindeaufbau (G.) beschreibt in Anlehnung an das NT die bewußte, geplante, zielgerichtete Bemühung um die Entwicklung der → Gemeinde. Vier Gestaltungselemente prägen die Existenz der Gemeinde.
1. Die Gemeinde Jesu Christi ist auf dem Weg zum Reiche Gottes; sie hat es nicht zu verwirklichen; darum braucht sie sich ihrer veränderbaren Vorläufigkeit nicht zu schämen.
2. Die Gemeinde Jesu Christi gründet ihre Existenz auf Apostel und Propheten. Diese Bindung an die Schrift ist für sie Orientierungspunkt, von dem her sie Klärung für wechselnde Aufgaben und Anforderungen gewinnt.
3. Die Gemeinde Jesu Christi mißt sich nicht an perfekten Idealen und lebt wie der einzelne Christ von der Vergebung. Darum wird sie sich dankbar freuen über das, was ihr in Teilbereichen gelingt.
4. Die Gemeinde Jesu Christi kann sich auf die Gaben des Geistes Gottes (→ Charisma) verlassen; sie werden sie in ausreichendem Maße zu ihrem Dienst befähigen.
G. beginnt mit einer Analyse der Umfelder, der Lebensäußerungen, der Anforderungen und des Potentials, das sich als Zuversicht, Risikobereitschaft, Ausdauer, Phantasie, Einfühlungsvermögen und Energie des Glaubens auswirkt.
Der zweite Schritt ist die Klärung des Zieles, das die für den G. Verantwortlichen miteinander verfolgen wollen. In diesem Ziel wird sich ihr Verständnis des Auftrages der Gemeinde widerspiegeln. Intensive – wohl auch langwierige – Bemühungen um die Gegenüberstellung von Analyse und Ziel ermöglichen die gemeinsame vertretbare Entscheidung über das, was in dieser Gemeinde jetzt als Schwerpunkt getan und was um der entdeckten Grenzen willen unterlassen werden kann, welche Herausforderungen mit voller Kraft angegangen werden können, welche Aufgabenfelder die Möglichkeiten der Gemeinde übersteigen. Dabei spielen die Befähigungen von Personen ebenso eine entscheidende Rolle, wie die finanziellen Mittel, die verfügbaren Räume und die Belastbarkeit der Mitarbeiter.
Die Funktion der Verkündigung im G. ist vornehmlich die der Ermuti-

gung; sie bringt zum Bewußtsein, daß die Reichweite der Verheißungen Gottes weit über die heute erkennbaren Grenzen und Möglichkeiten der Gemeinde hinausgeht.

Gemeindeberatung

Eine der Hauptaufgaben kirchlicher Dienststellen (→ Landeskirchliche Dienste, Haus) ist die Beratung der Gemeinden. Zumeist handelt es sich dabei um Fachberatung, die für die einzelnen Aufgabengebiete von besonders beauftragten Fachleuten mit speziellen Kenntnissen angeboten wird (→ Kirchlicher Unterricht, → Kindergottesdienst, → Büchereien, → Jugendarbeit usw.).
Unter der Bezeichnung „Gemeindeberatung" gibt es seit einigen Jahren ein Angebot des VMA. Voraussetzung dieser Beratung ist die Überzeugung, daß die „Fachleute" für örtliche Aufgaben und Probleme in den Gemeinden selbst zu suchen sind. Darum werden keine Ratschläge erteilt, deren Umsetzung in die Praxis neue Probleme aufwirft. Vielmehr setzt der von außen kommende Berater einen Prozeß in Gang, der von den Fähigkeiten, Kenntnissen, Energien und Zielvorstellungen der Betroffenen ausgeht, mit ihnen zusammen Variationen des Ist-Zustandes sucht und erste Schritte zur Problemlösung erprobt. Die Problemfelder, in denen sich Gemeindeberatung bewährt hat, sind: Kommunikation, Arbeitsteilung, Zusammenarbeit, → Vakanzen, Pfarrersuche, → Konflikte, Planung und Zielfindung. Arbeitsformen sind: längerfristige Begleitung in → Sitzungen des Presbyteriums oder regelmäßigen Dienstbesprechungen, aber auch Gestaltung von Studientagen, Wochenenden und Klausuren des Presbyteriums oder der Mitarbeiter.

Gemeindebrief

Ein großer Teil der Gemeinde wird durch die personenbezogenen Arbeitsformen der Kirche nicht erreicht. Ein Mittel, diesen Mangel auszugleichen, ist der Gemeindebrief (G.), der als abgezogenes Rundschreiben oder als Kleinzeitschrift den Mitgliedern der Gemeinde ein Mindestmaß an Information, Kommunikation und Verkündigung anbietet. Der G. ist ein publizistisches Mittel. Daher sind bei seiner Herausgabe publizistische Arbeitsformen und presserechtliche Bestimmungen zu beachten. Herausgeberische und redaktionelle Verantwortung müssen in einem Impressum klar ausgewiesen, die Finanzierung im ordentlichen Haushalt und die redaktionelle Gestaltung sowie die Verteilung personell gesichert sein. Benachbarte Gemeinden können einen gemeinsamen G. herausgeben. Das Gemeinschaftswerk der Ev. Publizistik (Frankfurt/M., Friedrichstr. 2–6) bietet im Abonnement eine Material- und Gestaltungshilfe – „Der Gemeindebrief" – sowie ein „Gemeindebrief-Handbuch" an. Beratung und Vermittlung von Bildungsmaßnahmen für G.-Redakteure bietet die Informationsstelle des LKA, Düsseldorf.

Gemeindedienst

→ Diakonisches Werk; → Vereinigte Ev. Mission.

Gemeindefest

Im Volk Israel hatten Feste ihren unverzichtbaren und durch Gesetz geordneten Sitz im Leben (Passah-, Ernte-, Versöhnungs-, Laubhüttenfest. S. 3. Mose 23 u. a.). Jesus und seine Jünger feierten sie mit.
In volkskirchlichen Gemeinden sind Gemeindefeste (G.) die besondere Gelegenheit zum Erleben von Gemeinde und Gemeinschaft.
Zur Planung von G. gehört eine inhaltliche Ziel- bzw. Funktionsbestimmung. „Was ist in unserer Gemeindesituation heute wichtig zur Information, Bewußtseinsbildung, Aktivierung, Vertiefung?" Themen: Ökumene, Mission, Bibel, Umwelt, auch konkrete Gemeinde- oder politische Fragen. Zur Planung braucht man eine kleine qualifizierte Gruppe. An der Vorbereitung und Durchführung sollten soviele wie möglich beteiligt werden. Hier ist die beste Gelegenheit, Einsame aus ihrer Isolierung zu holen und neue Talente zu entdecken, die in der weiteren Gemeindearbeit wichtig sind.

Gemeindemissionar

In den sechziger Jahren ist das Amt des Gemeindemissionars (G.) neu entstanden. Ursprünglich war es zur Erfüllung bestimmter volksmissionarischer Aufgaben gedacht. Es hat sich aber immer mehr dem Pfarramt angenähert. Heute ist der G. in der Regel Verwalter, allerdings nicht Inhaber einer Pfarrstelle. Er wird nicht durch ein Presbyterium gewählt, sondern kann auf dessen Antrag vom LKA mit der Verwaltung einer Pfarrstelle beauftragt werden. Vorsitz im Presbyterium und Mitgliedschaft in der Kreissynode sind möglich, nicht aber die Mitgliedschaft im KSV. Der G. ist in der Regel Kirchenbeamter. Seine offizielle Bezeichnung ist → Pastor. Ausbildung: berufsbegleitend mit Abschlußprüfung oder berufsbegründend (Fachhochschule, Vorbereitungsdienst). Außerdem kann → Mitarbeitern, die 40 Jahre alt sind, die Befähigung zum G. zuerkannt werden, wenn sie eine besondere Prüfung bestehen. Vgl. Kirchengesetz über das Amt des G. KABl 1974, S. 109; 1975, S. 22. → Ordination.

Gemeindeschwester

Das Aufgabengebiet der Gemeindeschwester (G.) umfaßt die sachkundige Pflege von kranken und alten Menschen in ihren Wohnungen. Sie betreut die zu Versorgenden seelsorgerlich und steht den Hilfesuchenden mit Rat und Tat in der Vor- und Nachsorge zur Seite. Soweit es ihre Zeit erlaubt und es ihrer Begabung entspricht, übernimmt sie weitere Aufgaben wie Frauenhilfe, Altenkreis, Kindergottesdienst, Geburtstagsbesuche. Das Bild der G. hat sich inzwischen gewandelt. Waren die G. bisher vielfach Diakonissen, die von Mutterhäusern entsandt wurden, so sind es heute Schwestern, die „nur" krankenpflegerische Ausbildung haben. Vielerorts lösen auch Altenpflegerinnen G. ab. Manche G. arbeiten im beschriebenen Sinne in den Gemeinden, andere tun ihren Dienst in Diakoniestationen, in denen mehrere Fachkräfte zusammenarbeiten. → Sozialstation.

Gemeindeversammlung

„Mindestens einmal im Jahr" muß die Gemeinde zu einer Gemeindeversammlung (G.) eingeladen werden (Art. 134 KO). Dort soll über die Entwicklung der Gemeinde, aber auch über andere, übergreifende Fragen (z. B. Baufragen, → Pfarrwahl) berichtet werden. Aus der G. heraus können Anträge an das Presbyterium gestellt werden, über deren positive oder negative Erledigung das Presbyterium der Gemeinde berichten muß. – Viele Gemeinden verbinden die G. mit einem → Gemeindefest. → Presbyterwahl.

Gemeindezentrum

Das Gemeindezentrum (G.) ist der räumliche Mittelpunkt des gemeindlichen Lebens. Die Frage nach der zusätzlichen → Kirche neben dem G. wird unterschiedlich beantwortet. Oft sucht man die Lösung in einem kleineren → Andachtsraum, der für Festgottesdienste erweitert werden kann. Weitläufige Gemeinden haben sogen. Stützpunkte (angemietete Ladenlokale, Wohnungen o. ä.) eingerichtet, um Außenbezirke (→ Bezirk) mit Versammlungsmöglichkeiten ohne großen Aufwand zu versehen. Die Arbeitsform der → Hauskreise verzichtet auf den öffentlichen Versammlungsraum.
Wichtiger und überzeugender als Großzügigkeit und repräsentatives Aussehen ist das Klima des G., das durch bauliche Anlagen und Ausstattung und nicht zuletzt durch die für die Arbeit verantwortlichen Menschen geprägt wird; eine besondere und schwere Aufgabe fällt hier dem → Hausmeister zu. Die gleichzeitige Benutzung des Hauses durch mehrere Gruppen erfordert besondere bauliche Überlegungen. Wie weit auch außerkirchliche Gruppen und Veranstaltungen im G. stattfinden, wird das Presbyterium entscheiden (Art. 20 KO). Durch Vermietung oder Freigabe der Räume kann der einladende Charakter des Hauses betont werden. Beratung durch das landeskirchl. Bauamt im LKA.

Gemeindezugehörigkeit

Nach dem Kirchengesetz über die Gemeindezugehörigkeit in besonderen Fällen (KABl 1980, S. 2) kann auf einen entsprechenden Antrag hin die Gemeindezugehörigkeit mit allen Rechten und Pflichten durch KSV-Beschluß zu einer anderen als der Wohnsitz-Kirchengemeinde begründet werden. Die betroffenen Presbyterien sind zu beteiligen. Voraussetzung ist, daß das Gemeindeglied (und ggf. seine Angehörigen) zu der anderen Kirchengemeinde „erkennbare Bindungen" hat und dort am

Gemeindeleben teilnimmt. Die Kirchensteuerpflicht bleibt zur Wohnsitz-
kirchengemeinde bestehen.

Gemeinschaft, landeskirchliche

→ Allianz.

Genehmigung

Die Kirchengemeinde unterliegt der kirchlichen Aufsicht durch die Organe des → Kirchenkreises und der → Landeskirche. Die Aufsicht wird
u. a. dadurch wahrgenommen, daß zahlreiche Beschlüsse des Presbyteriums der Genehmigung (Bestätigung) bedürfen. So gibt es Genehmigungsvorbehalte, sowohl bei Privatrechtsgeschäften (z. B. Grund-
stückserwerb bzw. -verkauf oder Darlehnsaufnahme), bei Verwaltungs-
akten (z. B. Beamtenernennungen), bei anderen öffentlich-rechtlichen
Maßnahmen (z. B. Erlaß von Gebührenordnungen) und auch bei tat-
sächlichen Handlungen (z. B. Baumaßnahmen). Die Genehmigungsvorbehalte haben einmal den Sinn, die Gemeinden vor falschen Entscheidungen zu schützen, zum anderen, um auch gesamtkirchlichen Interessen Wirksamkeit zu verschaffen. Die Genehmigungsvorbehalte finden
sich verstreut in Gesetzen, Richtlinien, Verwaltungsanweisungen usw.
Aus dieser Verschiedenheit ergeben sich auch Unterschiede in der rechtlichen Bedeutung. So ist z. B. ein genehmigungspflichtiger Beschluß, zu
dem die Genehmigung nicht eingeholt wird, ungültig, wenn der Genoh-
migungsvorbehalt in einem Gesetz steht (z. B. bei Personalentscheidun-
gen nach Artikel 103 KO).

Gerichte, kirchliche

Die rheinischen Kirchengerichte sind die Verwaltungskammer und die
Disziplinarkammer. Die Verwaltungskammer ist zuständig für die Ent-
scheidung von Streitigkeiten aus dem Bereich der Ordnung und Verwaltung, insbesondere aus dem Bereich der Aufsicht und aus den
Dienstverhältnissen der Pfarrer, Pastoren im Hilfsdienst, Vikare und
Kirchenbeamten. Für Entscheidungen in Disziplinarangelegenheiten
dieses Personenkreises ist die Disziplinarkammer zuständig. Zweite
Instanz ist der Disziplinarhof der EKU. Der Verwaltungsgerichtshof der
EKU wird von der EKiR nicht in Anspruch genommen. Zur Entscheidung
von Meinungsverschiedenheiten und Streitfragen innerhalb der EKD
kann deren Schiedsgerichtshof angerufen werden. Nicht zur kirchlichen Gerichtsbarkeit zählen das gerichtsähnliche Institut des Lehrbean-
standungsverfahrens, das Schlichtungsverfahren nach dem Mitarbeiter-
vertretungsrecht (→ Mitarbeitervertretung) und das Abberufungsverfah-
ren nach dem Pfarrerdienstgesetz (→ Versetzung).

Gesangbuch

Das „Evangelische Kirchengesangbuch" (EKG) löste 1969 in der EKiR das „Deutsche Evangelische Gesangbuch" (DEG) von 1929 ab. Seit 1980 wird an einem völlig neuen Gesangbuch (G.) gearbeitet, das für alle deutschsprachigen ev. Kirchen einmal in Geltung kommen soll. Das EKG hat einen Stammteil (Lied 1—394) für alle Gliedkirchen der EKD. Der landeskirchliche Liederteil (Lied 400—556) wurde für Rheinland, Westfalen, Lippe und die Ev.-ref. Kirche in Nordwestdeutschland ausgewählt. In beiden Teilen sind die Lieder in vier Hauptgruppen geordnet: I. Das Kirchenjahr, II. Der Gottesdienst, III. Psalmen, Bitt- und Lobgesänge, IV. Lieder für besondere Zeiten und Anlässe. Am Anfang des EKG steht die Gottesdienstordnung (→ Agende); den Abschluß des G. bilden Sprüche, Lieder und Lesungen nach dem Kirchenjahr, sowie ein Andachts- und Gebetsteil (S. 956—1071). Gerade dieser Schlußteil kann das G. auch zu einem persönlichen Andachts- und Gebetsbuch werden lassen. Die Kirchenordnung sieht vor, daß die im → Gottesdienst von der Gemeinde gesungenen Lieder nur aus den von der Landessynode genehmigten G. genommen werden sollen (Art. 17, 4 KO). Neben dem EKG ist noch die Sammlung „Lieder unserer Zeit" im Sinne der KO gültiges G. der EKiR. Für → Andachten, Gottesdienste in anderer Gestalt und sonstige Anlässe, stehen eine Reihe von Liedersammlungen zur Verfügung, aus denen die Gemeinde ihr geeignet erscheinendes Liedgut auswählen und erproben kann.

Gesellschaftsdiakonie

→ Industrie und Sozialarbeit.

Glaubensbekenntnis

„Du bist Christus, der Sohn des lebendigen Gottes", sagt Petrus zu Jesus. Für diese Erkenntnis hat Gott selbst ihm die Augen geöffnet (Matth. 16, 16; vgl. 1. Kor. 12, 3). Diese Erkenntnis läßt die Urgemeinde in Jubel ausbrechen über den Gott, der den Menschen seine Liebe erklärt hat, als er seinen Sohn sandte. Ihn bekennt und verherrlicht sie in ihren gottesdienstlichen Hymnen (z. B. Phil. 2, 6—11). Aber auch vor den Menschen, die diese Erkenntnis noch nicht haben, muß sein Name bekannt werden (Matth. 10, 32). Da versagt Petrus, der Bekenner. Er verleugnet seinen Herrn, nach dem ihn eine Magd gefragt hat. Das erinnert jeden Christen und auch die Kirche als Ganze an die drohende Möglichkeit: Wer ihn heute bekennt, kann ihn morgen verleugnen.
Jesus, der Christus, — Jesus, der Herr, — das sind Sätze, die das Leben kosten können. Sie bestreiten den Vorwurf der Pharisäer, Jesus sei ein Gotteslästerer. Sie bestreiten den Anspruch des Kaisers in Rom, als Gott verehrt zu werden.
Solche Kurzbekenntnisse dienten dazu, den christlichen Glauben zusammenzufassen und so kirchliche Einheit zu ermöglichen, wie dazu,

diese Einheit dadurch zu verteidigen, daß man sich gegen Irrlehren abgrenzte.
Unter den drei altkirchlichen Bekenntnissen steht das → Apostolikum den ältesten Taufbekenntnissen am nächsten. Es eignet sich neben dem Nicaenum, das 325 auf dem Konzil von Nicäa verabschiedet wurde, besonders für den Gebrauch im → Gottesdienst. Das Athanasianum hingegen läßt sich liturgisch nicht verwenden, weil es zu sehr die Spuren der damaligen Lehrstreitigkeiten zeigt. Auch die reformatorischen Bekenntnisse tragen diesen lehrhaften Charakter.
Obwohl als verpflichtendes Grundgesetz betrachtet, drohen diese Bekenntnisse im Laufe der Zeit zu ehrwürdigen Urkunden zu werden. Deshalb ist keine Generation der Aufgabe enthoben, in neuen Worten und zugespitzt auf ihre Situation ihren Glauben zu bekennen.
Dies hat zu Beginn des Kirchenkampfes die → Barmer Erklärung von 1934 hilfreich geleistet. Sie ist ein Ruf zur Besinnung auf den Grund und Auftrag der Kirche angesichts schleichender ideologischer Unterwanderung. Zugleich ist es ein Protest gegen die pseudoreligiösen Ansprüche des damaligen Staates.
In jüngster Zeit regten Gottesdienste in neuer Gestalt zu dem Versuch an, neue Bekenntnisformulierungen zu finden. Die Rheinische Landessynode hat 1971 davon Kenntnis genommen und sechs dieser Glaubenszeugnisse (abgedruckt im Protokoll der Landessynode 1971) mit der Maßgabe freigegeben, daß sie auf Beschluß des Presbyteriums im Gottesdienst neben den überlieferten Bekenntnissen gebraucht werden können.

Glocken

Kirchenglocken stehen im Dienst der Wortverkündigung (Art. 21 KO), d. h. es darf nur zu gottesdienstlichen Versammlungen geläutet werden, nicht aber aus Anlaß politischer oder geschichtlicher Gedenktage. Aus Rücksicht auf das Ruhebedürfnis der Bevölkerung soll volles Geläut selten erfolgen, frühes oder spätes Läuten eingeschränkt bzw. verkürzt werden. Eine Läuteordnung regelt den Brauch der Gemeinde. Zur Beratung in Fachfragen steht das Orgel- und Glockenamt im LKA zur Verfügung.

Gottesdienst

Im Gottesdienst (G.) versammelt sich die Gemeinde als die „Gemeinschaft der Gläubigen". Hier wird die Botschaft des Evangeliums öffentlich verkündigt, hier bekennt die Gemeinde ihre Schuld und erfährt den Zuspruch der Vergebung, hier lobt und dankt sie ihrem Herrn in Liedern und Gebeten für alle erfahrene Hilfe, hier läßt sie sich zurüsten und aussenden zum Dienst am Nächsten, für den sie fürbittend eintritt.
Das Presbyterium ist für die geordnete Durchführung der Gottesdienste verantwortlich (KO Art. 106e). Der Verständlichkeit der Sprache in Ver-

kündigung und → Liturgie gilt es dabei ebensolche Aufmerksamkeit zu widmen wie der schrift- und bekenntnisgemäßen Aussage. Gemeinsame Vorbereitungen eines G. können die Anschaulichkeit fördern. Einzelne Gemeindekreise können die Aufgabe einer Gottesdienstvorbereitung übernehmen. Der Gemeindegesang wird durch das regelmäßige Einüben neuer Lieder lebendiger. Augenblicke der Stille helfen zur persönlichen Sammlung und ergänzen die liturgischen Gebete durch eigene Anliegen. Blumenschmuck, Singen (→ Chor, → Gesangbuch) oder persönliche Begrüßung und Verabschiedung, Freude weckende Verkündigung fördern eine lebendige Gemeinschaft. Ein Presbyter kann zu Beginn des G. die Begrüßung der Gemeinde übernehmen. Dabei können Gastgruppen besonders erwähnt werden. Wichtiger als das Zählen der Kollekte unmittelbar im Anschluß an den G. ist die Bereitschaft der Presbyter, sich nach dem G. für Rückfragen der Gemeindeglieder vor der Kirche bereitzuhalten. So könnten auch Kontakte geknüpft und Informationen weitergegeben werden. Presbyter und andere Gemeindeglieder können durch Übernahme der Lesungen (→ Lektor) und → Abkündigungen, durch Mitsprechen der Gebete im Wechsel und beim Austeilen des → Abendmahls bei der Gestaltung der Gottesdienste mitwirken. Einen festen Platz im Gemeindeleben haben Familiengottesdienste. Eltern können zusammen mit ihren Kindern den G. feiern. In der Vorbereitung wird auf kindgemäße Gestaltung und verständliche Sprache besonderes Gewicht gelegt. Gesichtspunkte der ungestörten Ruhe und Ordnung spielen in diesen G. eine untergeordnete Rolle (→ Kindergottesdienst). Sondergottesdienste (Jugend-G., Kantate-G., G. für besondere Zielgruppen usw.) setzen eigene Schwerpunkte. Das Presbyterium trägt Sorge für das Angebot einer ausreichenden Zahl an G. (Art. 15 KO). Die KO schreibt vor, daß G. nur nach einer von der Landessynode genehmigten Ordnung (→ Agende) gehalten werden dürfen und daß die Einführung einer neuen G.-Ordnung auf Antrag des Presbyteriums von der KL genehmigt werden muß (Art. 17,1 u. 3 KO). Das Presbyterium setzt die G.-Zeiten fest und entscheidet über Abänderungen (Art. 17,5 KO). Eine Verminderung der Zahl regelmäßiger G. bedarf der Zustimmung des KSV (Art. 15,3 KO). → Andacht; → Glaubensbekenntnis; → Kirchenmusik; → Predigt.

Grundstücke

→ Vermögen.

Gruppendynamik

Wo Menschen in Gruppen zusammenkommen, in der Familie, in der Schulklasse oder auch in einem Presbyterium, herrschen bestimmte, meist unausgesprochene Regeln und Gewohnheiten, aber auch unbewußte Verhaltensweisen, die für die jeweilige Gruppe typisch sind. So gibt es z. B. Wortführer und solche, die sich führen lassen. Jeder Leiter einer Gruppe, auch ein Vorsitzender, spürt diese Dynamik von Gruppen und versucht, damit umzugehen. Die Gruppendynamik (G.) hat diese Tatsachen zum Gegenstand ihrer Beobachtungen gemacht. Dabei wurden Entdeckungen gemacht und behauptet, die im kirchlichen Bereich umstritten sind. Eine dieser Entdeckungen ist die, daß Gruppenverhalten und Gruppenklima keine schicksalhaften Größen, sondern veränderbar und lernbar sind. Die G. hat eine Fülle von Methoden und Arbeitsformen entwickelt, die zu einer Veränderung des Verhaltens, Klimas und der Arbeitsfähigkeit in der Gruppe führen sollen. Im Vordergrund stehen dabei Arbeitsformen und Schritte, die das Selbstvertrauen des einzelnen stärken, und das Vertrauen der Gruppenmitglieder untereinander aufbauen. Hier kann ein Ansatzpunkt für die kritisch zu prüfende Aufnahme der G. als Arbeitsform in der Kirche liegen: die Wertschätzung des einzelnen, seine Anerkennung, die Aufdeckung seiner Gaben (→ Charismen) als Wirkungen der Energie Gottes in der Gemeinde sind Voraussetzungen des → Gemeindeaufbaus.

Gustav-Adolf-Werk

→ Diaspora.

Hausbesuche

Die Gemeinde erwartet vom Pfarrer Hausbesuche. Was früher üblich war, ist durch die vermehrten Aufgaben des Pfarrers (Zunahme der Gemeindeveranstaltungen, Unterricht, Verwaltung, vermehrte Amtshandlungen, größere Gemeinden) schwieriger geworden. In der Regel sind es die Alten, die Kranken, die Angehörigen Verstorbener und die Konfirmandeneltern, die gezielte Besuche des Pfarrers erfahren. In einer Zeit zunehmender Isolation und Vereinsamung, durch wachsende Mobilität und häufigen Wohnungswechsel bedingt, hat der Hausbesuch an Bedeutung gewonnen. → Besuchsdienstkreise, an denen auch Presbyter beteiligt sind (Art. 106 KO), erfüllen einen wichtigen Dienst. Der persönliche Kontakt und das persönliche Gespräch sind für den → Gemeindeaufbau unerläßlich.

Haushaltsplan

Der Haushaltsplan (H.) der Kirchengemeinde ist wie die H. anderer Körperschaften die Grundlage für die Haushalts- und Wirtschaftsführung; er dient der Feststellung aller Einnahmen und Ausgaben, die zur Erfüllung der Aufgaben in einem Rechnungsjahr voraussichtlich notwendig sein werden. Der H. ermächtigt, Ausgaben zu leisten und Verpflichtungen einzugehen; allerdings sind Genehmigungsvorbehalte zu berücksichtigen. Bei der Aufstellung des H. sind die Grundsätze der Wirtschaftlichkeit und Sparsamkeit zu beachten. Die Einnahmen und Ausgaben sind in voller Höhe und getrennt voneinander zu veranschlagen und müssen sich ausgleichen. Für denselben Zweck dürfen Ausgaben nicht an verschiedenen Haushaltsstellen veranschlagt werden. Zum Vergleich sollen die Ansätze des Vorjahres und die Ergebnisse für das zweitvorangegangene Jahr angegeben werden.
Der H. ist nach Funktionen (Aufgaben, Dienste, z. B. Öffentlichkeitsarbeit, kirchliche Sozialarbeit, Leitung-Verwaltung) in Einzelpläne, Abschnitte und, wenn erforderlich, in Unterabschnitte zu gliedern. Innerhalb der Funktionen sind Einnahmen und Ausgaben nach Arten (z. B. bei Einnahmen: → Kirchensteuern, Kollekten; bei Ausgaben: Personal-, Sachausgaben) zu ordnen. Der Gliederung und Ordnung der Einnahmen und Ausgaben sind der Gliederungs- und Gruppierungsplan zugrunde zu legen (Grundlagen zur Haushaltssystematik für kirchl. Körperschaften, s. → VO). Die Verantwortung für die Abwicklung des H. trägt die Verwaltung (→ Gemeindeamt). Anweisungsberechtigt ist der Vorsitzende des Presbyteriums (→ Präses) oder vom Presbyterium dazu bevollmächtigte Personen. Das Presbyterium kann beschließen, daß besondere Beauftragte oder → Ausschüsse selbständig (→ delegieren) über Mittel verfügen können, die im H. für ein begrenztes Aufgabenfeld ausgewiesen sind. → Deckungsfähigkeit; → Kirchmeister; → Finanzausgleich.

Hauskreise

Hauskreise (H.) sind eine Arbeitsform in der Gemeinde, die — in der
Ökumene verbreitet — in Deutschland durch die → Ev. Akademiker neu
eingeführt worden ist.
Zu den Vorzügen der H. gehört die begrenzte Teilnehmerzahl (ca. 15)
und die dadurch ermöglichten intensiven und gezielten Gespräche. Die
Themen werden entsprechend dem Interesse der Teilnehmer bestimmt
und umfassen biblische Texte, Fragen des Christseins und der beruflichen Verantwortung. Treffpunkte sind reihum die Wohnungen der Teilnehmer. Zumeist leben H. ohne Initiative und Begleitung von Hauptamtlichen.
H. erliegen leicht der Gefahr der Abkapselung und der Privatisierung.
Ihr Ort im Leben der Gemeinde kann sich durch konkrete oder wechselnde Aufgaben festigen (z. B. Gestaltung von Gottesdiensten, diakonische Aufgaben, Verantwortung für → Seminare oder → Bibelwochen,
→ Besuchsdienst).

Hausmeister

Während das Amt des → Küsters stark auf den Gottesdienst und den
Kirchenraum bezogen ist, ist der Hausmeister für ein → Gemeindezentrum zuständig; häufig werden beide Aufgaben zu einem Dienst kombiniert. Vom Hausmeister wird erwartet, daß er Räume und Anlagen
pflegt, in Ordnung und sauber hält, kleinere Reparaturen ausführt, Veranstaltungen vorbereitet; er soll handwerklich geschickt, mit schweren
Arbeiten vertraut, im Umgang mit Menschen kontaktfreudig, einladend
und hilfreich sein. Dabei ist er häufig der letzte, der Anerkennung erfährt, und der erste, den Kritik bei Unordnung, Lärm und Pannen trifft.
Ein Presbyterium tut gut daran, von Zeit zu Zeit → Dienstanweisung
und Arbeitsfeld des Hausmeisters zu überprüfen und auf Überforderun-
gen, Kollisionspunkte mit anderen Mitarbeitern, Informationsmängel,
rechtzeitige Einbeziehung in Planungen und klare Anweisungsregelun-
gen zu achten. Besondere Aufmerksamkeit ist einer zumutbaren → Frei-
zeitregelung zu widmen. → Tarife.

Hilfsprediger

Hilfsprediger (H.) (oder „Pastoren im Hilfsdienst") leisten nach bestan-
denem 2. Examen zur Erlangung der → Anstellungsfähigkeit als Pfarrer
einen zweijährigen Hilfsdienst ab, der aus besonderen Gründen verkürzt oder verlängert werden kann. Im Zusammenhang des Hilfsdienstes
wird der H. auf Antrag ordiniert, der in der Regel eine Pfarrstelle verwaltet. Nach der → Ordination kann ihm der KSV auf Antrag des Presbyteriums beschließende Stimme beilegen. Ist er noch nicht ordiniert,
hat er beratende Stimme im Presbyterium. Das Presbyterium einer Gemeinde mit nur einer Pfarrstelle kann beim LKA beantragen, den H. zum
Pfarrverweser zu bestellen, damit er zum Vorsitzenden (→ Präses) ge-

wählt werden kann (Art. 109 u. 115 KO). Das Dienstverhältnis des H. endet in der Regel durch die Berufung in ein Pfarramt (→ Pastor). Vgl. Hilfsdienstgesetz der EKU in der Fassung vom 15. 6. 1980 (KABl. 1981 S. 54).

Höhergruppierung

Ein → Mitarbeiter kann aus verschiedenen Anlässen höhergruppiert werden. Die Höhergruppierung bei Änderung des Tätigkeitsfeldes erfolgt durch Übertragung einer höherwertigen Tätigkeit (Merkmale: selbständig, umfangreich, größerer Arbeitsbereich, schwierige Aufgaben, wissenschaftliche Tätigkeit, Fachwissen), sofern die persönlichen Voraussetzungen vorliegen (Ausbildung, Prüfungen). Erhält er diese höherwertige Tätigkeit nur vorübergehend oder vertretungsweise, so wird er nicht höhergruppiert, sondern erhält eine entsprechende Zulage (§ 24 → BAT-KF). Der Mitarbeiter kann auch höhergruppiert werden, wenn er sich in seiner Tätigkeit bewährt hat und die Allgemeine Vergütungsordnung einen solchen Bewährungsaufstieg vorsieht.
Nach den kirchlichen Bestimmungen gibt es zwei Formen des Bewährungsaufstiegs: den Bewährungsaufstieg nach § 23a BAT-KF und den sog. „kirchlichen Bewährungsaufstieg", dessen Merkmale in der Allgemeinen Vergütungsordnung geregelt sind. Der kirchliche Bewährungsaufstieg ist günstiger als der des BAT im öffentlichen Bereich. Der Mitarbeiter erwirbt aber keinen Rechtsanspruch auf die Höhergruppierung. Eine weitere Möglichkeit der Höhergruppierung ist der Zeitaufstieg, dessen Merkmale ebenfalls in der Allgemeinen Vergütungsordnung gekennzeichnet sein müssen. Im Rahmen ihrer Fürsorgepflicht tun Leitungsorgane gut daran, selbst die Möglichkeiten des Bewährungsaufstieges zu prüfen, damit den Mitarbeitern nicht aus Unkenntnis Nachteile entstehen. → Angestellte; → Tarife.

Honorare

Honorare (H.) bei innerkirchlich finanzierten Tagungen sind in ihrer Höhe durch Beschluß des LKA (s. VO) geregelt. Man unterscheidet: Vorträge DM 50,— bis DM 100,—; Kurzreferate/Podiumsdiskussionen DM 25,— bis DM 50,—; Seminarleitung pro Arbeitseinheit (= 90 Min., höchstens vier pro Tag) DM 25,— bis DM 50,—. Bei wissenschaftlichen Fachkräften können diese Sätze maximal verdoppelt werden. H. werden nicht gezahlt für Gottesdienste u. ä. (→ Vertretung), an Personen im landeskirchl. Dienst (in der Regel), für Tätigkeiten im Rahmen der → Dienstanweisung (→ Vergütung). Neben dem H. werden ggf. Reisekosten erstattet (→ Auslagenerstattung).

Informieren

Informieren gehört wie → Delegieren zu den grundlegenden Voraussetzungen vertrauensvoller und förderlicher Zusammenarbeit (→ Teamarbeit). Es heißt nicht, alles Mögliche, sondern vielmehr das rechtzeitig und klar mitzuteilen, was der Partner wissen muß bzw. wissen sollte, um seine Aufgaben zielgerichtet und verantwortungsvoll erfüllen zu können. Informationen dieser Art sind ein Zeichen der Anerkennung und ein Schritt zu größerer Freude an der Arbeit. Das Fehlen oder die Unvollständigkeit von Informationen führen zu Mißverständnissen, Gerüchten, Unklarheiten, Unsicherheiten und Fehlentscheidungen.

Industrie- und Sozialarbeit

In der kirchlichen Industrie- und Sozialarbeit (ISA) sind die gesellschaftsbezogenen Arbeitsfelder der Kirche, z. B. Bereiche der → Jugend- oder → Altenarbeit, Arbeit mit arbeitslosen und sozial benachteiligten Jugendlichen usw. und der Kirchliche Dienst in der Arbeitswelt (KDA) zusammengefaßt. Die hauptamtliche ISA geschieht übergemeindlich und wird in der EKiR durch → Sozialsekretäre in den Kirchenkreisen und das Amt für Sozialethik im HLD auf landeskirchl. Ebene getan. Sie setzt sich auf der Grundlage der ev. → Sozialethik mit Problemen der Arbeitswelt auseinander (Humanisierung der Arbeit, Arbeitslosigkeit, Kirche und Arbeiterschaft) und hält Kontakt zu den hier tätigen Institutionen (Betriebe, Gewerkschaften, Arbeitgeber). Auf dem „fremden Feld" der Arbeitswelt ist sie ein Stück lernende Kirche.

Innere Mission

→ Diakonisches Werk.

Intertat

→ Diakonisches Jahr.

Inventar

Das Inventar (I.) ist ein wichtiger Vermögensbestandteil, der pfleglich behandelt werden soll. Der Führung von I.-Verzeichnissen wird im Rahmen von Kassenrechnungsprüfungen daher große Bedeutung beigemessen. Diese Verzeichnisse sind nur dann sinnvoll, wenn sie regelmäßig geführt und berichtigt werden. Zur Inventarisierung kommen nur langlebige Wirtschaftsgüter, die einen bestimmten Wert — etwa 250,— DM — überschreiten. Für jede Einrichtung ein eigenes I.-Verzeichnis zu führen, ermöglicht eine übersichtliche Kontrolle. → Lagerbuch.

Juden und Christen

„Der christliche Glaube ist der unüberbrückbare religiöse Gegensatz
zum Judentum" — dieser Satz aus der Godesberger Erklärung Deutscher Christen (DC) aus dem Jahre 1939 faßt viele Jahrhunderte christlichen Antijudaismus zusammen. Juden wurden in den christlichen
Staaten rechtlos, als „Christusmörder" denunziert und bestenfalls ge-
duldet. Die entsetzliche Steigerung des Judenhasses in Deutschland
während der Zeit des Nationalsozialismus gipfelte im Massenmord an
sechs Millionen Juden. — Indem die Christenheit nach 1945 ihre Mitverantwortung und Schuld daran erkannte, signalisierte sie zugleich ein
neues Engagement für Israel. Auf dem Deutschen Evangelischen Kirchentag 1961 trat erstmals eine Arbeitsgruppe „Juden und Christen" an
die Öffentlichkeit. Um den „Freiburger Rundbrief" formierte sich eine
interkonfessionelle Gruppe zur Förderung und Pflege christlich-jüdi-
scher Begegnungen. 1975 erschien die Studie des Rates der EKD „Christen und Juden" als ein noch unverbindliches Arbeitspapier. Mit dem
rheinischen Synodalbeschluß „Zur Erneuerung des Verhältnisses von
Christen und Juden" vom 11. Januar 1980 hat erstmals eine Synode
innerhalb der EKD unter Bezugnahme auf diese Studie konkrete Beschlüsse gefaßt. Insbesondere hat die Synode erklärt, daß die Christen
in Deutschland ihre Mitverantwortung für den Judenmord bekennen.
Die Schriften der Bibel, die in der Kirche Altes Testament heißen, bilden nach dem Synodalbeschluß die gemeinsame Grundlage für Glauben und Handeln von Juden und Christen und verbinden Juden und
Christen im gemeinsamen Glauben an den Schöpfergott sowie in der
Hoffnung auf den neuen Himmel und die neue Erde. Nach dem Zeugnis des Neuen Testamentes verbindet Jesus als der jüdische Messias
das Volk Israel mit den Völkern der Welt. Ferner hat die Synode erklärt: Israel ist und bleibt Gottes Volk. Juden und Christen sind beide
„Zeugen Gottes vor der Welt und voreinander", heißt es in dem rheinischen Synodalbeschluß. Dieser ist im Bereich der EKD auf Widerspruch
von Theologen und Gruppen gestoßen, die den Auftrag zu einem besonderen missionarischen Zeugnis der Christen gegenüber dem Volk
Israel festhalten. Andererseits hat der Beschluß die Synoden anderer
Landeskirchen dazu angeregt, ähnlich wie die rheinische Synode die
Folgerung aus dem Glauben zu ziehen, daß Jesus der Messias Israels
ist und die Kirche auf der Grundlage der Bibel, besonders des Alten
Testamentes, mit dem jüdischen Volk untrennbar zusammengehört.

Jugendarbeit

Nachdem sich im 18. Jahrhundert die Jugend als eigenständige Über-
gangsphase zwischen dem Kindes- und Erwachsenenalter herausgebil-
det hat, wandten sich seit dem 19. Jahrhundert Einzelpersonen und
→ Vereine aus dem kirchlichen Bereich jungen Menschen zu, die den
durch die aufkommende Industriegesellschaft entstandenen Gefahren

besonders ausgesetzt waren. In ihren Anfängen war die Jugendarbeit (J.) problemorientiert, nicht gemeindebezogen. Nach den Erwachsenen wurden die Jugendlichen selbst Subjekte der J.: Die Jugendbewegung nach 1900, die Bewegung der Studenten, der Hippies und der religiös Begeisterten distanzierten sich kritisch von der Welt der Erwachsenen. Es gibt keine unmittelbare biblische Begründung für die kirchliche J., weil in biblischer Zeit junge Menschen keine besondere Gruppe in der Gesellschaft darstellten. Eine der Lebensäußerungen der verfaßten Kirche ist die J. erst, seit die evangelischen Jugendverbände dem Totalitätsanspruch des Nationalsozialismus durch Integration in die Kirche weichen mußten. Die gesellschaftskritische Funktion der J. hat ihren Grund zunächst in der natürlichen Spannung zwischen den Generationen. Eine kirchenkritische Funktion der ev. J. kann nur im → Evangelium selbst begründet sein: „Es kann sein, daß die Jugend das Recht des Protestes gegen die Alten hat. Dann wird sich aber die Echtheit solchen Protestes daran erweisen, ob die Jugend sich solidarisch mit der Schuld der Gemeinde weiß und in Liebe die Bürde trägt und selbst in der Buße vor dem Wort Gottes bleibt" (Bonhoeffer). Die J. erschließt Erziehungsfelder außerhalb von Familie, Schule, Ausbildung und Beruf, indem sie Angebote unterbreitet, denen Jugendliche freiwillig nachkommen können: Regelmäßige Zusammenkünfte von Gruppen, Häuser der → Offenen Tür, → Freizeiten, soziale Einsätze, Aktions- und Projektgruppen, Kurse, → Seminare u. a. Weil die Angebote nur erfolgreich sein können, wenn die jeweiligen Voraussetzungen der angesprochenen Jugendlichen berücksichtigt werden, spricht man gelegentlich von bedürfnisorientierter J. Aus den Bedürfnissen ergeben sich gemeinhin folgende Aufgaben, bei deren Bewältigung die J. jungen Menschen hilft: den eigenen Körper annehmen, die Geschlechterrollen erlernen, von den Erwachsenen unabhängig werden, wirtschaftliche Selbständigkeit erreichen, ein eigenes Wertesystem entwickeln.

Als Ziele evangelischer J. werden u. a. genannt: das klare wörtliche Bekenntnis des jungen Menschen zu Jesus Christus; die Eingliederung junger Menschen in das Leben der Gemeinde; Bezeugung Jesu Christi durch beispielhafte Taten; Bewahrung Strauchelnder und Gestrauchelter; Emanzipation und Hilfe zur Entwicklung des Selbstwertgefühls; exemplarische Veränderung der Gesellschaft als Modell des zukünftigen Reiches Gottes. Inhalte und Methoden der evangelischen J. hängen in gleicher Weise ab von den betroffenen Jugendlichen wie von den Zielen der Mitarbeiter und Träger. Zur Beratung und zur Begleitung des innergemeindlichen Gespräches zwischen den Generationen stehen Mitarbeiter der synodalen Jugendreferate, der Verbände, der Jugendbildungsstätten und des Amtes für Jugendarbeit (Rochusstr. 44, 4000 Düsseldorf 30) zur Verfügung. Der Staat erkennt die J. als eigenständigen Erziehungsfaktor an und hat sich ihre Förderung zur Pflicht gemacht (→ Zuschuß). Nach den Bestimmungen des Jugendwohlfahrtsgesetzes darf er selbst nur tätig werden, wenn andere freie Träger

diese Aufgabe nicht wahrnehmen. Es ist darauf zu achten, daß kommunale Jugendhilfepläne in der vom Staat zugesagten Partnerschaft zwischen den öffentlichen und freien Trägern erstellt und nicht in staatlicher Autonomie festgesetzt werden. Im Bundes-, in den Landes-, Kreis- und Stadtjugendringen tritt neben anderen Organisationen die Arbeitsgemeinschaft der Evangelischen Jugend (AEJ) als selbständiger Jugendverband auf. Das Leitungsgremium der evangelischen Jugend der EKiR ist die Jugendkammer. Ihr gehören von der Konferenz für Jugendarbeit (KJR) Delegierte, Vertreter des Christlichen Vereins Junger Menschen (→ CVJM), der → Evangelischen Schülerarbeit im Rheinland, des Verbandes Christlicher → Pfadfinderinnen und Pfadfinder, der Jugendbünde für Entschiedenes Christentum (→ EC) und der Evangelischen Gesellschaft für Deutschland an; sechs weitere Mitglieder werden als Sachkundige von der KL berufen.
Die J. stellt einen großen Teil des sog. Nachwuchses der Kirche. Wer an der J. teilnimmt, wird oft bald zum → ehrenamtlichen Mitarbeiter.

Jugendreligionen

Als Jugendreligionen (J.) werden religiöse Organisationen bezeichnet, die nach 1950 entstanden und deren „Mission" sich in den Anfängen besonders an Jugendliche und junge Erwachsene richtete. Heute finden sich viele Erwachsene unter den Mitgliedern. Zutreffender wäre deshalb die Bezeichnung „neue religiöse Organisationen". Sie alle sind straff organisiert mit einem „göttlichen Führer" an der Spitze. Sie glauben, den einzig wahren Weg zur Erlösung und zum Glück gefunden zu haben. Die Mitgliedschaft ergibt oft einen Bruch mit den bisherigen Lebensgewohnheiten (z. B. Abbruch von Schule, Ausbildung und Beruf). Das Milieu und die intensiven Schulungen führen meist zu einer Persönlichkeitsveränderung. Bei einigen J. wird es den Mitgliedern erschwert auszutreten und „Ungeeignete" werden ausgestoßen. Hinzu kommen „Verräter"- und „Versager"-gefühle. Nach einem Austritt dauert es oft Jahre, bis die Ehemaligen sich wieder zurechtfinden, wozu sie meist Hilfestellung durch Selbsthilfe-Organisationen oder sogar Psychotherapeuten benötigen. Zu den J., die auch in der BRD wirken, werden folgende Gruppen gerechnet:
a) Gruppen, die sich „christlich" oder „Kirche" nennen. Mun-Sekte, gegr. von San Myung Mun 1954 in Südkorea. Die „christliche" Werbung stimmt nicht mit der internen Lehre überein, dort gilt Jesus als gescheitert, Mun als „Messias". Familie der Liebe („Kinder Gottes"), gegr. von „König und Prophet" Mose David Berg 1969 in den USA. Scientology-Kirche gegr. von Ron Hubbard (ehemaliger Science-fiction-Autor) 1955 in den USA. Bietet Kurse zur Befreiung des unsterblichen Geistes an.
b) Hinduistische Gruppen
Mit Ausnahme der Krsna-Bewegung wurzeln diese Gruppen im „Tantrismus": Durch Einweihung in eine geheime Meditationstechnik (→ Meditation) überträgt der „Meister" (Guru) oder ein Stellvertreter göttliche

Energien auf den Meditanten. „Wissenschaftliche" Werbung verschleiert zumeist diese problematischen Hintergründe und psychologischen Gefahren. Die Kurse erscheinen zunächst ganz unverbindlich.

Internationale Krsna-Gesellschaft gegr. von Swami Probhupada 1966 in den USA.

Divine Light Mission, gegr. 1960 in Indien, z. Z. unter Führung von Guru Maharaj Ji.

Ananda Marga (Weg zur Glückseligkeit), gegr. von BABA Prabhata Ranjana Sarkar 1965 in Indien.

Transzendentale Meditation (TM), gegr. von „Maharishi" Mahesh Yogi 1958 in Indien.

„Bhagwan"-Bewegung, gegr. von „Bhagwan" („das Göttliche") Shree Rajneesh Chandra Mohan 1974 als „Rajneesh Foundation" in Poona-Indien.

Die letzten beiden Organisationen erscheinen sehr seriös und werden nicht von allen zu den J. gerechnet, aber „neue religiöse Organisationen" sind sie unbestreitbar. Es ist damit zu rechnen, daß weiterhin neue Gruppen entstehen und alte in Tarnorganisationen auftreten. Eine gute Übersicht bietet: F. W. Haack, Jugendreligionen, Claudins und Pfeiffer-Verlag, München.

Justizvollzug

Im Bereich der EKiR gibt es 15 hauptamtliche Pfarrstellen an Justizvollzugsanstalten (JVA). Fast ebenso viele Pfarrer sind nebenamtlich tätig. Auch wenn der Staat diesen Dienst finanziert und fördert (StVollzG §§ 53, 54, 157), ist es doch ein kirchlicher Dienst. Hier versammelt sich Gemeinde Jesu Christi unter Wort und Sakrament. Die örtlichen Gemeinden sollten zu den Anstaltgemeinden Verbindung halten (Matth. 25, 35 ff.). Das Strafvollzugsgesetz ermöglicht an den JVA die Tätigkeit von Kontaktgruppen, die in Zusammenarbeit mit dem Anstaltspfarrer einzelne oder mehrere Gefangene während der Haftzeit betreuen und ihnen bei der Entlassung die Rückkehr in ein geordnetes Leben erleichtern. Für eine weitere Humanisierung des Strafvollzuges und für den Abbau von Vorurteilen kann die Kirche wirksame Hilfe leisten. Auskunft über Hilfsmöglichkeiten erteilt jeder Anstaltspfarrer oder das → Diakonische Werk.

Kantorei

→ Chor.

Kappung

Die LS hat 1966 den Gemeinden und Verbänden empfohlen, die → Kirchensteuer auf 4 Prozent des zu versteuernden Einkommens zu begrenzen. Andere Steuervereinbarungen hat die LS als unzulässig untersagt. Die „Begrenzung der Kirchensteuer" wird als eine Billigkeitsmaßnahme nur auf Antrag des steuerpflichtigen Gemeindegliedes gewährt. Sie kommt nur für höhere Einkommen (ca. ab DM 125 000,—) dann in Betracht, wenn die Einkommensteuer eine bestimmte Höhe (ca. 45 Prozent) überschreitet. Durch die Progression bei der Einkommensteuer werden vom Staat bestimmte Zwecke verfolgt, die nicht zu den kirchlichen Zwecken gehören. Probleme sind dadurch entstanden, daß einige Gemeinden der Empfehlung der LS nicht gefolgt sind. Sie begründen ihre ablehnende Haltung damit, daß sie keine Veranlassung sehen, den betreffenden Gemeindegliedern entgegenzukommen. Die LS hat die Empfehlung mehrfach wiederholt.

Kartei

→ Datenschutz.

Kasualien

→ Amtshandlungen.

Katechismus

In jeder Kirchengemeinde der EKiR ist mindestens einer der folgenden Katechismen (K.) in Gebrauch: „Kleiner Katechismus" von Martin Luther, „Heidelberger Katechismus" oder „Evangelischer Katechismus". In den meisten Gemeinden ist der in Gebrauch befindliche K. Ausdruck des → Bekenntnisstandes der Gemeinde: → lutherisch, → reformiert oder →uniert (KO GA II). Alle drei K. sind als gleichberechtigt anerkannt. Neben Bibel und Gesangbuch ist „der in der Gemeinde geltende K. als Grundlage des Unterrichtes zu benutzen" (Art. 41, 2 KO). Der „Kleine Katechismus" wurde 1529 von Martin Luther geschrieben als Grundlage des Glaubens „für alle Christenmenschen". — Der „Heidelberger Katechismus" ist 1563 erschienen und gilt seit der Dordrechter Synode von 1618 als Bekenntnisschrift für reformierte Gemeinden. — Der „Evangelische Katechismus" wurde von der Landessynode 1962 als Zusammenfassung beider K. den Gemeinden zum Gebrauch angeboten. Als „Arbeitshilfe für den → kirchlichen Unterricht" gilt das Unterrichtsbuch „Leben vor Gott", 1971 von der Landessynode freigegeben. Alle K. verstehen sich als eine kurzgefaßte Laiendogmatik, die die „Hauptstücke" evangelischen Glaubens beschreiben: → Glaubensbekenntnis, Unser-Vater, Zehn Gebote, → Taufe, → Abendmahl. Die „Erklärungen" oder „Fragen" entfalten das Thema. Auf der einen Seite ist der K. also Bekenntnisschrift der Gemeinde. Auf der anderen Seite ist er Unterrichtsbuch, dessen Inhalt allerdings aus der Reformationszeit in unsere Gegenwart „übersetzt" werden muß. An sprachlicher Kraft und öffentlicher Wirkung ist bis heute den reformatorischen K. nichts gleichzusetzen.

katholisch

Das griechische Wort „katholisch" heißt zu deutsch: allumfassend, allgemein, weltweit; ein anderes griechisches Wort dafür ist ökumenisch. Beide Worte betonen den umfassenden Charakter der einen Kirche Jesu Christi.

Im 16. Jahrhundert − nach der Reformation − ist das Wort „katholisch" im Sinne von römisch-katholisch zu einer Konfessionsbezeichnung geworden. Der Begriff ökumenisch dient als Kennzeichen der Bemühungen der nicht-römischen Kirchen um weltweite Einheit. → Ökumene.

Kilometergeld

→ Dienstfahrten.

Kinderabendmahl

→ Abendmahl.

Kinderbibelwoche

Die Kinderbibelwoche bietet der Gemeinde die Möglichkeit, die Kinder mit in den → Gemeindeaufbau hineinzunehmen. Sie entfaltet ein zentrales biblisches Thema im Erfahrungshorizont der Kinder. Aufgefächert in mehrere Tagesthemen werden biblische Texte mit unterschiedlichen Methoden und Medien dargeboten und erarbeitet. Die Kinder erfahren die biblische Botschaft für sich selbst und erleben sich in fröhlicher Gemeinschaft als Teil der Gemeinde. Für die Planung und Durchführung von Kinderbibelwochen bietet das VMA Beratung an. → Bibelwoche.

Kinderchor

→ Chor.

Kindergarten

Der Kindergarten (K.) gehört als Teil der Jugendhilfe zum Anwendungsbereich des Jugendwohlfahrtsgesetzes; Aufgabe und Zielsetzung sind durch K.-gesetze der einzelnen Bundesländer geregelt. Das gilt auch für Elternmitwirkung, Finanzierung von Bau- und Betriebskosten wie Einzelheiten der K.-führung. „Der K. hat im Elementarbereich des Bildungssystems einen eigenständigen Bildungsauftrag. Die Förderung der Persönlichkeitsentwicklung des Kindes und die Beratung und Information der Erziehungsberechtigten sind dabei von wesentlicher Bedeutung; der K. ergänzt und unterstützt dadurch die Erziehung des Kindes in der Familie." So umschreibt das K.-gesetz (§ 2) seine Aufgabe.

Der ev. K. (oft in Verbindung mit altersgemischter Gruppe, Tagesstätte und Hort; Oberbegriff: Tageseinrichtung für Kinder) ist ein Angebot der Gemeinde, mit dem sie ihre gesellschaftsdiakonische, sozialpädagogische Verpflichtung gegenüber Kindern und Eltern erfüllen kann. Ähnlich anderen Arbeitsgebieten bietet der K. die Chance, Kristallisationspunkt des → Gemeindeaufbaus zu sein; Verkündigung und Seelsorge können bei geeigneten → Mitarbeitern im täglichen Umgang mit Kindern und in vielfältigen Formen der Elternarbeit – oft erstmals und damit elementar – konkrete Gestalt gewinnen und Lebenshilfe bieten. Hilfreiche Anregungen finden sich in Veröffentlichungen des Comenius-Institutes/Münster (Bildungsarbeit . . ., Förderprogramm). Vgl. auch die Empfehlungen der KL von 1973/1975 und 1980 (zur Arbeit mit Kindern von → Ausländern). Weitere Information, auch Beratung in Einzelfragen, geben das → Diakonisches Werk und der Rhein. Verband ev. Tageseinrichtungen für Kinder, beide Düsseldorf.

Kindergottesdienst

Der Kindergottesdienst (KGD) ist die Konsequenz einer Kinder ausschließenden ev. Gemeindegottesdienstpraxis, die in anderen Kirchen weithin unbekannt ist. In Deutschland entwickelte sich in den letzten 100 Jahren ein „Gottesdienst für Kinder" als eigenständige Einrichtung neben dem „Hauptgottesdienst". Dieser stellt in → Liturgie und Verkündigung jedoch meistens an die Denkfähigkeit zu hohe Ansprüche. Auch ist er so sehr auf Passivität der Teilnehmer angelegt, daß er für Kinder als unzumutbar bezeichnet werden darf. Erst die neuere, vom KGD geprägte Form des Familiengottesdienstes ermöglicht wieder den Gottesdienst der Gesamtgemeinde.

Weil der KGD bewußt → Gottesdienst der Kinder und für Kinder sein will, will und kann er auch nicht Einübung in die Form des Erwachsenengottesdienstes sein. Diese Eigenentwicklung hat den KGD zu einer lebendigen Einrichtung gemacht. Die Kinder sind nicht nur Adressaten der Verkündigung. Vielmehr sollen ihre Konflikte, Freuden, Ängste vorkommen, immer im Dialog mit der bibl. Botschaft. Daher bietet der vom „Gesamtverband für KGD in der EKD" vorgelegte Plan neben bibl. Textreihen auch direkt am Kinderleben orientierte Reihen an. Wesentliches Moment des KGD ist das ganzheitliche Erleben der bibl. Botschaft in der festlichen Feier und in der Freude am Gottesdienst. – Dabei spielen neues Liedgut, gemeinsam oder im Wechsel gesprochene Stücke, Stille wie auch Tanz und Bewegung eine Rolle. Neben die Erzählung treten das Gespräch, die szenische Darbietung, das Malen, die Bildbetrachtung und andere Methoden.

Der KGD ist ohne Mitarbeiter nicht denkbar: es ist eine Besonderheit des KGD gegenüber dem Ein-Mann-Unternehmen „Erwachsenengottesdienst", daß hier Helfer an dem „Amt, das die Versöhnung predigt", direkt beteiligt werden. Ihre Aufgabe ist es, in den zumeist nach Alter aufgeteilten Gruppen auf die bibl. oder thematische Aussage des jeweiligen KGD hinzuführen. Dazu bedarf es der intensiven theologischen Zurüstung und der methodischen → Fortbildung dieser Mitarbeiter (wöchentliche Helfervorbereitung, Tagungen und Seminare auf Kirchenkreis- und Landesebene). Helferarbeit und KGD bedürfen dringend der finanziellen Unterstützung. Es ist zu wünschen, daß zumindest ein Presbyter als Beauftragter sich die Sache des KGD zur Aufgabe macht.

Kirche

Kirche — ein griechisches Lehnwort — heißt „dem Herrn gehörig".
In der Bibel wird das profane griechische Wort „ekklesia" = „Volksversammlung" (Apg. 19, 32. 39. 40) im AT für die Versammlung des Volkes Israel, im NT für die Versammlung des Gottesvolkes der Endzeit gebraucht.
Daraus folgt:
a) Von Kirche kann nur im Zusammenhang mit Israel als dem atl. Bundesvolk (Röm. 9—11) gesprochen werden.
b) Kirche ist eine Gemeinschaft von Menschen, die durch das befreiende Handeln Gottes in seinen Dienst gerufen sind (1. Petr. 2, 9).
c) Weil Kirche die Versammlung des Volkes Gottes ist, kann jede versammelte Orts-Gemeinde als „Kirche" angesprochen werden (1. Kor. 1, 2; Gal. 1, 2; 1. Thess. 1, 1). Weil sie andererseits die Versammlung des einen Volkes Gottes ist, geht sie nie in der Einzelgemeinde auf, sondern meint die Gemeinschaft aller von Gott Berufenen (Eph. 1, 22; 5, 23; Kol. 1, 18. 24 u. ö.).
In der ersten Zeit wird die Einzelgemeinde überwiegend durch Älteste, die Gesamtkirche durch von Fall zu Fall zusammentretende Synoden (Apg. 15) geleitet. Bald aber werden schon die Bischöfe als Garanten der Einheit einer von Spaltungen bedrohten Christenheit herausgestellt (Papsttum). Die reformatorischen Bekenntnisse sehen demgegenüber die schriftgemäße Verkündigung und die stiftungsgemäße Sakramentsverwaltung als einigendes Band an. Die → Barmer Erklärung hat im Gegensatz zum „Führerprinzip" betont, daß die Kirche „eine Gemeinde von Brüdern" ist, in der es keine „Herrschaft der einen über die anderen" geben darf. Mit der Annahme des Christentums als Staatsreligion durch Kaiser Konstantin wurde aus dem Volk Gottes, das als Fremdling unter den anderen Völkern lebt (1. Petr. 1, 1), eine Einrichtung zur Wahrung der inneren Einheit des Staates und zur Befriedigung der religiösen Bedürfnisse der Bevölkerung. Obschon 1918 die Trennung von Kirche und Staat in Deutschland vollzogen wurde, widerspiegelt sich diese Entwicklung in der BRD doch noch in dem Status der Kirche als Körperschaft öffentlichen Rechts (→ Kirche und Staat) ebenso wie in der Er-

wartungshaltung weiter Teile der Bevölkerung gegenüber der Volkskirche. Zur Überwindung der hier genannten Gegensätze wurde schon von Augustin und Luther zwischen der unsichtbaren (wahren) und der sichtbaren Kirche unterschieden, in der als „vermischter Körperschaft" Glaubende und Ungläubige zusammengefaßt seien. Das erlaubte es im ev. Bereich auch, trotz der konfessionellen Gespaltenheit den Glauben an die eine Kirche als die Gemeinschaft der Glaubenden in allen Kirchen festzuhalten. Bedenklich ist dabei aber, daß sowohl einer falschen Vergeistigung Vorschub geleistet als auch die Ordnung der Kirche als nebensächlich angesehen und − ohne theologische Beurteilung − in Anlehnung an staatliche Praxis geregelt werden kann.

Im Gegensatz zu diesem Modell versuchen die → Freikirchen, die Gemeinschaft der Gläubigen rein darzustellen, indem sie nur „Bekehrte" und als „Gläubige Getaufte" zulassen. Sie setzen sich damit der Versuchung aus, vor der Jesus im Gleichnis vom Unkraut unter dem Weizen warnt (Matth. 13, 24 ff.).

Gegenüber den Gefahren institutioneller Verfestigung und der Anpassung bzw. Abkapselung im Verhältnis zur Umwelt wird es darauf ankommen, das biblische Verständnis der Kirche als wanderndes Gottesvolk in den Ordnungen und in den Einzelentscheidungen zur Gestalt der Kirche zur Geltung zu bringen (Hebr. 4, 1 ff.). → Gemeinde; → presbyterial-synodal.

Kirche und Staat

Art. 104 GG erklärt die Artikel 136−139 und 141 der Weimarer Reichsverfassung zum geltenden Recht des Verhältnisses von Kirche und Staat in der BRD. Zusätzliche Verträge mit den Ländern regeln vor allem Staatsleistungen an die Kirche und die Mitwirkung des Staates an bestimmten kirchlichen Maßnahmen. Überdies bestimmt Art. 7,3 GG, daß der Religionsunterricht als „ordentliches Lehrfach" „in Übereinstimmung mit den Grundsätzen der Religionsgemeinschaften erteilt" wird.

Auf der Grundlage dieser Bestimmungen gehört zu den Rechten der Kirche als einer Körperschaft öffentlichen Rechts u. a. das Recht

− zur Ordnung ihrer eigenen Angelegenheiten
− zur Besetzung ihrer Ämter
− zur Erlassung von Kirchengesetzen
− zur Erhebung von Kirchensteuern
− die Dienstherrenfähigkeit, d. h. Mitarbeiter in ein öffentlich-rechtliches Dienstverhältnis zu berufen
− die Disziplinargewalt, die ihr erlaubt, durch Disziplinarentscheidungen Dienstverhältnisse zu lösen (→ Disziplinarrecht)
− das Parochialrecht, d. h. die Befugnis, ihre Glieder in Anspruch zu nehmen, solange sie nicht ausgetreten sind (z. B. steuerlich)

- der Anspruch auf staatlichen Schutz der Sachen, die dem Kultus dienen
- die Anerkennung als Träger der freien Jugend- und Sozialhilfe
- die Befreiung von bestimmten staatlichen Vorschriften und Pflichten (Steuern, Gebühren, Genehmigungen)
- die Anerkennung der Presbyterien als öffentliche Behörde (→ Siegel).

Diesen Rechten und Rechtsvorteilen entsprechen Pflichten und Bindungen. Z. B.:

- vermögensrechtlich wirksame Kirchengesetze werden vor Erlaß dem Staat vorgelegt,
- ebenso Urkunden über Bildung, Teilung und Aufhebung von Gemeinden,
- Kirchensteuergesetze bedürfen der staatlichen Genehmigung,
- die öffentlich-rechtlichen Dienstverhältnisse und ihre Regelungen unterliegen der staatlichen Kontrolle,
- eine Freundschaftsklausel erwartet von der Kirche loyales Verhalten gegenüber dem Staat, was freilich kritische Stellungnahme nicht ausschließt.
- Eine Angleichung ist erfolgt auf manchen Gebieten wie der Haushaltsführung, dem Personalwesen, der Besoldung und Versorgung der Pfarrer, Beamten und Angestellten.

Es besteht keine Staatskirche. Es besteht jedoch auch keine absolute Neutralität des Staates gegenüber der Kirche. Das differenziert ausgewogene Verhältnis von Staat und Kirche trägt einer gesellschaftlichen Entwicklung Rechnung und der Tatsache, daß die Mehrzahl der Bürger einer Kirche angehören. Grundlegend für ein ev. Verständnis des Verhältnisses von Kirche und Staat ist die → Barmer Erklärung.

Kirchenbau

Kirchenbau heißt, Wechselbeziehungen zwischen → Gottesdienst und Raum herstellen. Gottesdienst und Raum sollen alle menschlichen Sinne ansprechen. Der Raum soll der Vereinzelung entgegenwirken und dem Bedürfnis nach Erbauung und Festlichkeit Rechnung tragen. Bei Neubauvorhaben finden in einem Planungskonzept alle Überlegungen zu Funktion, Einrichtung, Kosten und Finanzierung ihren Niederschlag. Das Konzept kann von einem Bauausschuß (→ Ausschüsse), dem sachkundige Gemeindeglieder angehören, entwickelt werden. Die Gemeinde hat Anspruch (→ Gemeindeversammlung, Art. 130 KO), rechtzeitig beteiligt und über den Fortgang der Planung und Durchführung laufend unterrichtet zu werden. Bei Veränderungen und Umbaumaßnahmen gehe man so behutsam vor, daß die künstlerische Einheit des Raumes durch zeitbedingte Einfälle nicht gestört wird. Zurückhaltung ist insbesondere bei denkmalwerten Kirchen geboten (→ Denkmalschutz). Beratung durch das Bauamt im LKA.

Kirchenchor

→ Chor.

Kirchengebietsblatt

Die weitestverbreitete Form der Kirchenpresse in der BRD ist das auf kirchlich vororientierte Leser ausgerichtete, im Abonnement bezogene Wochenblatt. Sein Verbreitungsgebiet deckt sich mit dem Gebiet einer oder mehrerer Landeskirchen. Im Unterschied zur überregionalen Kirchenpresse legt das Kirchengebietsblatt (K.) Wert darauf, daß neben der allgemein-kirchlichen Thematik der Regional- und Lokalbezug, oft in gesonderten Wechselteilen, zur Geltung kommt. Das rheinische K. „Der Weg/Sonntagsgruß" erscheint in Kooperation mit dem westfälisch-lippischen K. „Unsere Kirche". Es gliedert sich in einen allgemeinen Teil, einen rheinischen Landesteil und zwölf Bezirksteile. Verlag und Redaktion: Rochusstr. 44, 4000 Düsseldorf 30.

Kirchenkanzlei

→ EKD

Kirchenkreis

Der Kirchenkreis (K.) ist die mittlere von drei Organisationsebenen in unserer Landeskirche (→ Gemeinde). Zur Zeit gibt es 46 K. Ihre Größe schwankt zwischen 40 000 und 160 000 Gemeindegliedern. Für ihre Gestalt waren geschichtliche Traditionen bisher wichtiger als die Übereinstimmung mit politischen und kommunalen Grenzen. Eine kirchliche Gebietsreform käme der Arbeitsfähigkeit von K. in vielen Fällen zugute. Die KO (Art. 137 u. 138) teilt dem K. vier Aufgabengebiete zu: Er hat die Aufsicht über die Gemeinden auszuüben, die Gemeinden für ihre eigenen Aufgaben auszurüsten, gemeinsame Dienste der Gemeinden wahrzunehmen und an der Leitung der Landeskirche mitzuwirken. Damit ist der K. weit mehr als eine Verwaltungsebene oder ein Zweckverband. Im K. muß sich die Kooperation der Gemeinden ebenso bewähren wie in einer Gemeinde das Miteinander der einzelnen Gemeindeglieder. Tatsächlich ist die Gefahr groß, daß Gemeinden samt ihren Presbyterien, Mitarbeitern und Pfarrern in der Isolation stecken bleiben und einem Gemeindeegoismus verfallen. Deshalb sind die wichtigsten Funktionen des K. in der Praxis, Erfahrungsaustausch zu pflegen, gegenseitigen Beistand abzusprechen, gemeinsame Aktivitäten zu organisieren, finanziellen Ausgleich (→ Finanzausgleich) vorzunehmen und kirchenpolitische Initiativen zu ergreifen.
→ Kreissynode; → Kreissynodalvorstand; → Superintendent; → Visitation.

Kirchenleitung

Die → Landessynode wählt auf acht Jahre ihr Präsidium, das zwischen den Tagungen der LS als Kirchenleitung (KL) arbeitet: acht Theologen und acht „Laien", davon fünf Theologen und zwei Juristen hauptamtlich (→ Präses und vier theol. bzw. zwei jur. Oberkirchenräte, die gleichzeitig Mitglieder des Kollegiums des Landeskirchenamtes sind).
Die KL ist der LS verantwortlich, sie achtet auf Ausführung der LS-Beschlüsse und handelt, entsprechend der → Kirchenordnung, auch als Aufsichtsorgan über Gemeinden und Kirchenkreise, um Zeugnis und Dienst der Kirche zu fördern. Sie vertritt die EKiR in der Öffentlichkeit. Das → LKA erledigt einen Teil der ständigen Aufgaben im Auftrag der KL. Außerdem arbeitet eine Reihe von ständigen → Ausschüssen im Auftrag von LS und KL, um den Aufgaben von Kirche und Gemeinden mit allem „Laien" wie Theologen verliehenen Sachverstand gerecht zu werden.

Kirchenmusik

Kirchenmusik (K.) ist Bestandteil der Gemeindearbeit. Aus der Tradition der alttestamentlichen Gemeinde heraus folgen Christen der biblischen Weisung, zu singen und zu spielen (z. B. Psalm 96; Kol. 3, 6). Der → Orgel kommt — als Solo- und Begleitinstrument — besondere Bedeutung zu. Im → Gottesdienst und bei → Amtshandlungen erklingt die K. als Antwort auf Gottes Wort. Gemeinde-, Chorgesang und Instrumentalspiel sind die gestaltenden Elemente. Abendmusik, Konzert, Offenes Singen, Vesper, Gemeindeabend und Kurrendearbeit vermehren das musikalische Lob Gottes. K. erklingt wortgebunden durch die menschliche Stimme und wird ohne textliche Bindung durch Instrumente dargestellt. Die Leitung der K. obliegt dem → Kirchenmusiker, der haupt- oder nebenamtlich angestellt sein kann. Ein landeskirchlicher Stellenplan und die Entscheidung über das Gewicht, das die K. in der Gemeinde haben soll, bildet die Voraussetzung für die Einstellung eines C-, B- oder A-Kirchenmusikers. Förderung und Fachberatung erfährt die K. durch den Kirchenkreis und den Landeskirchenmusikwart. Der Landesverband Ev. Kirchenchöre (→ Chor) und das Posaunenwerk fördern die K. durch → Fortbildung, Chortreffen, Posaunentage, Sing- und Bläserwochen.

Kirchenmusiker

Seine Ausbildung erfährt der Kirchenmusiker (K.) privat, auf der landeskirchlichen Musikschule, in kreiskirchlichen Ausbildungskursen oder auf einer staatlichen Musikhochschule. Voraussetzung für die Anstellung der C-, B- oder A-K. ist die Verleihung der Kleinen, Mittleren oder Großen Urkunde über die Anstellungsfähigkeit durch das LKA. Der hauptberufliche K. führt den Titel Kantor. Bei besonderer Auszeichnung kann ihm die Kirchenleitung den Titel Kirchenmusikdirektor verleihen. Dem

nebenberuflichen C-K. kann der Titel Kantor bei besonderer Bewährung nach Antrag des Presbyteriums vom LKA zuerkannt werden.
Die Anstellung bei der Kirchengemeinde erfolgt nach dem landeskirchlichen Stellenplan, der großen Gemeinden (ca. 10 000 Gemeindeglieder und mindestens drei Pfarrstellen) einen A-K., mittleren Gemeinden (ca. 6 000 Gemeindeglieder und zwei Pfarrstellen) einen B-K. und kleineren Gemeinden einen nebenberuflichen K. zuweist. Das Presbyterium stellt dem K. für Sach- und Verwaltungsausgaben zum Kauf von Noten und Instrumenten und für deren Pflege notwendige Etatmittel zur Verfügung. Die Aufgaben des K. werden in einer → Dienstanweisung geregelt. Beratung durch den Kirchenkreismusikwart.

Kirchenordnug

Die Kirchenordnung (KO) der EKiR ist 1952 von der rheinischen Landessynode als Ergebnis der Erfahrungen aus dem Kirchenkampf des Dritten Reiches beschlossen worden. Im Laufe der Jahre ist sie mehrfach geändert und ergänzt worden.
In der Fassung von 1979 regelt die KO das Leben der Gemeinden und trifft Bestimmungen über die Organisation der → Rheinischen Kirche. Im Unterschied zu den Ordnungen anderer evangelischer Landeskirchen regelt sie zwei große Bereiche. Sie ist zum einen vergleichbar der Verfassung eines Staates, zum anderen enthält sie Regelungen über das gemeindliche Leben und trifft grundlegende theoretische Aussagen über die Bekenntnisgrundlage der ganzen EKiR. Hierdurch wird deutlich, daß die Väter dieser Grundordnung die Organisation der Kirche als einen Ausdruck lebendigen Gemeindelebens verstanden wissen wollten. Deshalb gehören die Organisations- und Verfassungselemente unmittelbar hinein in die Ordnungen über den → Gottesdienst, das → Abendmahl, die → Taufe und die anderen sog. → Amtshandlungen. Untergeordnet wird dieses Recht den vorangestellten Grundartikeln, nach denen sich die EKiR als eine bekenntnisgegliederte Unionskirche versteht, deren Verfassungsstrukturen auf der geschichtlich gewachsenen → presbyterial-synodalen Ordnung beruhen. Mit ihren 221 Artikeln will sie den Raum abstecken, in dem die Gemeinde und die Kirche sich in den Dienst ihres Herrn stellen.
Als Grundgesetz kirchlichen Handelns und der Organisation der EKiR kann sie auch nur mit Zweidrittelmehrheit der auf einer Landessynode anwesenden Mitglieder geändert werden (Art. 187 KO). Von dieser Erschwernis sind auch die Regelungen über das Leben der Kirchengemeinde betroffen. Hieran knüpft sich immer wieder Kritik. Viele Gemeindeglieder meinen, daß die Lebensordnung der Gemeinde leichter und schneller an die Notwendigkeiten und die Veränderungen angepaßt werden müßte. Die Landessynode hat sich aber noch nicht entschließen können, KO und Lebensordnung voneinander zu trennen.
→ Verwaltungsordnung.

K

Kirchensteuer

Das Besteuerungsrecht ist den Kirchen vom Staat verliehen (→ Kirche und Staat). Dementsprechend erheben die Kirchen die Kirchensteuer (K.) auf Grund eigener Steuerordnungen. Nach der Steuerordnung der EKiR steht den Gemeinden und Verbänden das Besteuerungsrecht zu. Die K. kann als K.-Steuer vom Einkommen, vom Grundvermögen, vom Vermögen oder als Kirchgeld erhoben werden. Bemessungsgrundlage für die K. vom Einkommen ist die Einkommen- und/oder Lohnsteuer. Die K. wird z. Z. mit einem Hebesatz von 9 Prozent der Einkommen/ Lohnsteuer erhoben. Das Kirchgeld kann als festes oder als gestaffeltes Kirchgeld bis zu einem Betrag von DM 24,— pro Jahr und Familie/ bzw. Person mit eigenem Einkommen erhoben werden. Der in Betracht kommende Kreis der Gemeindeglieder ist zur Entrichtung ebenso verpflichtet wie zur Entrichtung der K. vom Einkommen. Die Verwaltung der K. vom Einkommen ist der Finanzverwaltung gegen eine Gebühr in Höhe von 3—4,5 Prozent übertragen.
Die K. darf nur für kirchliche Aufgaben verwendet werden. Ca. 80—90 Prozent der in den Haushaltsplänen veranschlagten Mittel stammen aus K. → Kappung; → Vermögen.

Kirchentag

Der Deutsche Evangelische Kirchentag (DEKT) wurde 1949 in Hannover von Reinold von Thadden und seinen Freunden ins Leben gerufen. Er versteht sich als Sammlungsbewegung des deutschen Protestantismus mit dem Ziel, evangelische Christen im Glauben zu stärken, sie für die Verantwortung in ihrer Kirche zu rüsten, sie zum Zeugnis in der Welt zu ermutigen und mit ihnen in der Gemeinschaft weltweiter Christenheit zu bleiben. Zum Kirchentag (Dauer vier Tage) wird in zweijährigem Rhythmus eingeladen. Bibelarbeiten sind Grundlage der Arbeit eines jeden Tages; Arbeitsgruppen, Vorträge, Diskussionen, Feste, Feiern, Gebetsveranstaltungen und volksmissionarische Unternehmungen dienen der Bemühung um Beiträge der Christenheit zur Erneuerung der kirchlichen, politischen und gesellschaftlichen Zustände. Der „Markt der Möglichkeiten" und andere Informationsangebote zeigen an praktischen Beispielen, wie die Glaubenserfahrungen von Laien selbständig in Kirche und Theologie eingebracht werden können.

Kirchgeld

→ Kirchensteuer.

Kirchlicher Unterricht

Seit 1976 beschreibt die von der Landessynode beschlossene Rahmenordnung für den Kirchlichen Unterricht (KU) seinen organisatorischen Rahmen. Die Jugendlichen sollen das 12. Lebensjahr vollendet haben.

Der KU dauert zwei Jahre mit mindestens 90 Unterrichtsstunden. Mehr als 25 Jugendliche sollen nicht in einer Gruppe sein. Bei zu kleinen Gruppen oder für → Behinderte können übergemeindliche Gruppen gebildet werden. Die Gemeinde ist verpflichtet, die notwendigen äußeren Bedingungen für den KU zu schaffen. Als Organisationsformen für den KU können Einzel- und Blockstunden, Wochenend- und Freizeitseminare, ein Praktikum und das Kurssystem mit Wahl- und Pflichtkursen genutzt werden. Neben dem Pfarrer können andere Mitarbeiter und Gemeindeglieder an der Durchführung des KU beteiligt werden. Nach der unterrichtlichen Vorbereitung und auf Beschluß des Presbyteriums können Konfirmanden vor der Konfirmation am → Abendmahl teilnehmen. Das Presbyterium ist für die Zulassung zur Konfirmation zuständig. In Form und Ergebnisse der Konfirmandenarbeit sollen das Presbyterium, Eltern und Gemeindeglieder in Gottesdiensten, Elternabenden, Ausstellungen, gemeinsamen Unterrichtsveranstaltungen Einblick nehmen. Die Artikel 41 bis 45 KO wurden entsprechend geändert. Eine Handreichung zur Gestaltung der Konfirmandenarbeit (KA) befindet sich in Vorbereitung. Die KA versucht, die Jugendlichen beispielhaft entdecken zu lassen, wie der christliche Glaube zum Leben hilft. Erlebnisorientierung, Beteiligung am Gemeindeleben und Wissensvermittlung sind gleichwichtige Ziele. Inhaltlich werden Themen der → Katechismen so mit Lebensfragen der Jugendlichen verbunden, daß sie ihnen zur Orientierung für ihr Leben helfen. Bei aller Vielfalt in der Ausgestaltung der KA zeigt sich inhaltlich eine breite Übereinstimmung in den Themenplänen. Bei der Gestaltung der KA lassen sich folgende Entwicklungen benennen. Es wird versucht, die KA in die übrige Gemeindearbeit zu integrieren, sie als → Seelsorge an den Jugendlichen zu verstehen, die Gruppe der Jugendlichen als Spiegel der Volkskirche anzunehmen, unter Wahrung der kirchlichen Tradition ihr Leben aufzusuchen, ihre Eltern miteinzubeziehen, Mitarbeiterkreise aufzubauen und Lernen in seiner methodischen Vielfalt zu organisieren. Beratung, Information, Material und → Fortbildung durch das Pädagogisch-Theologische Institut (PTI), Akazienweg 20, 5300 Bonn-Bad Godesberg 1.

Kirchmeister

Vorwiegend in Kirchen mit → presbyterial-synodaler Verfassung (niederl. ref. Einfluß „kerkmeester") ist der Kirchmeister Amtsbezeichnung für Presbyter mit besonderer Verantwortung für Gebäude, Vermögen, das Rechnungs- und Kassenwesen der Kirchgemeinde. In größeren Gemeinden und für besondere Aufgaben kann das Amt mehreren Finanz-, Bau- oder Diakoniekirchmeistern übertragen werden (Art. 111 KO). Durch viele treue und sachkundige Vertreter hat das Amt in der EKiR besondere Achtung gewonnen. Regelmäßige von der KL veranstaltete Kirchmeistertagungen sind zur Information und Kommunikation sehr zu empfehlen. → Fortbildung.

Kohlbrügge, Hermann Friedrich

Kohlbrügge, Hermann Friedrich, geb. am 15. 8. 1803 in Amsterdam, gest. am 5. 3. 1875 in Elberfeld, wuchs in der luth. Kirche auf und studierte in Amsterdam Theologie. Er wurde von der Erweckungsbewegung angezogen, geriet in Gegensatz zu seiner Kirche und wandte sich der ref. Gemeinde in Utrecht zu, die aber mit seiner Aufnahme zögerte. Auf einer Reise zu Erweckungskreisen im Rheinland predigte er 1833 in Elberfeld über Röm. 7, 14. Seine Kritik an aller eigenen Heiligkeit und seine Lobpreise der Rechtfertigung des Gottlosen erregten Aufsehen. Das Konsistorium aber lehnte seine Anstellung ab. Dennoch siedelte er 1846 nach Elberfeld über und wurde in die ref. Gemeinde aufgenommen. Er lehnte die Union und die preußische Agende ab und wurde 1847 zum Pfarrer der neu gegründeten, vom Staat unabhängigen niederländisch-reformierten Gemeinde gewählt, der er bis zu seinem Tode diente.

Kollekte

„Jede Gemeinde ist berufen, in ihren Gottesdiensten und gottesdienstlichen Versammlungen ihr Opfer als Dank für die Gabe des Evangeliums nach dem Befehl des Wortes Gottes darzubringen. Sie dient damit der Verkündigung des Wortes Gottes und der Arbeit der Liebe." Mit dieser Aussage weist die KO (Art. 19) der Kollekte (K.) ihren unaufgebbaren Ort im Gottesdienst an. Die K. darf nicht mit der Begründung unterbleiben, das Geld habe als „ungerechter Mammon" nichts mit dem Gottesdienst zu tun. Ihre Einsammlung ist biblisch geboten (vgl. Apg. 2, 42; 1. Kor. 16, 1 ff.; 2. Kor. 8—9 u. a.). Daher werden durch die Kirchenleitung für alle Gottesdienste an Sonn- und Feiertagen Sammlungen nach einem Plan verbindlich ausgeschrieben. Sie sind bestimmt für kirchliche und diakonische Aufgaben in der EKiR, der EKU und der EKD sowie für missionarische und diakonische Zwecke in der → Ökumene. Etwa ein Fünftel der K. werden freigehalten für Zwecke, die von den Presbyterien zu bestimmen sind. Eine 2. gottesdienstliche Sammlung (Klingelbeutel) ist bestimmt „für die Diakonie der eigenen Gemeinde". Sie unterliegt ausschließlich der Verantwortung der Presbyterien, die im übrigen dafür zu sorgen haben, daß alle gottesdienstlichen Sammlungen gewissenhaft abgekündigt, eingesammelt und ordnungsgemäß verwaltet werden (VO § 84).
Für die Durchführung anderer Sammlungen außerhalb der Gottesdienste trifft die VO ebenfalls die erforderlichen Bestimmungen (§ 85).

Kommunitäten

Nachdem sich die ersten Mönche im 4. Jahrhundert in die Einsamkeit der Wüste zurückgezogen haben, sind ihnen viele Christen in die Weltabgeschiedenheit der Klöster gefolgt, um dort sich ganz einem Leben aus dem Glauben zu widmen. Dieses „heilige" Leben stand in hohem

Ansehen und galt als besonders verdienstlich. Luther hat sich gegen das Klosterleben seiner Zeit gewandt, weil es dem Verdienstgedanken erlag und der Rechtfertigung allein aus Gnade widersprach. Er setzte im Blick auf die Stellung des Menschen vor Gott der geistlichen Berufung den weltlichen Beruf als von Gott gegebene Aufgabe gleich. Seither haben Kommunitäten (K.) und geistliche Lebensgemeinschaften die Verantwortung für den Nächsten und die Gesellschaft wieder stärker betont. Heute sind ihre Häuser offen für Freizeiten und Einkehrtage. Nicht wenige Mitglieder übernehmen Aufgaben, die normalen Berufen gleichkommen. Einige leben in sozialen Brennpunkten (z. B. „Kleine Brüder Jesu" – ein röm.-kath. Orden). Die Diakonissenmutterhäuser sind in der ev. Kirche die bekanntesten Gemeinschaften mit bindenden Ordnungen für den Dienst in der Nächstenliebe. Bei der Vielfalt ev. K. lassen sich zwei Grundformen unterscheiden:

1. Von Elementen der Erweckungsbewegung her bekannt sind: die Ev. Marienschwesternschaft in Darmstadt; die Christusbruderschaft Selbitz/Oberfr. (ca. 200 Mitgl.); die Christusträger Bensheim/Hess.; die Jesusbruderschaft Gnadenthal bei Limburg, und die Kommunität Adelshofen in Baden.

2. Mehr an der Wiederentdeckung der Kirche, ihrer Gottesdienste und Sakramente orientierte Gruppen sind: die K. von Taizé (80 Brüder, Frankreich), Grandchamp (für Frauen, Schweiz), Pomeyrol (Frankreich), Imshausen/Hessen, Casteller Ring in Schloß Schwanberg/Bayern, der Ordo Pacis in Hamburg, der Laurentiuskonvent/Wethen.

Daneben gibt es eine Reihe offener Bruderschaften ohne gemeinsamen Wohnsitz, die durch die Verpflichtung täglicher Gebetszeiten, regelmäßiger Zusammenkünfte und jährlicher Einkehrtage einander Hilfe geben zu einem gehorsamen und verantwortlichen Leben aus der Kraft des Evangeliums. (Hier ist die Michaelsbruderschaft zu nennen, mit 600 Mitgliedern die größte Gemeinschaft). Für das Leben der Kirche sind diese geistlichen Zellen als Modelle gelebter Frömmigkeit und als Ermutigung zu einem Leben mit Christus für den Nächsten unverzichtbar. Junge Menschen zeigen auf der Suche sowohl nach einer verbindlichen Nachfolge Jesu Christi als auch nach einem alternativen Lebensstil zunehmend Interesse an Gemeinschaften, die den K. ähnlich sind.

Konfirmation

Die Konfirmation (K.) hat sich aus der Kindertaufpraxis entwickelt und will verstanden werden als persönliche Zustimmung zur → Taufe, Bekenntnis zur → Abendmahlsgemeinschaft, Zuspruch der gemeindlichen Mitwirkungsrechte. Es gibt keinen biblischen Auftrag zur K., dennoch ist sie heute populär als kirchliche Handlung für die Heranwachsenden an der Schwelle zur Mündigkeit. Die meisten Getauften leben bei uns in nur loser Beziehung zur Kirche. In dieser Situation hat die K. den Sinn: die Gemeinde bekennt sich zu den Jugendlichen. Sie will den getauften Jugendlichen ihre Zugehörigkeit zur Kirche bewußt machen und sie zum Christsein ermutigen. Hierfür ist der → Kirchliche Unterricht wichtiger als die K. selbst. Bei wiederholten öffentlichen Darstellungen (z. B. → Gottesdienste), die von den Konfirmanden (mit) gestaltet werden, kann die Gemeinde die Jugendlichen besser kennenlernen als durch eine Prüfung vor der K. Der Gottesdienst zur Vorstellung der Konfirmanden macht der Gemeinde die Situation der Jugendlichen in ihrer Mitte bewußt. Ein Gelübde der Konfirmanden bei der K. tritt immer mehr zurück. An seiner Stelle gewinnt das gemeinsam gesprochene → Glaubensbekenntnis besondere Bedeutung. Zuspruch und Ermutigung stehen bei der K. im Vordergrund. Für das Presbyterium erwächst daraus die Aufgabe, in der Gemeinde Orte zu schaffen, an denen sich die Jugendlichen nach der K. heimisch fühlen können. → Jugendarbeit.

Konflikt

Konflikte (K.) sind in der Leitungsarbeit eines Gremiums unvermeidlich; vermeidbar ist der hilflose Umgang damit. Gutgemeinte Appelle lassen beide Seiten oft ratlos. Es erscheint wichtig, die Ebene, aus der ein K. sich speist, zu entdecken:
Die sachliche Ebene, auf der man z. B. mit → Dienstanweisungen, Kompetenzabgrenzungen und Aufgabenbeschreibungen zu klären versucht, ist oft nur der Austragungsort für tiefere Differenzen. Von der emotionalen Ebene her wirken subjektiv empfundene Kränkung, Mißachtung, Kritik, fehlende Anerkennung oder Unterstützung als Ausgangspunkt für K. Sie werden nur durch Verhaltensänderungen der Beteiligten entschärft. Schwer erreichbar bleiben Konfliktwurzeln, die bis in die Ebene der Grundüberzeugungen und Wertvorstellungen reichen.
Hilfreich ist in vielen K. ein unbeteiligter Dritter, der aus einer engagierten Unbetroffenheit heraus Möglichkeiten erkennt und anbietet. Er kann darstellen, daß sich in K. auch der Reichtum einer Gruppe an Ideen und Wegen fruchtbar machen läßt.

Kontaktgruppe

→ Justizvollzug.

Kooptation

Kooptation (lat. = Ergänzungswahl) ist
a) das Verfahren, mit dem nach § 15 PWO das Presbyterium in seinem Mitgliederbestand ergänzt wird, wenn ein Mitglied vorzeitig aus dem Amt scheidet (gilt auch für Mitarbeiter). Dabei ist das Presbyterium in keiner Weise an die Vorschlagsliste der früheren Presbyterwahl gebunden. Es besteht eine gute Möglichkeit, fehlende Fachleute oder fehlende Vertreter von Arbeitszweigen oder Wohnbereichen zu wählen. Wichtig ist, daß der Kooptierte sein Amt nur so lange inne hat, wie es sein Vorgänger gehabt hätte.

b) Kooptation wird auch das Presbyterwahlverfahren nach § 26 PWO genannt. Die Wahl wird nicht durch die Gemeinde, sondern durch das Presbyterium in einem Gemeindegottesdienst vollzogen. Zwei Drittel des ordentlichen Mitgliederbestandes des Presbyteriums müssen bei der Wahl anwesend sein; gewählt sind diejenigen, die mehr als die Hälfte der Stimmen des ordentlichen Mitgliederbestandes erhalten. → Presbyterwahl.

Krankenhaus

Das Krankenhaus (K.) ist als Ort, an dem Leid, Schmerz, Sterben, Ungewißheit und Anfechtung in besonderer Konzentration erlebt und erfahren werden, eine Herausforderung für das Bemühen der christlichen Gemeinde. Deren seelsorgerlicher Auftrag wird durch Besuche der Gemeindepfarrer und Mitarbeiter wahrgenommen, die den Kontakt des Patienten zur Ortsgemeinde aufrecht erhalten.
Hauptamtliche und nebenamtliche Krankenhausseelsorger sind auf Grund ihrer → Dienstanweisung (Muster in KABl 3/80) Mitarbeiter im K., wobei der nebenamtliche Auftrag für Krankenhausseelsorge neben der Gemeindearbeit nur sehr begrenzt wahrgenommen werden kann. Die hauptamtlichen K.-seelsorger − in der EKiR etwa 80 − sind auf die Zusammenarbeit mit Ärzten und Pflegepersonal angewiesen. Für ihren Dienst spielt die regelmäßige tägliche Anwesenheit eine entscheidende Rolle. Entsprechend vorbereitete und weitergebildete Seelsorgehelfer und → Besuchsdienstgruppen sind eine wesentliche Ergänzung und Erweiterung bei der Erfüllung des seelsorgerlichen Auftrages. Der Gottesdienst im K. kann ein Kristallisationspunkt für die Zusammengehörigkeit von Gemeinde und K. sein. Gemeindegruppen, Chöre und Jugendliche, auch Konfirmanden können bei der Gestaltung beteiligt werden. Die Feier des Abendmahls gehört auch im K. in den Gottesdienst. Daneben ist das Einzelabendmahl im Zimmer für viele Patienten und Angehörige eine stärkende Erfahrung.
In der Evangelischen Krankenhaus-Hilfe (EKH), Ökumenischen Krankenhaus-Hilfe (ÖKH) und Katholischen Krankenhaus-Hilfe (KKH) arbeiten → ehrenamtliche Mitarbeiter. Für ihre → Fortbildung sind die K.-seelsorger verantwortlich. Im Bereich der EKiR gibt es 45 K. in evangelischer Trägerschaft. Sie arbeiten unter denselben Bedingungen, wie alle anderen: Der Personalschlüssel ist vorgeschrieben; die Wirtschaftlichkeit muß gewährleistet sein. Um das spezifisch „Evangelische" zu verwirklichen, bedarf es des Engagements und der Mitverantwortung der Gemeinden.

Kreissynodalvorstand

Kreissynodalvorstand (KSV) heißt das Gremium von mindestens sieben Personen, das einen → Kirchenkreis leiten soll. Es besteht aus dem → Superintendenten, zwei weiteren Theologen (Assessor und Skriba) und vier Ältesten. Sie werden von der → Kreissynode für acht Jahre gewählt. In der Regel halten sie monatliche Sitzungen. Neben einigen Aufsichtsfunktionen im Personal- und Kassenwesen der Gemeinden übt der KSV die Leitung der kirchenkreiseigenen Arbeitszweige aus (z. B. → Erwachsenenbildungswerk, → Beratungsstelle, → Diakonie). Ein guter KSV muß vor allem ein Gespür dafür haben, in welchem Verhält-/ nis übergemeindliche Aktivitäten zu den Bedürfnissen der Einzelgemeinden stehen müssen (Art. 157–161 KO).

Kreissynode

Die Kreissynode (K.) (Art. 139–156 KO) ist das Aussprachegremium des → Kirchenkreises. Ihre Mitglieder sind Pfarrer und Gemeindeälteste, die von den → Presbyterien entsandt werden, und – in begrenzter Zahl – berufene Fachvertreter. Theologen dürfen nicht die Mehrheit haben. Die K. beschließt u. a. über den kreiskirchlichen Haushalt. Sie wählt den → Superintendenten und den → Kreissynodalvorstand sowie die Abgeordneten für die → Landessynode. Kreissynodaltagungen finden mindestens einmal jährlich statt und sind öffentlich. Sie dienen vor allem der Aussprache und gemeinsamen Willensbildung über Grundsatzfragen, wobei kontroverse Debatten und Mehrheitsentscheidungen nicht ausbleiben können (→ Einmütigkeit).

Kriegsdienstverweigerung

Die → EKD hat den Kriegsdienstverweigerern (K.) aus Gewissensgründen Fürbitte und Fürsprache zugesagt. Sie bringt in die Beratungen um die rechtliche Gestaltung der Anerkennungsverfahren und des Zivildienstes (→ ZDL) ihre Auffassung ein. In Kirchengemeinden und diakonischen Einrichtungen gibt es Einsatzstellen für anerkannte K.
Auf der landeskirchlichen und auf der Kirchenkreisebene führen Beauftragte die Wehrpflichtigen in die Problematik der Gewissensentscheidung ein und begleiten sie als Beistände in Anerkennungverfahren. Ausgehend von den „Heidelberger Thesen" (1959) hat sich die Formel vom „Friedensdienst mit und ohne Waffen" durchgesetzt. Häufig wird übersehen, daß diese Thesen das „noch" des Friedensdienstes mit Waffen betonen. Hingewiesen sei auch auf die Thesenreihe der EKD „Der Friedensdienst der Christen" (1969). Die Landessynode der EKiR hat 1970 – in Anlehnung an eine Handreichung der Kirchen der DDR – gesagt, daß diejenigen, die „ihrem Gewissen folgen" und sich für den „Friedensdienst ohne Waffen" entscheiden, „ein deutlicheres Zeugnis des Friedensangebotes unseres Herrn" geben.
Sie hat sich 1979 dafür ausgesprochen, den Zivildienst nicht am Wehrdienst und an sicherheitspolitischen Notwendigkeiten zu messen, sondern ihn zu einem wirklichen „sozialen Friedensdienst" auszugestalten.
→ Militärseelsorge.

Kündigung

Die Kündigung (K.) ist eine besondere Form der Beendigung eines Arbeitsverhältnisses. Sie ist eine einseitige Willenserklärung und bedarf nicht der Zustimmung durch den Adressaten. Andere Formen sind der → Auflösungsvertrag und die Beendigung aufgrund einer vereinbarten Befristung (nur bei sachlich rechtfertigendem Grund möglich). Die K. richtet sich bei Angestellten nach §§ 53 und 55 – BAT-KF, bei Arbeitern nach §§ 57 bis 61 MTL II-KF. Bei Angestellten ist die Zustimmung des KSV (Art. 103 KO), bei Angestellten und Arbeitern die der → Mitarbeitervertretung erforderlich (§ 32 Abs. 1 Buchst. c MVG). Sie muß in jedem Fall vor Ausspruch der K. vorliegen, andernfalls ist die K. rechtsunwirksam.

Bei außerordentlichen K. aus wichtigem Grund ist die Mitarbeitervertretung vorher zu hören. K. des Arbeitgebers unterliegen neben diesem besonderen kirchlichen dem allgemeinen staatlichen K.-schutz. Danach sind nur solche K. rechtswirksam, die „sozial gerechtfertigt" sind: K. aus persönlichen (z. B. Unfähigkeit), verhaltensbedingten (z. B. häufiges Zuspätkommen) oder betriebsbedingten Gründen (z .B. Auflösung einer Kindergartengruppe wegen Mangel an Anmeldungen).

Jeder Gekündigte kann die K. innerhalb von drei Wochen vor dem Arbeitsgericht auf ihre soziale Rechtfertigung hin überprüfen lassen.

Während der Schwangerschaft und für vier Monate nach der Entbindung kann vom Arbeitgeber überhaupt nicht – auch nicht außerordentlich – gekündigt werden. Bei Schwerbehinderten ist vor Ausspruch der K. die Zustimmung der Hauptfürsorgestelle erforderlich. Mitglieder der Mitarbeitervertretung und des Wahlausschusses, sowie Wahlbewerber für die Mitarbeitervertretung genießen einen besonderen K.-schutz. Mitarbeiter, die über 40 Jahre alt sind und mindestens fünfzehn Jahre bei demselben Arbeitgeber beschäftigt sind, können nicht mehr ordentlich gekündigt werden. Im Bereich der EKiR gilt der → Austritt aus der Kirche als wichtiger Grund zur fristlosen Kündigung.

Küster

Das Küsteramt ist ein Amt der Kirche und seinem Wesen nach ein gottesdienstliches Amt. Der Küster (K.) soll wie alle kirchlichen Mitarbeiter in einem Gottesdienst unter Fürbitte der Gemeinde in sein Amt eingeführt werden (→ Einführung). Das K.-Amt dient und hilft der Verkündigung in Wort und Sakrament und schließt in der Regel die Pflege der kirchlichen Gebäude und Grundstücke sowie die organisatorische Vor- und Nachbereitung von Gemeindeveranstaltungen ein. Der K. ist an Dienstbesprechungen zu beteiligen und rechtzeitig von geplanten Veranstaltungen zu informieren.

Der K.-Beruf ist kein Lehrberuf. Der K. sollte eine abgeschlossene Ausbildung in einem anderen Beruf haben. Nach Antritt des Dienstes als K. soll er in den ersten fünf Jahren an Fortbildungslehrgängen teilnehmen, die von der Arbeitsgemeinschaft Rheinischer Küster und dem Landeskirchenamt durchgeführt werden. Der weiteren → Fortbildung dienen der Rheinische Küstertag und Rüstzeiten. Das Arbeitsrecht der haupt- und nebenberuflichen K. regeln der → BAT, die Ordnung für den Dienst der K. in der EKiR bzw. die Besoldungstabelle für nebenberufliche K. (RS 970). Bei der Bemessung des Arbeitsaufwandes einer K.-Stelle beraten die Arbeitsgemeinschaft, Calvinstr. 1, 4000 Düsseldorf 13, und das LKA. → Berufe, kirchliche; → Freizeit; → Hausmeister.

Lagerbuch

Das Lagerbuch (L.) ist ein Verzeichnis über den Bestand des Vermögens und der Lasten der Kirchengemeinde. Man unterscheidet zwischen L. I, das den materiellen Besitz, das immobile und mobile Vermögen dokumentiert, und L. II, das den ideellen Besitz, die kirchlichen Sitten und Bräuche, die Gemeindegeschichte erfaßt. Über die Führung eines L. informiert im einzelnen VO § 20 und 21. L. sind zweifach zu führen, bei der Gemeinde und beim Kirchenkreis, um auch bei Verlust eines Buches geschützt zu sein. Ihre Zuverlässigkeit hängt daran, daß die Eintragungen sofort und mit Angabe der Rechnungsdaten oder Verträge gemacht werden. Das L. II bietet dem Presbyterium eine gute Möglichkeit, sich mit der theologischen Tradition der Gemeinde zu beschäftigen. → Archiv; → Inventar.

Landeskirchenamt

Die KL führt ihre Aufgaben mit Hilfe des Landeskirchenamtes (LKA) aus (Art. 203 I KO). Weil sie mit Rücksicht auf ihre nebenamtlichen Mitglieder im allgemeinen nur einmal im Monat zusammenkommt, muß es ein Amt geben, das nicht bloß ihre Beschlüsse vorbereitet und ausführt, sondern die Fülle der Aufgaben selbständig, wenn auch nach den Weisungen und unter der Aufsicht der KL, erledigt. Diese Aufgaben sind nach der Dienstordnung (KABl. 1981 S. 40) z. B. die Führung der Aufsicht über die Kirchengemeinden und Kirchenkreise, also auch die Erteilung der erforderlichen Genehmigungen, und die Führung der Dienstaufsicht über die Pfarrer, die Errichtung und Freigabe von → Pfarrstellen, die Ausbildung und Prüfung der Theologen und anderer Mitarbeiter, die Verwaltung der landeskirchlichen Einrichtungen. Zum kleineren, aber wichtigeren Teil werden die Entscheidungen vom Kollegium der Mitglieder des LKA, also vom → Präses und den anderen sechs hauptamtlichen Mitgliedern der KL und den theologischen und juristischen Landeskirchenräten in einer der wöchentlichen Sitzungen getroffen. Die weitaus größere Zahl der Entscheidungen treffen die Mitglieder des LKA oder auch andere Mitarbeiter, denen dies durch Delegation in der Geschäftsordnung übertragen worden ist, allein. Die Geschäftsverteilung bestimmt die Zuständigkeit der Mitglieder und der übrigen Mitarbeiter. Im Gegensatz zu den meisten anderen Landeskirchen werden die Zuständigkeiten nicht nur nach Sachgebieten, sondern auch nach Kirchenkreisen bestimmt. Die Theologen und Juristen im LKA sollen nicht nur Spezialisten auf bestimmten Sachgebieten, sondern auch Kenner und Berater „ihrer" Kirchenkreise und Gemeinden sein.

Die Zahl der Mitarbeiter im LKA richtet sich nach dem Stellenplan, der alljährlich von der Landessynode beschlossen wird. Im Jahre 1981 sind es 190 Stellen, darunter 22 für die Mitglieder des LKA, sechs für die Mitglieder der Schulabteilung, 58 für die Beamten des Büros, 64 für Angestellte, u. a. für den Schreibdienst.

Landeskirchliche Dienste, Haus

Im Oktober 1974 wurde das Haus Landeskirchliche Dienste (HLD) seiner Bestimmung übergeben und ist seitdem für 16 kirchliche Einrichtungen mit ca. 100 Mitarbeiterinnen und Mitarbeitern Ort gemeinsamer Arbeit.

Die verschiedenen Einrichtungen haben unterschiedliche Rechtsformen und stehen in unterschiedlicher Abhängigkeit zur Landeskirche. Manche haben über die Grenzen der Landeskirche hinausgehende Aufgaben, andere besitzen als Vereine eine entsprechend große Unabhängigkeit von der verfaßten Kirche. Danach läßt sich folgende Einteilung vornehmen:

a) Einrichtungen der EKiR:
- Amt für → Jugendarbeit mit der Jugendkammer Rheinland;
- Amt für → Sozialethik und Sozialpolitik;
- Ev. Hauptstelle für Familien- und Lebensberatung, → Beratungsstelle;
- Ev. → Frauenarbeit;
- → Männerarbeit;
- → Volksmissionarisches Amt.

b) Einrichtungen mit überregionalem Auftrag:
- Der Beauftragte der ev. Kirche im Rheinland, von Westfalen und Lippe bei dem Landtag und der Landesregierung von Nordrhein-Westfalen;
- Gemeinsame Geschäftsstelle der Jugendkammern der Ev. Kirche im Rheinland und von Westfalen;
- Landesarbeitsgemeinschaft der Ev. Erwachsenenbildung in NRW.

c) Einrichtungen mit eigener Rechtsform:
- Ev. → Erwachsenenbildungswerk Nordrhein e. V.;
- → Ev. Schülerarbeit e. V. und schulbezogene Arbeit;
- Ev. → Frauenhilfe im Rheinland (vertreten mit einem Büro im HLD;
- Ev. Presseverband e. V.;
- Evangelischer Pressedienst Region West (→ epd-west), getragen vom Verein zur Förderung des Ev. Pressedienstes Region West e. V.;
- Verband Christlicher → Pfadfinderinnen und Pfadfinder, Landesverband Nordrhein.

Ein von allen Diensten gebildeter Leiterkreis regelt die Arbeitsabläufe innerhalb des Hauses und nimmt gemeinsame Interessen des Hauses nach außen durch einen Geschäftsführer wahr.

Im Namen „Haus Landeskirchliche Dienste" liegt bereits eine entscheidende Zielsetzung verankert. Die Einrichtungen sehen ihre primäre Aufgabe im Dienst für Gemeinde, Kirchenkreis und Landeskirche, an haupt-, neben- und ehrenamtlichen Mitarbeitern. Die wesentlichen Gesichtspunkte einer gemeinsamen Konzeption lassen sich daher auf fol-

gende Weise zusammenfassen:
- Die räumliche Zusammenlegung verschiedener kirchlicher Einrichtungen ermöglicht eine Zusammenführung bisher getrennt wahrgenommener Funktionen.
- Überschneidungen in der Aufgabenstellung und oftmals konkurrierende Angebote könnten vermieden werden.
- Gemeinschaftsaufgaben lassen sich eher wahrnehmen und planen, Defizite kirchlicher Arbeit können abgebaut und Aufgaben ggf. delegiert werden.
- Eine Zentralisierung von technischen, organisatorischen und verwaltungsmäßigen Aufgaben führt zu einer wesentlichen Entlastung der einzelnen Bereiche.

Die für alle gemeinsam geltenden Arbeitsangebote lassen sich zusammenfassend beschreiben mit den Stichworten: Beratung, Begleitung, Information, Material- und Vortragsdienst, Kontakte und Gespräche, Fortbildung, Seminare und Tagungen.

Anfragen und Hilferufe an die gemeinsame Adresse: HLD, Rochusstr. 44, 4000 Düsseldorf 30.

Landessynode

Das oberste Leitungsorgan der EKiR, die Landessynode (LS), entscheidet über alle Aufgaben, die Gemeinden, Kirchenkreise und landeskirchliche Einrichtungen gemeinsam betreffen. Sie formuliert Richtlinien für Arbeitsfelder und Arbeitsvorhaben. Ihr gehören Abgeordnete der Kirchenkreise an (175, höchstens zu 50 Prozent Pfarrer), die Superintendenten (46), berufene Mitglieder (23), und das Präsidium (16), das zwischen den jährlichen Tagungen der LS als → „Kirchenleitung" arbeitet. Je nach dem Thema des LS werden Gäste zur Mitarbeit berufen.

Sechs ständige Synodalausschüsse (theologischer A., innerkirchlicher A,. Öffentlichkeits-A., A. für Kirchenordnungs- und Rechtsfragen, A. für Erziehung und Unterricht, Finanz-A.), von der LS gewählt, bereiten ebenso wie die Kreissynoden und die KL die LS vor (→ Ausschüsse). Außerdem kann die LS durch Initiativanträge Verhandlungen unmittelbar veranlassen.

Schwerpunkte werden meist durch „Proponenden" bestimmt: von der KL beschlossene Arbeitspapiere werden Presbyterien und (oder) → Kreissynoden zur Beratung vorgelegt. Deren Ergebnis schafft eine möglichst breite Basis für Entscheidungen der LS. Themen der letzten Jahre: Gottesdienst, Teilnahme von Kindern am Abendmahl, Volkskirche und Freikirche, Entwicklungsdienst der Kirche, Christen und → Juden.

Die LS erläßt Kirchengesetze zur Regelung des Rechts der Landeskirche und beschließt den landeskirchlichen Haushaltsplan. Beratungen des Plenums sind öffentlich, die der Tagungsausschüsse vertraulich.

→ Landeskirchenamt; → Öffentlichkeit von Sitzungen; → Präses.

Lehre

Das Gelübde des Presbyters bei Amtsantritt enthält die Verpflichtung, ‚... über Lehre und Ordnung unserer Kirchen zu wachen ...' (Art. 84, 2 KO). Dies Wächteramt bezieht sich nicht auf eine fest formulierte Lehre der Ev. Kirche. Es sucht vielmehr Orientierung an den Leitlinien christlicher Tradition, wo im Leben der Gemeinde Wegweisung vonnöten ist. Solche Leitlinien christlicher Tradition sind zu Glaubenssätzen geronnene Bekenntnisse und Lehrstücke, die sich aus der Auslegung der Heiligen Schrift und aus der Notwendigkeit ergeben haben, das Christentum gegenüber anderen Religionen oder verfälschender und verwässernder Schriftauslegung abzugrenzen. Leitlinien evangelischen Glaubens sind z. B.: das Apostolische Glaubensbekenntnis (→ Apostolikum), der kleine → Katechismus Martin Luthers, der Heidelberger Katechismus, die Augsburger Konfession, die → Barmer Erklärung und andere Bekenntnisschriften. In Zweifelsfällen kann ein Presbyter in der Ausübung seines Wächteramtes dort Orientierung suchen. Dabei wird es zu seinen Aufgaben gehören, sich hinsichtlich dieser Glaubensaussagen, vor allem aber hinsichtlich der Heiligen Schrift, an der sich jede Glaubens- und Lehraussage der ev. Kirche messen lassen muß, sachkundig zu machen. Es geht also weniger um ein ‚Be'-wachen unantastbarer → Dogmen, sondern darum, wach zu sein im Blick auf verfälschende und verwässernde Auslegung der Heiligen Schrift und bereit zu sein, die Lehrstücke christlicher Tradition in Erinnerung zu rufen, wo sie in Vergessenheit zu geraten drohen.

Lektor

„Lektoren (L.) sind Gemeindeglieder, die dazu bestellt sind, nach Anleitung unter Verantwortung des Pfarrers öffentliche Gottesdienste zu halten und dabei Lesepredigten zu benutzen" (Kirchengesetz über den Dienst des L. in der EKiR vom 10. 1. 1969, KABI S. 21). Im Unterschied zu den → Predigthelfern werden L. nicht ordiniert. Die Verwaltung der Sakramente ist ihnen nicht übertragen.

Die Bestellung zum L. ist vom zuständigen Presbyterium beim KSV zu beantragen. Der KSV spricht die Bestellung aus, nachdem er die Eignung des Vorgeschlagenen festgestellt hat. Der L. wird nach der Ordnung der → Agende in einem Gottesdienst in sein Amt eingeführt und für seinen ehrenamtlichen Dienst verpflichtet. Die L. werden in regionalen Konventen gesammelt und zu Fortbildungsveranstaltungen eingeladen.

Vor allem in → Diasporagebieten mit weit auseinander liegenden kleinen Predigtstätten ist der Dienst eines geschulten L. für die Gemeinde von großem Wert.

Darüberhinaus werden Lektoren die Gemeindeglieder und Presbyter genannt, die im → Gottesdienst nach verbreitetem Brauch die Lesungen übernehmen. Häufig werden ihnen auch die Einleitung des → Glaubensbekenntnisses und die Abkündigungen übertragen.

Lieder

→ Gesangbuch.

Liegenschaften

Die Aufsicht über die Gebäude und Liegenschaften liegt beim → Kirchmeister (Art. 111 KO). In jedem Jahr sollen vor Aufstellung des Haushaltsplanes alle Gebäude besichtigt werden, um erforderliche Reparaturen etatisieren zu können. Freiwerdende → Dienst- und Mietwohnungen sollen abgenommen werden. Plötzlich auftretende Mängel sind möglichst bald zu beseitigen. Werden Neubauten geplant, ist auf möglichst praktische Nutzung des Gebäudes und auf die Folgekosten zu achten (→ Ausschreibung).

Liturgie

Das Wort Liturgie (gr. = Dienstleistung) wird im NT meist in einem profanen Sinn gebraucht. In der nachapostolischen Zeit wird es dann zu einer Bezeichnung für den → Gottesdienst der christlichen Gemeinde (so bis heute in der orthodoxen Kirche). Es ist daher ein Mißverständnis, wenn vielfach L. und → Predigt als unterschiedliche Teile des Gottesdienstes einander gegenübergestellt werden. L. bezeichnet vielmehr den geordneten Ablauf des Gottesdienstes in seiner Gesamtheit. Die L. der luth. Kirche schließt sich eng an den vorreformatorischen Meßgottesdienst an. Weggelassen sind lediglich diejenigen Texte und Handlungen, die den Opfercharakter der Messe betonen; hinzugefügt sind die Predigt als lebendige Verkündigung des → Evangeliums und Lieder der Gemeinde, beide in der Landessprache. Die Feier des Hl. → Abendmahls gilt grundsätzlich als Bestandteil des Gottesdienstes; erst in späterer Zeit hielt man sie „im Anschluß an den Gottesdienst" oder ließ sie ganz wegfallen. Anstelle dieser Praxis, die heute wieder als unbefriedigend angesehen wird, ist in den letzten Jahren zunehmend die Einbeziehung des Abendmahls in den Gottesdienst üblich geworden. Im übrigen ist die liturgische Struktur wie im orthodoxen, röm.-kath. und anglikanischen Gottesdienst geprägt von dem Nebeneinander sonntäglich gleichbleibender und nach dem Kirchenjahr wechselnder Stücke, die vom Pfarrer bzw. der Gemeinde gesprochen oder gesungen werden. Die L. der ref. Kirche hatte ursprünglich den spätmittelalterlichen Predigtgottesdienst zum Vorbild und trägt dementsprechend ein schlichteres und nüchterneres Gepräge. Die Predigt steht im Mittelpunkt; die Gemeinde ist durch Liedgesang beteiligt, wobei Psalmlieder bevorzugt werden. Die Abendmahlsfeier kann mit dem Predigtgottesdienst verbunden werden. –
In der → Agende der EKU stehen in der Ersten und Anderen Form des Gottesdienstes die Liturgien der luth. und der ref. Tradition gleichberechtigt nebeneinander. Es erscheint sinnvoll, daß in einer Gemeinde, die mehrere Gottesdienste am Sonntag feiert, auch beide Formen ge-

braucht werden, da sie in ihrer Unterschiedlichkeit jeweils bestimmten heute geäußerten Anliegen entsprechen. (Die Einfache Form ist lediglich ein verkürzter Predigtgottesdienst.)

In neuerer Zeit sind vielfältige Versuche auf liturgischem Gebiet unternommen worden, die namentlich für Sondergottesdienste ihr gutes Recht haben. Für den Normalfall hingegen dürfte es weniger wichtig sein, neue L. zu entwerfen, als vielmehr die liturgischen Texte, Melodien, Handlungen und Gesten dem Zeitempfinden behutsam anzupassen, ohne die in der L. bewahrte ökumenische Kontinuität mit der Kirche aller Zeiten preiszugeben.

Losungen

„Die täglichen Losungen (L.) und Lehrtexte der Brüdergemeine" gehen zurück auf den Grafen Zinzendorf (1700–1760), der für die Glieder seiner Gemeinde für jeden Tag einen Vers aus dem Alten und Neuen Testament auswählte und sie zum Losungsbuch zusammenstellte. Die L. erscheinen seit 250 Jahren in vielen Sprachen. Sie sind von unzähligen Christen als eine persönliche Anrede Gottes verstanden worden, die getröstet, gewarnt, gemahnt und aufgerichtet hat. Die einzelnen Verse sind keine geheimnisvollen Orakel, sondern Erinnerungen an größere Zusammenhänge bibl. Texte. Eine gute Sitte ist es, bei Versammlungen die L. als Grundlage einer → Andacht zu benutzen. Heute sind Gebete oder Liedverse für die täglichen L., die Textangaben für die Bibellese, die Predigttexte und Wochensprüche, Monatssprüche und Vorschläge für Fürbittengebete mit abgedruckt.

Lutherisch

Das Bekenntnisbuch der lutherischen Gemeinden ist der „Kleine → Katechismus Dr. Martin Luthers", mit den Erklärungen zu den fünf „Hauptstücken" (→ Taufe, → Abendmahl, Unser-Vater, → Glaubensbekenntnis, 10 Gebote). Die Gemeinden sind durch Theologie, Tradition, Gottesdienstform (→ Agende) und Ausgestaltung der Kirche durch die von Luther und seinen Freunden ausgelöste Reformation bestimmt. Die Rechtfertigungslehre ist die Mitte lutherischer Theologie. Kirchlich (und politisch) hat die lutherische Reformation vor allem den deutschsprachigen Raum und Skandinavien gezeichnet. → reformiert; → uniert; → Bekenntnisstand.

Männerarbeit

Die Männerarbeit (M.) ist eine Laienbewegung, die im Rahmen der Ordnung der Kirche ihre selbständigen Organe hat. In den Gemeinden geschieht M. nicht nur in Männerkreisen, sondern zunehmend in gemischten und offenen Gruppen. Durch ihren Dienst unterstützt sie die Bemühungen, Menschen zu Mündigkeit und Mitverantwortung in Kirche und Gesellschaft zu ermutigen. M. ist Angebot und Einübung neuer, im Glauben begründeter Lebensorientierung; Auseinandersetzung mit den Zwängen der Leistungsgesellschaft; Befreiung des Mannes aus seiner Rollenfixierung; Erfahrung in partnerschaftlichem, kooperativem Verhalten; Friedensarbeit. Zielgruppen sind: Männer- und Ehepaarkreise, themenbezogene offene Gruppen, Presbyter, Mitarbeiter- und Pfarrkonvente, Arbeiter und ihre Familien, Aussiedler, Senioren. Angebote und Beratung durch: Männerwerk der EKiR, Rochusstr. 44, 4000 Düsseldorf 30.

Meditation

Meditation (M.) gibt es in vielfältigen Formen in allen Religionen. In der christlichen M. geht es darum, sich in der Stille zu sammeln, sich wach und aufmerksam dem Wirken Gottes und der Erfahrung seiner Gegenwart zu öffnen (vgl. dazu das Lied „Gott ist gegenwärtig" V. 1, 5, 6 u. 8 von → Tersteegen). Dies kann in Verbindung mit einem Wort aus der Bibel, einem → Gebet, einem Liedvers, einem Bild, einem Symbol geschehen, auch im einfachen vernehmenden Schweigen vor Gott. Ziel der M. ist es, den Reifeprozeß zu fördern und Selbstverwirklichung und Nachfolge aufeinander zu beziehen. Für den modernen Menschen können Körperübungen, die Verspannungen lösen, zur Vorbereitung hilfreich sein. Nachdem M. in den westlichen christlichen Kirchen in den letzten drei Jahrhunderten ganz in den Hintergrund getreten war, ist sie in den vergangenen Jahrzehnten wieder neu belebt worden. Das Bekanntwerden fernöstlicher M. hat dazu beigetragen, sowohl die eigene christliche M.-tradition, z. B. des Mönchstums, wiederzuentdecken als auch methodische Hilfen von dort zu übernehmen und neue Formen zu entwickeln. Für Luther war M. etwas Selbstverständliches. „Meditieren und denken ist zweierlei: denn meditieren heißt ernst, tief und sorgfältig ‚denken', eigentlich: im Herzen widerkäuen; Meditieren ist gleichsam in der Mitte verweilen oder von der Mitte und dem Innersten bewegt werden." Auch in der Bibel geht es bei Gebet und Stille zum Teil um das, was wir heute M. nennen.
Bei intensiver M. ist eine Anleitung und Begleitung durch einen Erfahrenen notwendig. Es gibt viele Arten der M. Vor unkritischer Übernahme von M.-praktiken sei ausdrücklich gewarnt. Wichtig ist, daß christliche M. Erlösung und Heil nur von Jesus Christus erwartet und sich in der Nächstenliebe bewährt.
Ganz einfache Übungen der Stille (Konzentration, M. und Gebet) haben

sich auch in der Gemeindearbeit als sinnvoll erwiesen. In christlichen M.-gruppen haben der Kirche bisher Fernstehende und ehemalige Mitglieder von → Jugendreligionen sowie ehemals Drogenabhängige Glaubens- und Lebenshilfe erfahren.

Militärseelsorge

Die Militärseelsorge (M.) ist Teil der kirchlichen Arbeit unter besonderen Verhältnissen von Streitkräften. Der Staat sorgt für die Organisation und die Finanzierung (M.-vertrag). Militärpfarrer übernehmen zumeist hauptamtlich als Bundesbeamte auf Zeit (6–12 J.) einen Seelsorgebezirk, in dem sie für Soldaten und deren Familien zuständig sind; sie haben besondere Aufgaben der → Erwachsenenbildung (Lebenskundlicher Unterricht, Rüstzeiten). Die Leitung der M. erfolgt durch einen der EKD verantwortlichen Militärbischof und durch Wehrbereichsdekane (Düsseldorf und Mainz für EKiR). „Kritische Solidarität" bezeichnet das Spannungsverhältnis, in dem die M. zwischen Staat und Kirche geschieht. → Kriegsdienstverweigerung; → Zivildienstleistender.

Mission

Die Aufgabe der Mission (M.) (lat. missio = Sendung) ist in der Heiligen Schrift begründet. Der Missionsbefehl Jesu (Matth. 28, 19 f.; Joh. 20, 21) faßt die Gesamtausrichtung der biblischen Botschaft, die auf das Heil aller Menschen zielt, zusammen. Das Zeugnis von der rettenden Liebe Gottes in Christus und von seinem Herrschaftsanspruch auf alle Lebensbereiche gehört darum zum Wesen der Kirche. Ohne M. ist die Kirche nicht Kirche Jesu Christi.

Während man früher von Äußerer M. sprach und darunter die Erstverkündigung an Menschen fremder Völker verstand, hat sich heute der Begriff „Weltmission" durchgesetzt, denn es geht um M. in allen sechs Kontinenten. Dabei werden Kirchen, die aus der M. anderer Kirchen hervorgegangen sind, selber zu M. treibenden Kirchen. Dieser Dienst kann auch wechselseitig durch den Austausch missionierender Amtsträger und Mitarbeiter geschehen: M. ist keine „Einbahnstraße". Das Zeugnis der Christen und der missionarische Auftrag der Kirche äußern sich vielfältig. Nicht nur die Worte, sondern auch das Verhalten, die Taten, das Leben und der Lebensstil der Christen geben Zeugnis von deren Glauben. Darum gehört auch der tätige Dienst der Liebe zu M. Beispiele dafür bieten die Aktion Brot für die Welt oder der Kirchliche Entwicklungsdienst (KED) sowie das Eintreten der Kirche für Gerechtigkeit, Frieden und Freiheit unter den Völkern. Aber „das Nennen des Namens" Jesu (Weltkirchenkonferenz Nairobi 1975) und „das Weitersagen der Geschichte Gottes in Jesus Christus" (Weltmissionskonferenz Melbourne 1980) bleiben unausweichliche Aufgabe der Kirche. In diesem Anliegen der glaubensweckenden, Gemeinde sammelnden Verkündigung berührt sich das Anliegen der Weltmission mit dem der Volksmission (→ Evangelisation).

Die Landessynode hat 1971 festgestellt, daß sie in der → Vereinigten Evangelischen Mission das Sendungsorgan sieht, „durch das die Evangelische Kirche im Rheinland an dem der ganzen Christenheit erteilten Missionsauftrag teilnimmt". → Ökumene.

Mitarbeiter

Gelegentlich hört man von einem hauptamtlichen Mitarbeiter (M.), daß er sich — halb im Scherz und halb im Ernst — als „eierlegende Wollmilchsau" bezeichnet. In dieser bildhaften Wendung kommt zum Ausdruck, wie vielfältig und zuweilen widersprüchlich die Erwartungen sind, mit denen sich der M. in der Gemeinde konfrontiert sieht. Die Arbeitsfelder hauptamtlicher M. haben in der Regel keine traditionsgefestigten Konturen. Das bedeutet Chance und Belastung. Wohl nur selten wird der M. so stark mit „der" Kirche identifiziert, wie das in der Regel beim → Pfarrer der Fall ist. Dadurch hat er häufig bessere Möglichkeiten des Kontaktes gerade zu Menschen, die der Institution Kirche distanziert oder ablehnend gegenüberstehen (z. B. sog. „Problemjugendliche" oder Angehörige sozialer Randgruppen). Auf der anderen Seite leidet mancher M. unter dem Eindruck, daß er im Konfliktfall von seiten des → Presbyteriums und des Pfarrers nicht die Gesprächsbereitschaft und Unterstützung erfährt, auf die er als Grundlage seiner Arbeit angewiesen ist. So eindeutig das Recht des Presbyteriums der Gemeinde ist, von ihm Auskunft zu erhalten über Gelingen und Scheitern seiner Arbeit, so wichtig ist es auch, daß Anstellungsträger und M. sich frühzeitig verständigen über die Kriterien, nach denen Leistung und Erfolg ebenso wie Scheitern in der Gemeindearbeit beurteilt werden. → Anstellungsgespräche; → Angestellte; → Anstellungsfähigkeit; → Dienstanweisung.

Mitarbeiter im Presbyterium

Aufgrund des Kirchengesetzes über die Wahl von haupt- und nebenamtlichen → Mitarbeitern (M.) in das Presbyterium vom 17. 6. 1971 ist es auch (voll- oder teilzeitlich) angestellten M. möglich, in das → Presbyterium gewählt zu werden. Da das Presbyterium grundsätzlich die ehrenamtliche Leitung der Kirchengemeinde darstellt und damit auch gleichzeitig Arbeitgeber der M. ist, gelten dafür folgende Beschränkungen:
Die Zahl der in das Presbyterium zu wählenden M. darf ein Viertel der Gesamtzahl der Presbyter nicht übersteigen. Das Presbyterium ist aber gehalten, mindestens einem M. die Wahl in das Presbyterium zu ermöglichen. Die M. werden aufgrund einer besonderen Vorschlagsliste gewählt. Eine Bezirksliste ist hierbei unzulässig (→ Presbyterwahl).
Die in das Presbyterium gewählten M. können nicht zum Vorsitzenden (→ Präses) des Presbyteriums oder dessen Stellvertreter und auch nicht als Abgeordnete in die → Kreissynode gewählt werden. Die Amts-

zeit der Mitarbeiter-Presbyter beträgt abweichend von der allgemeinen Amtszeit nur vier Jahre. Die Mitarbeiter-Presbyter können nicht gleichzeitig Mitglied der → Mitarbeitervertretung werden. Sie scheiden bei Beendigung ihres Dienstes sofort aus dem Presbyterium aus.

Für die Hinzuziehung von M. in Fragen ihres Arbeitsgebietes zu den Sitzungen mit beratender Stimme gilt Art. 109 Abs. 4 KO.

Mitarbeitervertretung

In der EKiR sind in allen Dienststellen, in denen in der Regel mindestens fünf wahlberechtigte Mitarbeiter, von denen drei wählbar sind, Mitarbeitervertretungen (M.) zu bilden (Mitarbeitervertretungsgesetz – MVG – vom 23. Januar 1975). Die Dienststelle hat durch Einberufung einer Mitarbeiterversammlung die Pflicht, das Verfahren zur Bildung von M. einzuleiten, wenn die Mitarbeiter dies nicht aus eigener Initiative tun.

Die M. hat die Aufgabe der Mitbestimmung und Mitwirkung in den sozialen und organisatorischen Angelegenheiten sowie den Personalangelegenheiten der Dienststelle und soll darüber hinaus die Zusammenarbeit zwischen den Mitarbeitern und der Dienststelle fördern.

Mitarbeiter sind alle Personen, die haupt- oder nebenberuflich bei einer Dienststelle beschäftigt sind. In die M. können Mitglieder der Dienststellenleitung (leitende Mitarbeiter), also auch die in das Presbyterium gewählten Mitarbeiter, nicht gewählt werden. Mitarbeiter, die keiner christlichen Kirche angehören, können nicht Mitarbeitervertreter werden. Die Größe der M. richtet sich nach der Anzahl der Mitarbeiter. Die Mitglieder der M. sind unabhängig und hinsichtlich dieser Tätigkeit an keine Weisungen gebunden, ihre Arbeit erfolgt ehrenamtlich, und sie genießen einen besonderen Kündigungsschutz.

Für den Fall, daß sich Dienststellenleitung und M. nicht einigen, kann ein Schlichtungsausschuß angerufen werden, der aus einem (neutralen) Vorsitzenden, einem Mitglied einer Dienststellenleitung und einem Mitarbeiter besteht. Der Schlichtungsausschuß kann endgültig entscheiden.

Neander

Joachim Neander (1650–1680) wurde 1674 zum Rektor der reformierten Lateinschule in Düsseldorf berufen. Sein Lieblingsaufenthalt war das später nach ihm benannte Neandertal zwischen Düsseldorf und Mettmann. Neben → Tersteegen ist er der bedeutendste Liederdichter des reformierten Pietismus („Lobe den Herren, den mächtigen König" u. v. a.). Die meisten seiner Lieder entstanden in der Düsseldorfer Zeit. Wegen der Veranstaltung privater Erbauungsstunden wurde er vom Presbyterium gemaßregelt. Schon nach fünf Jahren verließ der „Psalmist des neuen Bundes" Düsseldorf, um eine Pfarrstelle in Bremen zu übernehmen, wo er kurz danach starb. (→ Pietismus).

Nebentätigkeit

Bei Beamten und Angestellten bedarf die Nebenbeschäftigung grundsätzlich, bei Arbeitern in jedem Falle der Genehmigung durch das Leitungsorgan (§ 11 – BAT-KF, § 13 MTL II → Tarife).
Der Arbeitgeber kann in zumutbarer Weise den Mitarbeiter zur Leistung von Nebentätigkeiten verpflichten.
Genehmigungspflichtige Nebenbeschäftigungen sind z. B. die Übernahme von Vormundschaften, Pflegschaften, Testamentsvollstreckungen, Nebenbeschäftigungen aller Art gegen Vergütung (z. B. auch der → Religionsunterricht der Pfarrer), Eintritt in Vorstände oder andere Organe von Gesellschaften oder in anderer Rechtsform betriebener Unternehmungen.
Nicht genehmigungspflichtige Nebenbeschäftigungen sind z. B. die schriftstellerische, wissenschaftliche oder künstlerische Tätigkeit in Gewerkschaften und Berufsverbänden.
Vergütete Nebenbeschäftigungen dürfen insgesamt bestimmte Höchstgrenzen nicht übersteigen. Diese Höchstgrenzen sind nach den entsprechenden Besoldungs- und Vergütungsgruppen gestaffelt (§ 13 Nebentätigkeitsverordnung NW). Die über die Höchstgrenzen hinaus erzielten Vergütungen sind an den Dienstherrn im Hauptamt abzuführen.

Neubaugemeinden

Neubaugemeinden (N.) sind Gemeinden, die ausschließlich oder überwiegend aus Neubaugebieten bestehen oder in sich abgeschlossene Neubaubezirke größerer Gemeinden, für die eine besondere Gemeindearbeit verantwortet wird (→ Bezirke Art. 129 KO). Der → Gemeindeaufbau in N. muß mit bestimmten strukturellen Besonderheiten (Übergewicht bestimmter Altersgruppen, junger kinderreicher Familien, sozial Schwacher, Entwurzelter, Alleinstehender und Alleinerziehender bei hoher Mobilität) und mangelnder Infrastruktur (Fehlen von Arbeitsstätten, unzureichende oder einseitige Versorgung, keine Versammlungsmöglichkeiten oder Vereine) rechnen. Gemeindearbeit ist von daher einerseits schwieriger (z. B. Offene Jugendarbeit → Offene Tür . . .)

und erfordert mehr Einsatz, andererseits leichter (z. B. wird einem →
Besuchsdienst positiv begegnet, wenn er Orientierung und Kontakte
vermittelt), wenn es gelingt, fehlende Infrastruktur zu ersetzen (→ Gemeindezentrum). Ein Gemeindebüro (Pfarrbüro) kann ein Ort der Beratung und Vermittlung bei oft anonym und übermächtig erlebten städtischen Verwaltungen und Baugesellschaften sein. Ähnliche Anforderungen entstehen in Sanierungsgebieten, wobei Kirchengemeinden einen
Anspruch auf Mitwirkung in Sanierungsbeiräten u. ä. haben. Für die aktive Gemeinde sind Veranstaltungen wichtig, die Kontakte zwischen den
oft vielfältig entstehenden Gruppen mit ihren häufig wechselnden Mitarbeitern schaffen (besondere → Gottesdienste, Ausflüge, Wanderungen, → Gemeindefeste). Das VMA bietet regelmäßig einen Erfahrungsaustausch für Mitarbeiter aus N. an.

Nottaufe

Besteht für ein ungetauftes Kind Todesgefahr und kann ein Pfarrer
nicht mehr herbeigeholt werden, so darf jeder Christ ohne besondere
Formalitäten die → Taufe vollziehen mit der einen Bedingung, daß sie
mit der trinitarischen Formel („ich taufe dich im Namen des Vaters des
Sohnes und des Heiligen Geistes") und − sofern irgend möglich − mit
Wasser ausgeführt wird. Eine „Anleitung zur Nottaufe" befindet sich im
→ Gesangbuch (S. 1023). Der Vollzug einer Nottaufe muß dem zustän-
digen Pfarrer baldmöglichst gemeldet werden (Art. 33,2 KO).

Öffentlichkeit von Sitzungen

Die Öffentlichkeit von → Sitzungen der Leitungsgremien sind in der EKiR durch die KO geregelt (Art. 118, 146, 183). Im Unterschied zu → LS und → KS sind die Sitzungen des → Presbyteriums in der Regel nicht öffentlich, können aber auf Presbyteriumsbeschluß in Einzelfällen oder turnusmäßig ganz oder teilweise öffentlich veranstaltet werden. Als flankierende Maßnahmen werden empfohlen: Veröffentlichung der TO sowie der Ergebnisse, Beachtung der Gäste während der Sitzung.

Öffentlichkeitsarbeit

Die Kirche ist von ihrem Auftrag her auf Öffentlichkeit angelegt und kann als Körperschaft öffentlichen Rechts Anspruch auf ungehindertes öffentliches Wirken erheben. Soweit sie zur Erfüllung dieses Auftrags und Anspruchs auf Medien wie Presse, Rundfunk, Fernsehen oder → Werbung angewiesen ist, betreibt sie Öffentlichkeitsarbeit (Ö.) in eigener Sache. Dies geschieht teils amtlich (z. B. durch Informations- und Pressestellen und Öffentlichkeitsbeauftragte auf allen Ebenen), teils mit Hilfe eigenständiger Träger (ev. Presseverbände oder Verlage). Neben kirchlichen Zeitschriften, Wochenblättern (→ Kirchengebietsblatt) und Verteilschriften (→ Gemeindebrief) gibt es Publikationen, die andere Redaktionen mit Informationen beliefern (→ epd), sowie Rundfunk- und Fernsehbeauftragte für die Zusammenarbeit mit den elektronischen Medien. Auf EKD-Ebene und unter Beteiligung aller Landeskirchen faßt das Gemeinschaftswerk der Ev. Publizistik (GEP) in Frankfurt/M. (Friedrichstr. 2—6) alle Sparten der kirchlichen Ö. in sieben Fachbereichen zusammen. Der Ö. im Bereich der EKiR dienen die Informationsstelle des LKA, Düsseldorf, der Presseverband der EKiR, der Verein zur Förderung des epd Region West und die Konferenz der Öffentlichkeitsbeauftragten der Kirchenkreise und kirchlichen Werke. Presbyterien ist zu empfehlen, daß sie einen Öffentlichkeitsbeauftragten für ihre eigene Gemeinde ernennen, der Kontakt zur kirchlichen und allgemeinen Presse hält und deren Veröffentlichungen für das Presbyterium auswertet.

Ökumene

Ökumene am Ort ist der Ernstfall von Kirche: Wo Christen zusammen wohnen, haben sie bisher mehr Gründe für Trennung als für Gemeinsamkeit gefunden. Ökumene am Ort ist ebenso der Glücksfall von Kirche: Gemeinsames Tun ermutigt und befähigt Christen dazu, in getrennten Kirchen einander kennenzulernen.
Einheit in Zeugnis und Dienst ist das Ziel der ökumenischen Bewegung, Einheit von Volks- und → Freikirchen, von evangelischen, katholischen und orthodoxen Konfessionsfamilien. Das Fremde kennen- und verstehenlernen ist der erste Schritt: den Gottesdienst, das Gespräch, die Feier der anderen zu besuchen. Gemeinsam zu feiern verbindet: ökumenische Gottesdienste, Gebetswochen, Freizeiten. Gemeinsames Tun

spricht eine deutliche Sprache: Sozialarbeit am Ort, ökumenische Diakonie, Friedenswoche, Dritte-Welt-Vorhaben. → Arbeitsgemeinschaft
christlicher Kirchen, Zusammenarbeit ist der erste Schritt zu Einheit in
Zeugnis und Dienst. Die Missionskirchen (→ Mission) haben es schon
vor 100 Jahren gespürt, daß getrennte Kirchen unglaubwürdige Zeugen
Jesu sind. Ihre Erfahrung trieb zur ökumenischen Bewegung an. Inzwischen gehören 300 Kirchen zum Ökumenischen Rat (ÖRK).
Die Kirchen in Übersee bilden den größten Teil der Christenheit, und
den ärmsten und unterdrückten dazu. Ganz selbstverständlich ist die
ökumenische Bewegung zu einer Bewegung auch für Menschenrechte,
für brüderliches Teilen der Güter der Schöpfung geworden, eine dau-
ernde Herausforderung zur Gütergemeinschaft als notwendiger Folge
der Gemeinschaft am Tisch des Herrn. → Anti-Rassismus-Programm.

Offene Tür, Haus der

Träger von Häusern der Offenen Tür (OT), von Offenen Jugendfreizeit-
einrichtungen und Teiloffenen Türen (TOT) erhalten je nach Größe der
Einrichtung Personal- und Betriebskostenzuschüsse aus Landesmitteln;
Anträge sind mit einer Stellungnahme des Amtes für Jugendarbeit zu
versehen. Kommunen gewähren weitere → Zuschüsse. Die Offenheit
der Einrichtung ermöglicht die Teilnahme besonders solcher Jugendlicher, die vor anderen Angeboten der → Jugendarbeit Schwellen emp-
finden und erfordert pädagogisch qualifizierte und in ihrer Persönlichkeit
gefestigte → Mitarbeiter, die sich auf die Situation der meist aus Randgruppen stammenden, in ihrem Verhalten fremd scheinenden Besucher
einstellen können. Die explizite Verkündigung ist nicht Hauptmerkmal
der offenen Arbeit; sie sollte weder kurzsichtig gefordert noch aufgrund
sozialpädagogischer Theorien grundsätzlich ausgeschlossen werden.
Offene Arbeit geschieht mehr als alles andere auf Hoffnung hin; die Mitarbeiter mit dieser Hoffnung zu begleiten und zu stützen, ist vordringliche Aufgabe des Presbyteriums. Von der Errichtung einer OT allein
aus Gründen der finanziellen Förderung ist abzuraten.

Orden

→ Kommunitäten.

Ordination

Die Ordination (O.) gibt dem Ordinierten keine besondere Weihe (→
Priester) und stellt ihn nicht über andere Gemeindeglieder. Sie überträgt ihm vielmehr das ihn verpflichtende Predigtamt, das er im Gehorsam gegen Gottes Wort, in Bindung an das Bekenntnis der Kirche und
unter Wahrung der seelsorgerlichen → Verschwiegenheit im Auftrag
der Kirche auszurichten hat. Die O. begründet zwischen der Kirche und
dem Ordinierten eine gegenseitige Bindung. Auf sie nehmen die Ordnungen der Amtszucht und der Lehrbeanstandung Bezug, die auch eine

Aufhebung der in der O. erteilten Ermächtigung vorsehen.
Die O. wird beantragt und von der KL angeordnet (Art. 192 KO); ihre Durchführung gehört zu den besonderen Aufgaben des → Superintendenten (Art. 164 KO); sie wird nach der Ordnung der → Agende vollzogen. Der O.-Gottesdienst wird geprägt von Schriftlesungen für den jeweiligen Dienst, verbindlicher Anrede an den Ordinanden (O.-„Vorhalt"), bejahender und verpflichtender Antwort des Ordinanden (Ordinationsgelübde), Fürbitte der Gemeinde mit persönlichem Zuspruch in Sendung und Segnung durch den Ordinierenden (Handauflegung und Voten der Assistenten), Wort an die Gemeinde mit der Bitte, dem Ordinierten beizustehen und für ihn zu beten, und der Predigt des Ordinierten. → Hilfsprediger; → Pfarrer.

Orgel

Orgeln sind wertvolle Musikinstrumente für den Kirchenraum. Sie bedürfen besonderer Pflege, einer angemesenen Regelung der Raumtemperatur und Luftfeuchtigkeit sowie vor allem der sachkundigen Handhabung durch einen Organisten (→ Kirchenmusiker). In allen Fragen des Orgelbaus und der Orgelpflege berät das Orgelamt, das dem LKA angeschlossen ist. Elektronische Orgeln, die hinsichtlich ihrer Technik mit Pfeifenorgeln nicht zu vergleichen sind und sehr schnell veralten, dürfen nur ausnahmsweise angeschafft werden.

Pastor

Pastor (lat.: Hirte) ist im Unterschied zu → Pfarrer die offizielle Bezeichnung 1. für → Hilfsprediger, 2. der → Gemeindemissionare, so jedenfalls in der EKiR.
Volkstümlich wird Pastor als Bezeichnung oder Anrede für ev. und röm.-kath. (→ Priester) Theologen im Gemeindedienst gebraucht (bes. in Norddeutschland üblich).

Pastoralkolleg

Das Pastoralkolleg (5455 Rengsdorf, Melsbacher Hohl 4), in der Mitte unserer Landeskirche über dem Rheintal bei Neuwied gelegen, lädt in jeder Woche Pfarrer(innen) und Pastor(innen) für 4 bis 5 Tage zu theologischer Arbeit und → Fortbildung ein. Vorrang hat nicht die intellektuelle Information. Das Schwergewicht liegt auf der seelsorgerlichen Begleitung. Ein Teilnehmer: „Wir konnten den eigenen Lebens- und Arbeitsstil überprüfen, ermutigende und enttäuschende Erfahrungen aus Gemeinde und Familie austauschen. Im Gespräch bis spät in die Nacht, in Stille, gemeinsamer Freizeitgestaltung und im Gottesdienst erlebten wir Bruderschaft. Möglich wurde ein neuer persönlicher Zugang zum Dienst der Kirche." Presbyterien sollten darauf achten, daß ihre Pfarrer die Angebote des Pastoralkollegs wahrnehmen.

Paten

→ Taufe.

Patengemeinde

Die Teilung Deutschlands einerseits und andererseits das Wissen, besonders füreinander verantwortlich zu sein, führte nach dem 2. Weltkrieg zum Entstehen von Patenschaften zwischen Ost und West. Verantwortung sollte konkret gestaltet werden durch Beziehungen von Gemeinde zu Gemeinde, um Partner so genau wie möglich kennenzulernen. Die ungleiche wirtschaftliche Entwicklung in beiden Teilen Deutschlands machte westdeutsche Gemeinden zunächst zu Gebenden. Inzwischen werden aus Patenschaften mehr und mehr Partnerschaften. Dabei verstehen sich beide Seiten als Gebende und Empfangende, weil die Kirchen nicht nur ihre gemeinsame geschichtliche Überlieferung ernstnehmen möchten, sondern auch durch ihre jetzige Existenz in gegensätzlichen politischen und wirtschaftlichen Systemen dazu ermutigt werden, sich gegenseitig in Frage zu stellen. Vereinzelt gibt es inzwischen auch solche Partnergemeinden außerhalb Deutschlands.
Besondere Bedeutung haben nach wie vor die Berliner → Bibelwochen, zu denen sich vor allem „Laien" aus den Kirchen in beiden deutschen Staaten treffen, um gemeinsam nach Zeugnis und Dienst unter Gottes Gebot und Verheißung zu fragen.

Pfadfinder

Der Verband Christlicher Pfadfinderinnen und Pfadfinder (VCP) ist ein Zusammenschluß von evangelischen Mädchen und Jungen. Das Evangelium von Jesus Christus ist Orientierungshilfe für den Einzelnen und die Arbeit im Verband. Das ermöglicht die Hinwendung zum Nächsten und die Überwindung von ungerechtfertigten Abhängigkeiten, Schuldgefühlen, Gruppenzwang und Angst. Zu den Merkmalen pfadfinderischer Arbeit gehören die kleine Gruppe, ihre Führung im Dialog und die Mitverantwortung des Einzelnen. Im Bereich der EKiR sind drei VCP-Landesverbände tätig: VCP Hessen, Johannisberg 12, 6350 Bad Nauheim – VCP Nordrhein, Rochusstr. 44, 4000 Düsseldorf 30 – VCP Rheinland-Pfalz/Saar, Schloßbergstr. 1, 6719 Obrigheim 3. Weitere Informationen über Ziele und Arbeit des Verbandes können dort angefordert werden.

Pfarrer(in)

Der Dienst des Pfarrers/der Pfarrerin (P.), die Aufgaben in den jeweiligen Gemeinden, ebenso wie die Regelung der Dienstverhältnisse werden in einschlägigen Formulierungen der → Kirchenordnung bzw. des Pfarrer-Dienstrechtes umschrieben.

Trotz unterschiedlicher geschichtlicher Ausprägungen und theologischer Deutungen ist durchweg der Schwerpunkt im Auftrag der Wortverkündigung und Verwaltung der Sakramente zu sehen. D. h. inhaltlich: Der P. ist in dem ihm/ihr von der Gemeinde aufgetragenen Dienst Weggenosse und Teilhaber der Gemeinde Jesu Christi in ihrem unverzichtbaren „Dienst der Versöhnung" (2. Kor. 5, 18) in der Welt. Die Gemeinde hat die Freiheit, das Pfarramt zu gestalten und zu ändern; unaufgebbar aber bleibt der Dienst der Versöhnung in Wort und Tat. In der Gemeinde, die diesen Auftrag wahrnimmt, ist der P. Spezialist in Theologie. In der Praxis sieht das allerdings oft anders aus. Ein Gemeindeglied hat das so umschrieben: „Ein tüchtiger Pfarrer – das ist im Verständnis des Publikums heute nicht zuerst ein tüchtiger Theologe. Er ist vielmehr Manager, Bauherr, Pädagoge, Psychologe, Tagungsleiter, Freizeitgestalter und womöglich noch Sportfunktionär und Diskjockey obendrein." Die Reizworte „Sozialingenieur" oder „Sozialrevolutionär" mögen die Palette ergänzen; zur Zeit werden sie seltener gebraucht. Das prophetische Element weicht dem seelsorgerlich-therapeutischen. Das herkömmliche Verständnis des Pfarramtes wird von vielen in Frage gestellt. Soll der P. mehr Berater sein in den vielen Lebenslagen und -fragen? Soll er im Hinblick auf die unterschiedlichsten Gruppen in der Gemeinde eine Art Trainer in Kommunikation und Interaktion sein? Welche Sonderausbildung wäre dann zu empfehlen? Soll sich der P. mehr unter dem traditionellen Bild des Hirten sehen oder seine/ihre Arbeit eher unter dem modernen Begriff des Managements verstehen? Mag das Berufsbild des P. sich wandeln, die Berufung zur Verkündigung bleibt bestehen. Sie gilt der ganzen Gemeinde. → Beamte; → Ordination; → Priester.

Pfarrersonntag

Irreführende Bezeichnung für den Montag; umgangsprachlicher Hinweis auf das schwierige Problem der → Freizeit im Pfarrerberuf.

Pfarrfrau

Die Frau des Pfarrers versteht sich heute weithin nicht mehr als „Pfarrfrau", die selbstverständlich in der Gemeinde mitarbeitet. Sie ist häufig berufstätig und/oder selbständig. Da aber der Beruf des Mannes sich auf das Leben der Familie und auf sie selbst auswirkt, muß sie ihre besondere Rolle als Berufstätige und Partnerin des Pfarrers und Gemeindeglied finden. Gemeinde und Presbyterium werden diese oft neue Situation respektieren müssen − auch im Unterschied von Pfarrfamilie zu Pfarrfamilie −, um → Konflikte zwischen Tradition und Gegenwart zu bewältigen. Kommunikation, → Fortbildung und Hilfestellung bei der Suche nach dem eigenen Rollenverständnis bietet der Pfarrfrauendienst. Er ist in der EKiR durch einen von der KL berufenen Ausschuß vertreten, der u. a. Tagungen für Pfarrfrauen plant und durchführt.

Pfarrhaus

Das Pfarrhaus (P.) ist die → Dienstwohnung des → Pfarrers. Wenn die Kirchengemeinde über keine angemessene Pfarrwohnung verfügt und auch keine anmieten kann, erhält der Pfarrer eine Mietentschädigung, in der Regel in Höhe des Ortszuschlages; dafür muß er selber eine Wohnung beschaffen.

Größe und Ausstattung des P. richten sich nach landeskirchlichen Vorschriften (Pfarrhausrichtlinien). Danach ist es heute nicht mehr erforderlich, daß das P. ein Einfamilienhaus ist; vor allem in den Städten kommen auch geeignete Etagenwohnungen in Betracht.

An der Dienstwohnung hat der Pfarrer kein generelles Nutzungsrecht, sondern nur ein persönliches Wohnrecht. Er kann daher nicht ohne Genehmigung des Presbyteriums und des LKA überschüssige Räume vermieten; die unentgeltliche Überlassung an andere, vor allem an nahe Familienangehörige, ist aber zulässig. Diese Regelungen erklären sich daraus, daß das P. traditionell als ein Mittelpunkt des Gemeindelebens, mindestens aber als dienstliche Anlaufadresse angesehen wird, und deshalb nicht nur privater Lebensraum des Pfarrers und seiner Familie ist. Das „Pfarrhaus" spiegelt auch im privaten Bereich des Pfarrers und seiner Familie den öffentlichen Bezug seines Amtes wider, der sich durch die Zeiten hindurch erhalten hat. → Anwesenheitspflicht.

Pfarrkonvent

Der Pfarrkonvent, die vorgeschriebene monatliche Zusammenkunft aller Theologen im → Kirchenkreis und unter Leitung des → Superintendenten (Art. 165, 1 KO), wird vielfach als unliebsame Pflichtübung empfunden, wenn er allein zur Fachinformation und Erörterung amtlicher Vorschriften dient. Indessen soll er vor allem die Gemeinschaft der im Kirchenkreis tätigen Theologen fördern und einen kollegialen Erfahrungsaustausch ermöglichen. Diese Zielsetzung kann durch mehrtägige Rüstzeiten, Bildungs- und Kontaktreisen zu ökumenischen Zielen unterstützt werden. Presbyterien sollten ihre Pfarrer zur Teilnahme anhalten. → Fortbildung; → Pastoralkolleg.

Pfarrstelle

Pfarrstellen (P.) gibt es für die allgemeine Gemeindearbeit (Gemeinde-P.) oder für besondere Aufgabenbereiche (Religionsunterricht, Krankenhausseelsorge), die als Funktions-P. beschrieben und je nach Art des Trägers als Kirchenkreis-, Verbands- oder Landes-P. gekennzeichnet werden.

Das Verfahren für die Besetzung von freien P. ist im Pfarrstellenbesetzungsgesetz geregelt. Vor jeder Neubesetzung muß geprüft werden, ob die P. frei gegeben werden kann, d. h. ob die Wiederbesetzung für die pfarramtliche Versorgung der Gemeinde unentbehrlich ist (§ 3). Das wird seit 1974 bei Gemeinde-P. nicht mehr pauschal aufgrund der Zahl der Gemeindeglieder, sondern anhand eines Fragebogens geklärt, der bestimmte, objektivierbare und meßbare Faktoren (z. B. Ausdehnung, Predigtstellen, Einrichtungen, Diaspora, Konfirmandenzahlen usw.) der Aufgabenstellung der betreffenden P. (nicht die Arbeitsleistung des einzelnen Pfarrers!) mit Punkten bewertet. Wird die notwendige Punktzahl nicht erreicht, so kann eine Freigabe durch Einbeziehung bestimmter Zusatzaufgaben erfolgen („Auflage") oder die P. kann nicht freigegeben werden. In diesen Fällen muß versucht werden, durch pfarramtliche Verbindung mit Nachbarpfarrstellen oder durch andere Einteilung benachbarter P. oder Gemeinden die pfarramtliche Versorgung zu gewährleisten.

Für Funktions-P. ist ein ähnliches Verfahren lediglich bei Krankenhaus-P. entwickelt worden. Bei Schul-P. ergibt sich die Entscheidung in der Regel aus der Anzahl der Unterrichtsstunden, die ohne die Wiederbesetzung ausfallen müßte. → Ausschreibung; → Pfarrwahl; → Religionsunterricht; → Vakanz.

Pfarrvermögen

→ Vermögen.

Pfarrwahl

Die Kirchengemeinde hat das Recht, ihre Pfarrer selbst zu wählen. In jedem dritten Besetzungsfall liegt das Vorschlagsrecht (Besetzungsrecht) jedoch bei der KL. Im einzelnen ist das Verfahren im Pfarrstellenbesetzungsgesetz geregelt. Eine Wahl ist nur möglich, wenn die → Pfarrstelle zur (Wieder-) Besetzung freigegeben worden ist. Die Freigabe ist vom Presbyterium zu beantragen. Wählbar sind Kandidaten, die die → Anstellungsfähigkeit/Wahlfähigkeit für die EKiR besitzen. Vor der Wahl hat das Presbyterium den KSV und die KL um Beratung zu bitten. Es empfiehlt sich, vor der Wahl eine Bestandsaufnahme zu machen im Blick auf anstehende Aufgaben, Zielvorstellungen des Presbyteriums und gemeinsame Kriterien für die Personalentscheidung zu suchen (→ Gemeindeaufbau; → Gemeindeberatung). Ein besonderer Pfarrwahlausschuß zur Vorbereitung und Vorklärung hat sich vielerorts bewährt. Der Gemeinde muß Gelegenheit gegeben werden, den Bewerber in Predigt und Katechese zu hören. Sie ist zu den Gottesdiensten durch zweimalige Kanzelabkündigung einzuladen. Die Wahl wird von dem Presbyterium in einem Gemeindegottesdienst vollzogen, der von dem → Superintendenten angesetzt und geleitet wird. Die Beschlußfähigkeit ist erst gegeben, wenn mindestens zwei Drittel des ordentlichen Mitgliederbestandes anwesend sind. Gewählt ist, wer mehr als die Hälfte der Stimmen des ordentlichen Mitgliederbestandes erhält. Das Wahlergebnis ist der Gemeinde an den beiden folgenden Sonntagen in allen Gottesdiensten bekanntzugeben. Dabei ist auf die Möglichkeit des Einspruches hinzuweisen. Über einen Einspruch entscheidet die KL. Im übrigen bedarf die Wahl der Bestätigung durch die KL.

Pietismus

Der Pietismus (P.) ist eine geistliche Bewegung innerhalb der Landeskirchen. Er will die „kaltsinnige" Rechtgläubigkeit und traditionelle Kirchlichkeit korrigieren und weiterführen zu einer persönlichen→ Frömmigkeit, zu einer über das Sonntagschristentum hinausgehenden verbindlichen Gemeinschaft mit anderen Christen und zu konsequentem Dienst in → Diakonie und → Mission.
In den Jahren 1665 ff. legten die Prediger Undereyk (Mülheim), Copper in Duisburg und Rektor → Neander in Düsseldorf Wert auf besondere erbauliche Hausversammlungen, woraufhin die reformierte Generalsynode schon 1674 bei den Pietisten „Trennsucht" befürchtete. Der reformierte Prediger in Duisburg und spätere Theologieprofessor in Utrecht, F. A. Lampe, hat den alten → rheinischen Pietismus vor einer Trennung von der Kirche bewahrt und zugleich die Verknöcherung des traditionellen Gemeindelebens angegriffen.
Großen Einfluß auf das Gemeindeleben in Wuppertal und am Niederrhein gewann → G. Tersteegen, von dem wir viele Lieder im → Gesangbuch finden.

In Wuppertal traten der Prediger G. D. Krummacher und der Gerbermeister J. P. Diedrichs hervor. In dieser Zeit gab es auch die ersten Missionsfreundeskreise, die die 1828 gegründete Rheinische Missionsgemeinde (→ Vereinigte Ev. Mission) unterstützten. Die Gründung der Kaiserswerther Diakonie (→ Theodor Fliedner) und der Kreuznacher Diakonie fällt in diese Zeit. In der 2. Hälfte des 19. Jahrhunderts brachte die Gemeinschaftsbewegung im Rheinland einige Vereinsgründungen, in denen der P. missionarisch und diakonisch tätig sein konnte: z. B. den Westdeutschen Jungmännerbund 1848 (→ CVJM) und die Evgl. Gesellschaft für Deutschland 1849, den Kirchlichen Verein an Nahe und Hunsrück 1864. Im Oberbergischen waren die Prediger J. J. Engels in Nümbrecht und Theodor Christlieb wirksam. Christlieb gründete 1880 den Westdeutschen Zweig der Evgl. → Allianz und 1886 in Bonn die Evangelistenschule Johanneum (heute Barmen).

Posaunenchor

→ Chor.

Präses

Mit dem lat. Wort „Präses" (= Vorsitzender) für den Amtsträger im Bischofsrang betont die im protestantischen Rheinland heimische Tradition den Grundsatz, daß kirchliche Leitungsaufgaben stets von gewählten oder delegierten Gremien, nie von Einzelpersonen allein, zu erfüllen sind. Zu diesem „Kollegialprinzip" gehört es, daß ein stimmberechtigtes Mitglied des Gremiums dieses einberuft, seine Beratungen vorbereitet und leitet, für die Ausführung seiner Beschlüsse sorgt, es nach außen vertritt und in seinem Namen spricht – ohne daraus für sich eine andere Qualität abzuleiten als die eines Ersten unter Gleichen (primus inter pares).

In der EKiR und in der benachbarten Ev. Kirche von Westfalen umfaßt das Präsesamt auf landeskirchlicher Ebene eine dreifache Funktion, den Vorsitz in der → Landessynode, in der → Kirchenleitung und im → Landeskirchenamt. Der Präses, der ordinierter Theologe sein muß, führt auch den Vorsitz im Theologischen Prüfungsamt. Er wird auf die Dauer von acht Jahren gewählt.

Der Vorsitzende des → Presbyteriums, für den bis vor kurzem auch der Titel „Praeses Presbyterii" üblich war, wird auf eine Dauer von zwei Jahren gewählt. Wählbar sind die Inhaber der Gemeindepfarrstellen und alle Presbyter mit Ausnahme der ins Presbyterium gewählten Mitarbeiter. In den übrigen ev. Landeskirchen ist der Titel „Präses" ausschließlich dem Vorsitzenden der Landessynode vorbehalten.

Praktikanten

Für eine Reihe von Berufen des Sozial- und Erziehungsdienstes (z. B. → Sozialarbeiter, Sozialpädagogen, Erzieher, Kindergärtnerin, Hortnerin, Kinderpflegerin) ist neben der fachtheoretischen Ausbildung auch eine berufsbezogene praktische Ausbildung für die Anerkennung als abgeschlossene Berufsausbildung erforderlich. Das gilt auch für die kircheneigene Ausbildung zum Gemeindepädagogen. Das Berufspraktikum – auch Anerkennungsjahr genannt – wird in solchen Einrichtungen und Arbeitsbereichen durchgeführt, die der zukünftigen Berufstätigkeit entsprechen. Die Anstellung der Praktikanten erfolgt durch Arbeitsvertrag. Die Vergütung ist je nach Ausbildung gestaffelt. Sie regelt sich nach dem Tarifvertrag. Für Gemeindepädagogen gilt die Regelung für Sozialpädagogen entsprechend.

Predigerseminar

Predigerseminare (P.) sind Ausbildungsstätten der zweiten, nachuniversitären Ausbildungsphase (→ Vikariat) für angehende Pfarrer. In dieser Zeit, die in der Regel zwei Jahre umfaßt, soll das, was im Studium an der Universität theoretisch erarbeitet wurde, im Hinblick und unter Bezugnahme auf die Gemeindewirklichkeit und -praxis bedacht werden. Die EKiR hat zwei P.: in Essen, Bergerhauser Str. 17, und in Bad Kreuznach, Heinrich-Held-Str. 12.
Das P. in Elberfeld mit seiner reformierten Tradition hat neben der EKiR noch folgende Rechtsträger: Die Ev.-ref. Kirche in Nordwestdeutschland, die Ev. Kirche von Westf., die Lippische Landeskirche und den Ref. Bund.
Die meisten rhein. Vikare und Vikarinnen werden in drei Kursen von jeweils 4–5 Wochen in Essen und Bad Kreuznach ausgebildet. Nach dem Schulvikariat, das vom Pädagogisch Theologischen Institut in Bad Godesberg begleitet wird, planen die Vikarinnen und Vikare in einer Einführungs- und Planungswoche mit den Dozenten der Seminare die auf zwei Jahre verteilten Kurse. Dabei soll die Praxiserfahrung, die zwischen den Kursen in der Gemeinde gemacht wird (kurze Gemeindephase 2½ Monate, lange Gemeindephase 7 Monate), sowohl im Hinblick auf die Person (Rollenfindung) als auch auf das jeweilige Praxisfeld (Wahrnehmung der Gemeinde) verantwortlich aufgearbeitet werden.
Handlungsfelder, die in den Kursen Berücksichtigung finden, sind: Gottesdienst/Predigt, Amtshandlungen, Unterricht, Erwachsenenbildung, Seelsorge, Diakonie/Gemeinwesenarbeit, Gemeindeaufbau, Ökumene/Mission, Kirchenrecht und Verwaltung. Seit einem Jahrzehnt wird der Seelsorgeausbildung besondere Aufmerksamkeit gewidmet.

Predigt

Die Verkündigung hat mancherlei Formen. Neben → Seelsorge, → Andacht und persönlichem Zeugnis (→ Evangelisation) hat sie in der besonderen Form der Predigt (P.) ihren Platz im → Gottesdienst. Die P. ist grundsätzlich gebunden an einen biblischen Text (Art. 16 KO). In der

Wahl der Texte ist der Prediger frei; Vorschläge von Texten, die dem Kirchenjahr entsprechen, sind im liturgischen Kalender verzeichnet (→ Gesangbuch). Auch die Form der Thema-Predigt orientiert sich an biblischen Texten.
Predigtreihen (z. B. zum → Glaubensbekenntnis, dem Unser-Vater, den Geboten u. a.) versuchen, größere Aussagezusammenhänge für die Verkündigung im Gottesdienst aufzubereiten (→ Bibelstunde). Daß der Auftrag zu Verkündigung der Gemeinde und nicht allein dem → Pfarrer gegeben ist, kann im Umfeld der Predigtarbeit deutlich werden. Ein Predigtkreis kann regelmäßig an der Vorbereitung einer P. mitwirken. Das Vorverständnis des Hörers im Blick auf den Text, seine Fragen, seine Situation kommen zur Sprache, Glaubenserfahrungen der Gemeindeglieder führen zu aktueller Textauslegung. Ein solcher Kreis kann die wichtige Aufgabe der begleitenden Fürbitte wahrnehmen. In der Predigtbesprechung nach dem Gottesdienst setzt sich die P. fort im Gespräch, in kritischen Fragen und Ergänzungen. Die P. wird anschaulicher, wenn sie gelegentlich als Bildbetrachtung gehalten wird. Die Erinnerung an das Gehörte bleibt länger erhalten, wenn der Hörer das Bild in einer Kopie mitnehmen kann. Auch Symbolhandlungen unterstützen die Aussagen der P., vor allem in Familien- und → Kindergottesdiensten. Gemeinsame Gespräche über den Predigttext im Gottesdienst können sehr hilfreich sein und zum wechselseitigen Hören der Botschaft motivieren. Sie können die wichtige Erfahrung vermitteln, daß nicht der beamtete Prediger allein befähigt ist zum Zuspruch des Wortes Gottes. In der Form der Diskussion hinterlassen solche Gespräche häufig einen unbefriedigten Eindruck, weil das Hören zu kurz kommen und das Argumentieren überhand nehmen kann. Das Gespräch darf nicht darüber hinwegtäuschen, daß Verkündigung ein dem Hörer des Evangeliums zugesprochenes Wort bleiben muß, auch wenn sie in der Form des Dialogs erfolgt.

Predigthelfer

Durch Art. 92 KO wird für die EKiR ein kirchlich geordneter Laiendienst am Wort und Sakrament grundsätzlich ermöglicht. Evangelische Laienpredigt läßt sich bis in die Reformationszeit zurückverfolgen. Unter dem Druck von Kirchenkampf und Kriegsnotständigen in den Jahren zwischen 1933 und 1945 kam die Laienpredigt zu neuer Belebung und Ordnung. Man entdeckte, daß der Predigtdienst der Laien für die Gemeinde mehr bedeuten kann, als nur einen Ersatz für die Predigt des akademisch gebildeten Theologen: In der Verkündigung des Predigthelfers (P.) kann die besondere Berufs- und Lebenserfahrung mit zur Sprache kommen, die diese Glieder der Gemeinde an ihrer Stelle in der gesamtgesellschaftlichen Wirklichkeit gewinnen.
Ein „Kirchengesetz über den Dienst des P." (1969) und Ausführungsbestimmungen (1977) ordnen die Zurüstung und den Dienst des P. in der EKiR. Im Unterschied zu den Prädikanten oder Lektoren in anderen

Landeskirchen wird der P. in der EKiR zu seinem Dienst ordiniert. Hinsichtlich der aus der → Ordination erwachsenden Rechte und Pflichten ist der P. dem ordinierten Theologen gleichgestellt. Sein Dienst ist ehrenamtlich und soll auf die Gemeinde (den Kirchenkreis) beschränkt bleiben, von der er zum P. vorgeschlagen wurde.

Vorbedingung zur Bestellung zum P. ist ein Mindestalter von 25 Jahren, die Befähigung zum Presbyteramt und der Nachweis der Eignung für diesen Dienst, der während einer von einem Mentor betreuten mindestens einjährigen Probezeit zu erbringen ist. Gemeindeglieder, die hauptamtlich im Verkündigungsdienst einer kirchlichen Körperschaft stehen (Katecheten, Gemeindehelfer, Diakone u. a.) oder für diesen Dienst ausgebildet werden, können nicht zum P. bestellt werden.

In der EKiR gibt es z. Z. etwa 220 P.; ein Viertel von ihnen sind Frauen. → Lektor.

Predigtreihe

→ Predigt.

Presbyter

Das Wort (gr. „presbyteros" = Älterer, „Ältester") ist als Altersbezeichnung, mehr noch als Titel für Amtsträger schon in der Antike, besonders auch im AT und NT bekannt. In der Alten Kirche galten die Presbyter (P.) als Träger apostolischer Tradition. So wurde aus dem P.-Amt das Amt des → Priesters. Die Reformatoren, besonders Calvin, führten das P.-Amt auf seinen biblischen Ursprung zurück. Für eine Berufung zum P. gelten bestimmte menschliche und kirchliche Voraussetzungen (KO Art. 83–89). Bei der Einführung legen die P. ein Amtsgelübde ab. Gemeinsam mit → Pfarrern, → Gemeindemissionaren und gewählten → Mitarbeitern tragen die P. die Verantwortung für → Gottesdienst, Verkündigung, Unterweisung, → Seelsorge, → Diakonie und die Ordnung und Verwaltung der Kirchengemeinde (Art. 104–136 KO).

Das Presbyteramt ist ein Ehrenamt, für das es kein Entgelt gibt (→ Auslagenerstattung). Unterstützung und → Fortbildung werden auf regionaler und landeskirchlicher Ebene angeboten. Jedem P. sollte von der Gemeinde eine KO ausgehändigt werden, die ihm eine Orientierung in rechtlichen Grundfragen ermöglicht. Ein alter Spruch besagt: „Die → rheinische Kirche hat wenig große Theologen, aber viele treue Prediger und Presbyter hervorgebracht."

presbyterial-synodal

Presbyterial-synodal hat sich die EKiR verfaßt, um sich sowohl gegenüber der Ordnung einer von oben geleiteten, die Lehre verwaltenden Bischofskirche als auch gegenüber der Auffassung, daß jede Gemeinde je für sich die Wahrheit besitze, abzugrenzen: Weder das autonome →

Struktur der Evangelischen Kirche im Rheinland

Landessynode

| Landeskirchenamt | Präsidium (Kirchenleitung) Vors. Präses | Schulabteilung |

Ämter - Einrichtungen - Ausschüsse

Kreissynode

Kreissynodalvorstand Vors. Superintendent

Synodalbüro — Kreissynodalausschüsse
Synodalbeauftragte — Synodalrechnungsausschuß

Presbyterium

Vors. des Presbyteriums

Gemeindeamt — Ständige pflichtmäßige Ausschüsse
Gemeindeversammlung und Gemeindebeirat

Kirchengemeinde

Gemeindeglieder 3 500 000 – Kirchengemeinden 818 – Kirchenkreise 46 –
Pfarrer/Pastoren insg. 1 808 (darunter 129 Frauen) –
darunter im Gemeindepfarrdienst 1 404 (darunter 84 Frauen) –
Mitarbeiter (kirchl. Bereich) 17 800 (einschl. Pfarrer) – (diakon. Einrichtg.) 29 300 –
Presbyter 9 920 – Landessynodale 250

Presbyterium noch die mit hoher Wächterkompetenz ausgestattete →
Landessynode, sondern Christus allein hat das letzte Wort. Diesem
Glaubenssatz versucht die EKiR zu entsprechen durch die presbyterial-
synodale Ordnung, nach der die Presbtyerien auf gemeinsamem Weg
(= Synode) aneinander gewiesen und zur gegenseitigen Ermutigung
und Ermahnung aufgefordert sind. Einer parlamentarisch-demokrati-
schen Verfassung nach dem Rätsesystem ähnlich, birgt die presbyterial-
synodale Ordnung die Gefahr in sich, daß die Wahrheitserkenntnis
durch Kompromisse verschleiert oder verhindert wird. Vielleicht ist sie
aber gerade darin dem Evangelium gemäß, daß sie die auf der Suche
nach der Wahrheit befindlichen Weggenossen über sich selbst hinaus-
weist auf Christus, der allein der Weg, die Wahrheit und das Leben ist.
→ Kirchenordnung; → Rheinische Kirche; → Kirche; → Kirchmeister.

Presbyterium

Das Presbyterium (P.) ist das gewählte (→ Presbyterwahl) Leitungsorgan der → Gemeinde (Art. 104–136 KO); seine Funktion ist eher die
einer „Regierungsmannschaft" als die des Parlamentes (→ Einmütigkeit). → Pfarrer, → Presbyter und gewählte → Mitarbeiter sind gleich-
gestellte Mitglieder des P.; ihre Zahl richtet sich nach der Größe der
Gemeinde. Im Rahmen der KO berät und entscheidet das P. über geistliche, verwaltungsmäßige, finanzielle und rechtliche Angelegenheiten
und lenkt so das ganze Gemeindeleben. Das P. wählt aus seiner Mitte
den Vorsitzenden (lat.: → präses) – das kann sowohl ein Presbyter als
auch ein Pfarrer sein – seinen Stellvertreter und den oder die → Kirchmeister für bestimmte Aufgabenbereiche (Finanzen, Bauten, Diakonie).
Die Arbeit des P. geschieht in regelmäßigen (monatlichen) → Sitzungen
(→ Öffentlichkeit von Sitzungen); sie werden vorbereitet und entlastet
durch → Ausschüsse. Das P. kann auch einzelnen Presbytern Aufgabengebiete, die ihren Fähigkeiten oder Interessen entsprechen, besonders anempfehlen. Beauftragte und Ausschüsse erfüllen ihre Aufgaben
nach den → Beschlüssen des P. Es tut der Zusammenarbeit im P. gut,
wenn der häufig erlebte Zeit- und Entscheidungsdruck von Zeit zu Zeit
vermieden wird. Dies kann geschehen durch Sondersitzungen, Studien-
tage oder Wochenendklausuren. Dabei ist Gelegenheit, wichtige Fragen der Gemeindearbeit eingehender und in anderer Atmosphäre zu
bedenken. Vor allem kann so das persönliche Verstehen und Kennenlernen gefördert werden. Erfahrungen zeigen, daß sich hier aufgewandte
Mühe in den Regelsitzungen auszahlt (→ Gemeindeberatung). Stärker
als auf den ersten Blick sichtbar, prägt das P. das Klima der ganzen
Gemeinde. Seine internen Spannungen (→ Konflikte) oder seine Zuversicht, sein Umgang mit Pfarrern und Mitarbeitern, seine Achtung
vor dem Engagement der → ehrenamtlichen Mitarbeiter wirken sich als
förderlich oder hinderlich für den gesamten → Gemeindeaufbau aus.

Presbyterwahl

Alle vier Jahre wird die Hälfte der → Presbyter und der → Mitarbeiter im → Presbyterium neu gewählt. Das Wahlverfahren ist in der Presbyterwahlordnung (PWO) geregelt; die KL setzt seinen Beginn fest. Es empfiehlt sich, aus der PWO einen Kalender zu erstellen, um die Daten für die Beschlüsse und Maßnahmen vor Augen zu haben.

Die PWO regelt zwei unterschiedliche Wahlverfahren:

a) Die Presbyterwahl (P.) aufgrund von Stimmlisten (§ 18—25 PWO), bei der alle Gemeindeglieder mit aktivem Wahlrecht zur Wahl und zu ihrer Vorbereitung aufgefordert werden.

b) Die P. durch das Presbyterium (§ 26 PWO), an der die Gemeindeglieder durch Vorschläge geeigneter Kandidaten beteiligt sind. Dieses Verfahren ist in einzelnen → ref. Gemeinden Tradition, darüberhinaus fast unbekannt. Von diesem Wahlverfahren unabhängig ist die Berufung von Presbytern durch das Presbyterium (§ 15 PWO), wenn ein Presbyter vor Ablauf seiner Amtszeit ausscheidet (→ Kooption).

Der Vertrauensausschuß (§ 6 PWO) nimmt Kandidatenvorschläge entgegen und prüft sie. Er kann Denk- und Suchanstöße geben, die sich auf nötige Qualifikation oder bezirkliche Ausgewogenheit der Kandidatenliste beziehen. Vor Beginn der P. muß das Presbyterium entscheiden, ob nach → Bezirken getrennt gewählt werden soll; diese Regelung ist bei differenzierter Gliederung der Gemeinde zu empfehlen. Auch bei der P. ist Briefwahl möglich (§ 23 PWO). Die Kandidaten können der Gemeinde im → Gemeindebrief (mit Bild) und in der → Gemeindeversammlung vorgestellt werden. Die Kandidatenliste sollte mehr als einen überzähligen Kandidaten haben.

Die Zeit vor der P. eignet sich für eine Bestandsaufnahme der Gemeindearbeit: Was war? Was ist? Was soll sein? Ein Rechenschaftsbericht der Verantwortlichen vor der Gemeindeversammlung und/oder dem Gemeindebeirat (→ Beirat) legt die Aufgaben und die Schwierigkeiten des → Gemeindeaufbaus dar. In Gesprächen und Gruppen, im → Kirchlichen Unterricht und Gottesdienst, im Gemeindebrief und der Lokalpresse können — abseits vom Wahlkampfgedanken — der Einschnitt und der Neuanfang der Gemeindearbeit zum Thema der Besinnung auf kommende Aufgaben und die gegenwärtige Situation der Gemeinde werden. Ein besonderer → Besuchsdienst kann Einladungen aussprechen und informieren. Nach der Wahl bietet sich die Möglichkeit, Kontakt zu den Wählern zu suchen, die sonst kaum am Gemeindeleben teilnehmen (eine bereinigte Kartei aus den Wahlbenachrichtigungen leistet dabei gute Dienste). Im Presbyterium selbst bewährt sich der TOP „Fragen der Neuen", der ein Jahr lang am Ende jeder Tagesordnung steht.

Priester

Der in der Reformationszeit ausgebrochene Streit um das rechte Verständnis des kirchlichen Dienstes hat in beiden Kirchen zu unterschied-

lichen Festlegungen geführt. Gegenüber der reformatorischen Forderung eines Priestertums aller Gläubigen betont die → römisch-katholische Kirche:
– die Existenz eines sichtbaren Priestertums mit ausschließlichen Vollmachten wie Verwaltung der Eucharistie und der Sündenvergebung;
– die Einsetzung des Priestertums durch Christus, weshalb die Priesterweihe ein Sakrament ist;
– die Einprägung eines unauslöschlichen Charakters in jedem Priester sowie
– die Existenz einer Hierarchie auf Grund göttlicher Anordnung, bestehend aus Bischöfen, Priestern und Diakonen.
Da auch die Reformatoren an der göttlichen Einsetzung eines Dienstes der Verkündigung und der Sakramentsverwaltung festgehalten haben und eine rechtmäßige Berufung durch die Kirche Voraussetzung für diesen Dienst ist, wird heute die Frage einer gegenseitigen Anerkennung der Ämter diskutiert. → Ordination; → Pfarrer(in).

Probezeit

Die Probezeit (P.) soll dazu dienen, den Mitarbeiter während der ersten Zeit seiner Beschäftigung auf seine Fähigkeiten und Fertigkeiten in Bezug auf seine Arbeit zu überprüfen. Sie soll dem Arbeitgeber wie dem Arbeitnehmer die Möglichkeit geben, das Arbeitsverhältnis unter erleichterten Bedingungen aufzulösen.
Die P. eines Kirchenbeamten beträgt höchstens fünf Jahre. Bei Eignung ist er danach auf Lebenszeit zu übernehmen. Die P. eines Angestellten beträgt höchstens sechs Monate (§ 5 BAT-KF) Sie kann arbeitsvertraglich abgekürzt werden, oder es kann auch auf sie ganz verzichtet werden. Wenn jemand in der gleichen Dienststelle vorher Auszubildender war und in unmittelbaren Anschluß an das Ausbildungsverhältnis eingestellt wird, so entfällt eine weitere P.
Die P. eines Arbeiters beträgt höchstens vier Wochen, sie kann arbeitsvertraglich auf acht Wochen verlängert werden (§ 5 MTL II). Der allgemeine Kündigungsschutz beginnt nach sechs Monaten der Beschäftigung bei einem Arbeitgeber.

Protokoll

Alle wesentlichen Entscheidungen der Kirchengemeinden werden nach der KO in den → Presbyterien nach gemeinsamer Beratung durch Mehrheitsbeschluß getroffen (→ Einmütigkeit). Der wesentliche Verlauf der Verhandlungen und die gefaßten → Beschlüsse werden im Protokollbuch festgehalten (Art. 122 KO). Darin müssen alle zu der → Sitzung Erschienenen aufgeführt sein, außerdem muß vermerkt werden, ob bei der Beratung über persönliche Angelegenheiten von Sitzungsteilnehmern der Betroffene den Raum verlassen hat (Art. 121 KO). Das Protokoll (P.) muß nach der Sitzung oder in der nächsten Sitzung vorgelesen, vom Presbyterium genehmigt und vom Vorsitzenden (→ Präses) sowie zwei Presbytern unterschrieben werden. Das P. ist von erheblicher Bedeutung, weil es im Rechtsverkehr als Nachweis für die Entscheidungen des Presbyteriums dient. Wenn z. B. bei Grundstückskäufen, Einstellungen bei Mitarbeitern, Bau von Gebäuden die Entscheidung des Presbyteriums bei anderen Stellen vorgelegt, genehmigt und gegebenenfalls nachgewiesen werden muß, so werden dazu wörtliche Auszüge aus dem P. verwendet, die vom Vorsitzenden beglaubigt und mit dem Gemeindesiegel (→ Siegel) versehen werden (Art. 124 KO).

Psychologie

Die Psychologie (P.) (griech. = Seelenkunde) befaßt sich mit den seelischen Vorgängen, wie sie sich im Erleben (u. a. Wahrnehmen, Denken, Fühlen), im Verhalten (u. a. Sprache, Motorik, Psychosomatik) und in Produkten menschlichen Schaffens (u. a. Graphologie, Kunst-P.) zeigen. Im kirchlichen Raum gewannen die → psychologische Beratung und Psychotherapie Bedeutung, als erkannt wurde, daß die Linderung seelischer Not nicht allein durch theologisch orientierte → Seelsorge geleistet wird, sondern auch fachlich-psychologische Hilfe erfordert. → Beratungsstelle.

Psychologische Beratung

Psychologisch qualifizierte Erziehungs-, Ehe-, Familien- und Lebensberatung bemüht sich, seelisch belastete oder kranke Menschen zum Verstehenkönnen, Lieben und selbstverantwortlichen Handeln zu stärken und zu befähigen. Sie nimmt bestimmte aus verschiedenen Humanwissenschaften zur Verfügung stehende Erkenntnisse und Erfahrungen auf, um psychische Konflikte und Störungen in zwischenmenschlichen Beziehungen in ihren Bedingungen zu verstehen, sie zu bearbeiten und zu ihrer Bewältigung beizutragen.
Entscheidende Voraussetzung für das Beratungsgespräch ist die „Annahme" des Ratsuchenden durch den Berater. In dieser Zuwendung zum leidenden Menschen berühren sich Beratung und kirchlicher Auftrag, der dem Menschen in seiner Ganzheit gilt. → Seelsorge.
Ziel ist es, daß im Beratungsprozeß der Ratsuchende in seinem Denken, Fühlen und Handeln von einengenden Zwängen freier werden kann, so daß er sich stärker als verantwortliches Subjekt des eigenen Handelns erlebt. Eine so gewonnene Autonomie stärkt seine Integrations-, Beziehungs- und Bindungsfähigkeit. → Beratungsstelle.

Raiffeisen

Für Friedrich Wilhelm Raiffeisen (1818—1888) waren das Evangelium
und das Gebot der Nächstenliebe Anlaß, mit den von ihm gegründeten
und besonders von Pfarrern geförderten Hilfsvereinen und Genossen-
schaften den damals notleidenden und unbemittelten Landwirten „Hilfe
zur Selbsthilfe" zu leisten. Die Westerwaldorte Hamm, Weyerbusch,
Flamersfeld, Heddesdorf waren die Stätten seiner kommunalen und sozialen Wirksamkeit. Raiffeisen ist ein Beispiel für die Verbindung von
evangelischer Frömmigkeit und sozialer Verantwortung.

Rechnungsprüfung

Sie ist vorgeschrieben (§§ 117 ff. VO), weil in der Kirchengemeinde treu-
händerisch öffentliche Geldmittel (→ Kirchensteuern, → Zuschüsse,
Spenden, → Kollekten) verwaltet werden. Sie umfaßt die Kassenauf-
sicht, Kassenprüfungen, Prüfung der → Haushaltspläne und der Jahresrechnung. Zuständig für die aufsichtliche Prüfung ist der Kreissynodalrechner, für örtliche Prüfungen der → Kirchmeister oder ein Ausschuß, dem der Kirchmeister angehört; es kann auch ein sachkundiger
Prüfer beauftragt werden. Entlastung erteilt nach voraufgegangener
Prüfung der Jahresrechnung durch den Kreissynodalrechner und Aus-
räumung von Erinnerungen der Kreissynodalrechnungsausschuß (§ 127
VO).

Recke, Graf von der

Graf Adalbert von der Recke, geb. 28. 5. 1791, gest. 10. 11. 1878, studierte ein Semester Landwirtschaft in Heidelberg, um später das elter-
liche Gut in Overdyk bei Bochum zu übernehmen, besuchte das im
Geiste Pestalozzis geführte Institut von Fellenberg in Hofwyl/Schweiz,
war in seinem Inneren aber durch Jung-Stilling und die Erweckungs-
frömmigkeit angerührt. Die durch die Freiheitskriege verursachte Not
trieb ihn zur Gründung eines Rettungshauses für verwahrloste Jugendliche in Overdyk seit 1816 und in Düsselthal bei Düsseldorf seit 1822, in
Verbindung mit der von ihm gegründeten „Gesellschaft der Menschen-
freunde". Er nahm sich besonders der Juden an und gründete ein Leh-
rerseminar für Dorfschullehrer in Zoppenbrück (Düsseldorf). Aus ge-
sundheitlichen Gründen siedelte er 1847 nach Schlesien über, auf sein
Gut Kraschnitz, wo die Kraschnitzer Anstalten, ein Diakonissen- und
Krankenhaus, entstanden.

Reformiert

„Nach Gottes Wort reformiert" (erneuert), so nennen sich Gemeinden
in unserer Kirche, die in der Zeit der Reformation wesentlich durch die
Reformatoren Ulrich Zwingli, Johannes Calvin und Martin Bucer bestimmt worden sind. Wesentliche Impulse kamen von den holländischen

Nachbarn. Das Bekenntnisbuch dieser Gemeinden ist der „Heidelberger
→ Katechismus" von 1563. Äußerlich sind sie zu erkennen an einem
schlichten Gottesdienstraum und einer einfachen Form des Gottesdienstes (→ Agende), dessen Kennzeichen oft in einem kräftigen Gesang
gereimter Psalmen besteht. Das presbyteriale Prinzip (→ presbyterial-
synodal) der Ordnung unserer Kirche geht auf den Einfluß der reformierten Gemeinden zurück. → lutherisch; → uniert; → Bekenntnisstand.

Religionsunterricht

Der Religionsunterricht (RU) findet „in Übereinstimmung mit den Grundsätzen der Religionsgemeinschaften" (Art. 7 GG) statt. Was das konkret
heißt, weisen die Richtlinien und genehmigten Lehrbücher aus. Zur Zeit
werden ca. 20–30 Prozent des RU an allgemeinbildenden Schulen
haupt- und nebenamtlich von Pfarrern erteilt. An berufsbildenden Schulen wird der RU fast ausschließlich durch kirchliche Kräfte erteilt. Der
RU, den ein Pfarrer über seine Dienstpflichten hinaus erteilt, bedarf der
Genehmigung des KSV bzw. des LKA. Aller RU, den kirchliche Kräfte
an öffentlichen Schulen erteilen, wird vom Staat bezahlt. Die → Vergütung für RU, der nicht von der → Dienstanweisung her vorgeschrieben
ist, erhält der Pfarrer in vollem Umfang bis zu sechs Wochenstunden.
Die staatliche Vergütung für darüber hinaus erteilten RU wird nur in
abgestuftem Umfang weitergeleitet. In einer ganzen Reihe von Kirchenkreisen und Gemeinden sind Schulpfarrstellen eingerichtet. Entschei-
dungshilfe bei Fragen der Stellenbesetzung gibt die Schulabteilung des
LKA. Die Schwierigkeiten eines solchen Schulpfarramtes lassen im Re-
gelfall einen geeigneten Bewerber in dem Kreis der Pfarrer erwarten,
die einige Jahre nebenamtlich RU an der entsprechenden Schulform erteilt haben. Die zuständigen Leitungsgremien sollten sich regelmäßig
aus der Arbeit der Schulpfarrer berichten lassen.

Renovierung

→ Dienstwohnung.

Rentamt

→ Gemeindeamt.

rheinisch

Offiziell heißt unsere Kirche „Evangelische Kirche im Rheinland". Inof-
fiziell, häufiger und vertraulicher wird sie drinnen und draußen die →
„rheinische Kirche" genannt. Geographisch verstanden ist beides unge-
nau. Mit Rheinland war ursprünglich die preußische Rheinprovinz gemeint. Es gibt sie schon lange nicht mehr. Heute erstreckt sich unser
Kirchengebiet über Teile der vier Bundesländer Saarland, Rheinland-

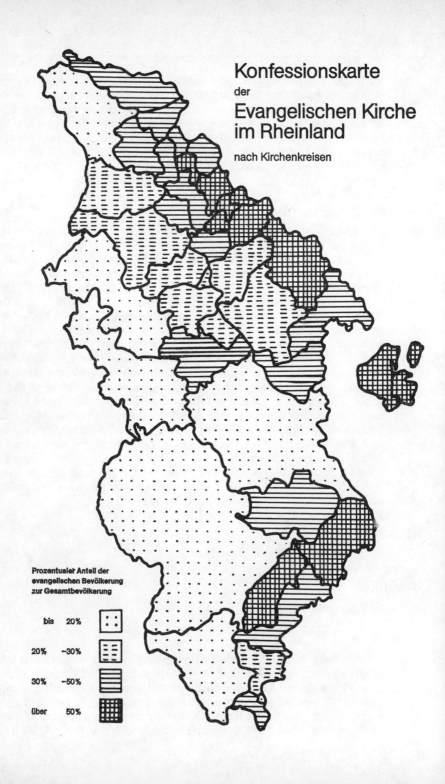

Konfessionskarte
der
Evangelischen Kirche im Rheinland
nach Kirchenkreisen

Prozentualer Anteil der evangelischen Bevölkerung zur Gesamtbevölkerung

bis   20%

20%   –30%

30%   –50%

über   50%

Übersichtskarte
der
Evangelischen Kirche
im Rheinland
und ihrer Kirchenkreise

Pfalz, Hessen und Nordrhein-Westfalen (ein Alptraum für die Verwaltungsreformer).

Treffender ist das Wort „rheinisch", wenn damit eine sozialgeschichtliche Eigenart gemeint ist. Carl Zuckmayer beschreibt sie in seinem Drama „Des Teufels General". Er rühmt das Rheintal als Mischkessel und Schmelztiegel verschiedenster Menschengruppen und Kulturen. Diese Geschichte hat auch in unserer Kirche charakteristische Spuren hinterlassen. Die rheinische Kirche hatte wahrscheinlich mehr Verschiedenes und einander Widerstrebendes unter einen Hut zu bringen als andere Landeskirchen. Z. B. → lutherische und calvinistische (→ reformiert) Traditionen, erweckliche Frömmigkeit und konfessionelle Beharrlichkeit, antikatholische Affekte ebenso wie Anpassung an katholische Volksfrömmigkeit, preußisch gefärbte Ordnungsbegriffe und landesüblichen Schlendrian, Erfahrungen aus der → Diaspora und die Mentalität großbürgerlicher Kirchlichkeit, das Erbe der riesigen Flüchtlingsströme aus dem Osten und die heimischen Eigenarten.

Was hält diese Kirche heute zusammen? Welche Grundüberzeugungen machen die Eigenart der rheinischen Kirche aus?

1. Unsere Kirche hält Vielfalt nicht für einen Nachteil. Sie hat durch die Praxis gelernt, einen Reichtum darin zu erkennen. Sie hat nicht einmal ein einheitliches Bekenntnis. Das Verbindende wird viel wichtiger empfunden als das Trennende (→ uniert).

2. Unsere Kirche hat wenig Sinn für Zentralismus und hierarchische Strukturen. Wo andere Landeskirchen einen Herrn Bischof haben, haben wir einen Bruder → Präses. Superintendenten und Pastoren sind nach oben hin selbstbewußt bis zur Aufmüpfigkeit. Die eigentliche Symbolfigur rheinischer Unabhängigkeit aber ist der → Kirchmeister, der auch den Pastoren Respekt vor der Basis beibringt.

3. Unsere Kirche hat ein Bewußtsein dafür, daß geistliches Leben von unten her wachsen muß, daß eine Gemeinde sich nicht von angeblich überlegener Weisheit der Oberen abhängig machen darf, sondern aus eigenen Kräften leben lernen muß. Deshalb reagieren wir Rheinländer immer am allergischsten, wenn unsere → presbyterial-synodale Ordnung angetastet erscheint.

4. Rheinisch ist in dieser Kirche eine Neigung, sich selbst nicht tierisch ernst zu nehmen. Gestritten wird hier wie überall. Aber dann erinnern wir uns auch, daß Gott, der Herr, unserem Streit und unseren Kompromissen mit gnädigem Humor zusieht.

Rheinische Kirche

Die Ev. Kirche im Rheinland (EKiR) ist eine der 17 evangelischen Landeskirchen in der Bundesrepublik Deutschland und als Gliedkirche der Ev. Kirche in Deutschland → (EKD) sowie der Ev. Kirche der Union → (EKU) angeschlossen. Das Gebiet der EKiR entspricht aus geschichtlichen Gründen dem Gebiet der einstigen preußischen Rheinprovinz und ist mit rd. 26 500 qkm etwa so groß wie Belgien. Die EKiR umfaßt

Teile der vier Bundesländer Nordrhein-Westf., Rheinland-Pfalz, Saarland und Hessen. In diesem Gebiet wohnen 11,7 Millionen Personen, von denen etwa 6,7 Mill. (57%) zur → röm.-kath. und 3,5 Mill. (30%) zur evangelischen Kirche gehören. Diese Gemeindeglieder werden 1981 in 818 Kirchengemeinden (→ Gemeinde) von 1400 Pfarrern und Pastoren versorgt. Weitere 400 versehen ihren Dienst in besonderen Schwerpunkten wie z. B. in der → Krankenhausseelsorge, in Schulen (Ev. → Religionslehre), in diakonischen und sozialen Einrichtungen der 46 → Kirchenkreise, der Verbände (→ Verbandsrecht) oder der Landeskirche. Der Anteil der Frauen an der Gesamtzahl der Pfarrer und Pastoren beträgt 7 Prozent. Die vielfältigen kirchlichen Aufgaben wären jedoch ohne die übrigen 16 000 haupt- und nebenberuflichen → Mitarbeiter im Dienst von Gemeinden, Kirchenkreisen, Verbänden und Landeskirche sowie 29 300 weiteren Mitarbeitern in diakonischen Einrichtungen nicht denkbar. Dazu gezählt werden müssen außerdem noch fast 50 000 → ehrenamtlich tätige Mitarbeiter bei den Kirchengemeinden, darunter 9 900 → Presbyter. Die Hauptquelle der Einnahmen, mit denen die kirchliche Arbeit finanziert werden muß, sind die → Kirchensteuern (→ Finanzausgleich, → Umlagen). Das Gesamtaufkommen im Jahre 1979 betrug rd. DM 699 Mio. Als → Kollekten in Gemeindegottesdiensten wurden DM 13,8 Mio eingesammelt. Die Gesamtsumme aller freiwilligen Leistungen (Kollekten, Sammlungserträge, Spenden) betrug 1979 DM 24,5 Mio.

Röm.-kath. Kirche

Nachdem die römisch-katholische Kirche (r.-k. K.) im Zweiten Vatikanischen Konzil Anschluß an die ökumenische Bewegung gefunden hat, sind heute vor allem auf Ortsebene zahlreiche Möglichkeiten einer Zusammenarbeit gegeben. Doch ist die Situation von Gemeinde zu Gemeinde unterschiedlich und wird oft dadurch bestimmt, in welchem Maße die jeweiligen Pfarrer sich der ökumenischen Aufgabe verpflichtet wissen.

Grundlage einer solchen Zusammenarbeit ist auf ev. Seite der Beschluß der Landessynode der EKiR über die „Zusammenarbeit der evangelischen und katholischen Kirche" aus dem Jahre 1973 sowie der Beschluß der Gemeinsamen Synode der (katholischen) Bistümer in der Bundesrepublik Deutschland über „Pastorale Zusammenarbeit der Kirchen im Dienst an der christlichen Einheit" aus dem Jahre 1974. Beide Dokumente sprechen sich für gemeinsame („ökumenische") Gottesdienste aus, die jedoch nach katholischer Auffassung nicht zur Zeit der sonntäglichen Eucharistiefeier stattfinden dürfen, da ihr Besuch für den Katholiken nicht als Erfüllung seiner Sonntagspflicht angesehen werden kann.

Gegenseitige Vereinbarungen über eine Abendmahlsgemeinschaft zwischen der ev. und der r.-k. K. gibt es noch nicht, weil im Verständnis des → Abendmahles, vor allem aber in der Amtsfrage, trotz zahlreicher theologischer Bemühungen bis heute noch keine Einigung erzielt werden konnte. Die Landessynode hat in ihrem o. a. Beschluß folgende Regelung getroffen: „Solange noch keine Einigung erzielt ist, soll in der Evangelischen Kirche im Rheinland niemand vom Abendmahl zurückgewiesen werden, der in seiner Kirche im Namen des Vaters und des Sohnes und des Heiligen Geistes getauft und zum Abendmahl zugelassen ist, sofern er sich nicht durch Ordnungen seiner Kirche daran gehindert weiß."

Nach den Ordnungen der r.-k. K. ist dem Katholiken die Teilnahme an einer evangelischen Abendmahlsfeier darum nicht gestattet, weil er das Sakrament des Altars nur von einem Amtsträger empfangen darf, der die Priesterweihe gültig empfangen hat (→ Priester).

Die Bestimmungen über konfessionsverschiedene Ehen aus dem Jahre 1970 haben eine Entschärfung des Mischehenproblems gebracht. Kritische Anfragen von ev. Seite betreffen das katholische Rechtssystem sowie das Eheverständnis der r.-k. K. Eine begleitende Seelsorge konfessionsverschiedener Ehepaare als gemeinsam wahrgenommene Aufgabe beider Kirchen hat sich noch nicht durchgesetzt. → Ökumene.

Rücklagen

Rücklagen (R.) sind Geldmittel, die für einen bestimmten Verwendungszweck festgelegt werden, damit rechtzeitig zur Erfüllung besonderer Aufgaben finanzielle Mittel bereitstehen. Pflicht-R. sind die Betriebsmittel- und die Ausgleichs-R. Beide müssen mit Zuführungen aus dem → Haushaltsplan bedacht werden. Jede muß die vorgeschriebene Höhe von 20 Prozent des Haushaltsvolumens der jeweiligen kirchlichen Körperschaft haben. Die Betriebsmittel-R. hat den Zweck, vorübergehende finanzielle Engpässe zu überbrücken und die entsprechende Körperschaft liquide zu halten. [Kassenkredite (→ Darlehn) sind teuer!] Die Ausgleichs-R. ist dazu bestimmt, Einnahmeminderungen (Kirchensteuerausfälle u. ä.) oder auch Ausgabenerhöhungen aufgrund von Rechtsverpflichtungen (unerwartete Gehaltserhöhungen u. ä.) auszugleichen, wenn keine anderen Einnahmen dafür zur Verfügung stehen. Diese R. gewinnt zunehmend an Bedeutung. Über die Pflicht-R. hinaus können kirchliche Körperschaften für genau bestimmte Aufgaben und Vorhaben R. bilden. Die bekannteste R. ist die Bauunterhaltungs-R., die den Geldbedarf für Instandsetzungsarbeiten an Gebäuden sicherstellen soll, die nicht aus dem Haushaltsplan gedeckt werden können. Ferner können Schuldentilgungs-R. gebildet werden zur Rückzahlung eines Darlehns in einer Summe. Es können auch R. angesammelt werden für Neubauten, Anschaffung von Glocken oder Orgeln oder für sonstige Zwecke. Ausnahmen (z. B. wegen Wegfall eines Zweckes) von der Zweckbindung einer R. bedürfen der Genehmigung des KSV (§ 29 VO). Alle R. sind entsprechend den Regelungen der VO bei mündelsicheren Geldinstituten oder bei der → Bank für Kirche und Diakonie anzulegen. Auch für die R. gilt der Grundsatz (Art. 216 KO), daß sie nur zur rechten Ausrichtung des Auftrages der Kirche verwendet werden dürfen.

Ruhestand

Kirchenbeamte treten mit Vollendung des 65. Lebensjahres in den Ruhestand. Sie können mit Vollendung des 62. Lebensjahres ohne Nachweis der Dienstunfähigkeit auf Antrag in den Ruhestand versetzt werden. Das Pfarrerdienstgesetz der EKU, das für den Pfarrer bisher den aktiven Dienst bis zum 70. Lebensjahr zuließ, wurde mit Wirkung vom 1. 4. 1981 den Bestimmungen für Beamte angeglichen. Allerdings tritt dies auf Beschluß der Landessynode erst am 1. 4. 1984 in Kraft. Von diesem Zeitpunkt an m ü s s e n Pfarrer mit 65 Jahren in den Ruhestand treten; mit 62 Jahren k ö n n e n sie pensioniert werden ohne Unterschied des Geschlechtes. Zum Zeitpunkt der Pensionierung erlischt grundsätzlich das Recht auf → Dienstwohnung. Ihre Räumung ist daher rechtzeitig vorzubereiten.

Sakristei

Sakristei (S.) heißt ein Nebenraum der Kirche, der sich meist in der Nähe des Altarraums befindet. Er dient als Umkleide- und Aufenthaltsraum für den Pfarrer und Gemeindeglieder, die im Gottesdienst besondere Aufgaben haben (Presbyter, → Lektoren, Kollektanten). Außerdem werden hier meist auch die für den Gottesdienst benötigten Bücher, Geräte und Textilien aufbewahrt.

In vielen Gemeinden ist es üblich, daß in der S. vor dem Gottesdienst ein gemeinschaftliches Gebet gehalten wird. Zur stillen Sammlung und Vorbereitung sollte die S. in ihrer baulichen Gestaltung und künstlerischen Ausstattung Gelegenheit bieten. Sie kann sich dann auch für ein persönliches Gespräch (z. B. eine → Aufnahme in die Kirche) oder für die Einzelbeichte als geeignet erweisen. In jedem Falle ist darauf zu achten, daß die S. weder wie ein Büro noch wie ein Clubraum noch gar wie eine Abstellkammer wirkt, sondern ihre nicht nur räumliche Nähe zum Gottesdienst deutlich erkennen läßt.

Sammlungen

Sammlungen bedürfen eines Beschlusses des Presbyteriums. Soll eine öffentliche Sammlung außerhalb des Gottesdienstes oder einer gemeindlichen Veranstaltung durchgeführt werden, ist dazu die staatliche Genehmigung erforderlich. Für eine öffentliche Sammlung, die auf Kirchenvorplätzen, auf kirchlichen Grundstücken oder in örtlichem Zusammenhang mit kirchlichen Veranstaltungen abgehalten wird, ist die staatliche Genehmigung nicht erforderlich. Dasselbe gilt für Haussammlungen bei Gemeindegliedern.

Die Sammlungen sind mit verschlossenen Behältern oder mit vorbereiteten Listen durchzuführen.

Nicht eingesetzt werden dürfen bei allen Sammlungen Kinder unter 14 Jahren und bei Haussammlungen Jugendliche von 14 bis 18 Jahren. → Kollekte; → Abrechnung.

Sanierung

→ Neubaugemeinden.

Satzung

Im kirchlichen Bereich kommen Satzungen vor allem in folgenden Fällen vor:

1. Als Verfassungsurkunde von Gemeinde- (Kirchenkreis-)verbänden (→ Verbandsrecht) oder eingetragenen → Vereinen (z. B. → Sozialstation).

2. Bei Aufgaben oder Einrichtungen (z. B. Verwaltungsämter), für die übergreifende Leitungsorgane erforderlich werden.

3. Für Einrichtungen, die über den innerkirchlichen Bereich hinausgehen (z. B. Friedhof).

4. Neuerdings (1979) auch zur Gestaltung gemeindlicher Dienste, zur Einteilung der Kirchengemeinde nach Aufgabenbereichen, zur Mitwirkung von Gemeindegliedern und zur Übertragung verfassungsmäßiger Aufgaben der Presbyterien auf Fachausschüsse und Bezirksausschüsse (→ Ausschüsse).

Das Satzungsrecht soll es ermöglichen, den örtlichen Bedingtheiten der einzelnen Gemeinde (Kirchenkreis) durch örtlich verbindliche Regelungen zu entsprechen, ohne daß die KO Einzelheiten für alle Gemeinden festlegen muß. Grundlage sind die Bestimmungen der KO in Art. 7, 2; 11, 5; 126, 2; 130, 7 und 152, 3. Alle Satzungen müssen nach der Beschlußfassung durch das LKA genehmigt und im Amtsblatt veröffentlicht werden (Art. 8, 1 KO). Es muß bedacht werden, daß die zusätzlichen Leitungsorgane auch zusätzliche Sitzungen mit sich bringen, weil die Arbeit in den verschiedenen Gremien miteinander verzahnt werden muß.

Schaukasten

→ Werbung.

Schlüssel

Das Wort Schlüsselgewalt zeigt an, daß das kleine Metallstück als ein Machtinstrument und Statussymbol verstanden wird, an dem sich häufig → Konflikte festsetzen. Zuviele Schlüssel für das → Gemeindezentrum signalisieren Unsicherheit; zu wenige verärgern den → Hausmeister oder geben ihm eine Machtfülle, die für ihn und die Benutzer schädlich ist. Die Schlüsselgewalt sollte jährlich unter Beteiligung der Betroffenen im Presbyterium zur Diskussion stehen.

Schneider, Paul

Paul Schneider (1897–1939), der Prediger von Buchenwald, ist das Symbol des kirchlichen Widerstandes gegen die Hitler-Diktatur. Schneider wuchs im Pfarrhaus Pferdsfeld bei Kreuznach auf, war dann nach seinem Theologiestudium Pastor in Rotthausen, Hochelheim und schließlich seit 1934 in Dickenschied/Hunsrück. Seine entschiedenen Predigten, in denen er die heidnische Ideologie und den Totalitätsanspruch des nationalsozialistischen Staates ablehnte, führten 1937 zu seiner Verhaftung. Trotz Folter und Krankheit predigte er im Konzentrationslager Buchenwald den Mitgefangenen die tröstliche Botschaft des Evangeliums und klagte seine Peiniger öffentlich als Mörder und Folterknechte an. Am 18. Juli 1939 wurde er ermordet. Die Gemeinde Dickenschied trug ihn am 21. 7. 1939 zu Grabe. 200 Pfarrer aus ganz Deutschland und viele Glieder der Bekennenden Kirche, auch katholische Glaubensbrüder gaben ihm das letzte Geleit.

Schülerarbeit

→ ev. Schülerarbeit.

Schulung

→ Fortbildung.

Schwangerschaftsberatung

Durch die Neufassung des § 218 StGB von 1976 erhielt die Schwangerschaftsberatung (S.) eine neue spezifische Bedeutung. Dies Gesetz räumt Gründe (Indikationen) ein, bei deren Nachweis ein Schwangerschaftsabbruch straffrei ist. Neben der Indikationsfeststellung durch einen Arzt muß sich im Falle einer schwerwiegenden Notlage (Notlagenindikation) die Schwangere in einer anerkannten → Beratungsstelle auch einer sozialen Beratung unterziehen. Diese soll die Schwangere über die zur Verfügung stehenden öffentlichen und privaten Hilfen für Schwangere, Mütter und Kinder beraten, insbesondere über solche Hilfen, die die Fortsetzung der Schwangerschaft und die Lage von Mutter und Kind erleichtern. Die Länderrichtlinien interpretieren diese soz. Beratung durchweg im Sinne einer psychologischen Konfliktberatung, bei der die Lebensverhältnisse der Schwangeren in persönlicher, wirtschaftlicher und sozialer Hinsicht möglichst umfassend zu berücksichtigen sind. Der Berater versucht deshalb, neben den Befürchtungen, die die Schwangere äußert, auch die jeweils vorhandenen positiven Gesichtspunkte ins Blickfeld zu rücken, die ein Austragen der Schwangerschaft möglich erscheinen lassen. Erschwerend wirkt sich der Zwangscharakter der Beratung aus, denn Beratung im fachlich-psyologischen Sinne setzt Freiwilligkeit voraus. Es gelingt deshalb nur in relativ wenigen Fällen, Schwangere zu einer kritischen Auseinandersetzung mit ihrem vorgefaßten Entschluß zum Schwangerschaftsabbruch zu veranlassen. Der Respekt vor der Eigenverantwortlichkeit der Schwangeren setzt dem Bemühen des Beraters Grenzen.

Schweigepflicht

→ Beichtgeheimnis; → Verschwiegenheit.

Seelsorge

Seelsorge (S.) ist eine besondere Form, einzelnen oder bestimmten Gruppen von Menschen in belastenden oder außergewöhnlichen Lebenssituationen „Beistand" zu leisten. Es geht darum, sie partnerschaftliche Solidarität erleben zu lassen, Mitsorge für ihr leibliches und seelisches Wohl zu übernehmen, ihnen in einer sie ansprechenden und berührenden Weise Gottes Liebe zu bezeugen und dabei auch den eigenen persönlich gelebten Glauben in die seelsorgerliche Begegnung einzubringen.

Nach dem 2. Weltkrieg haben sich besondere Arbeitsfelder der S. entwickelt: → Militär-S., S. an Schülern (→ ev. Schülerarbeit), Jugendlichen (→ Jugendarbeit), Studenten (→ Studentengemeinde), Polizei-S., S. an

Seeleuten, Arbeiter-S., S. an Männern und Frauen, → Camping- und → Urlauber-S. usw. Diese überwiegend auf besondere → Zielgruppen bezogene S. erfordert Sachkompetenz für die jeweiligen Lebensbereiche. Drei Grundfunktionen von S. lassen sich unterscheiden:
1. S. mit dem Ziel der Glaubensstärkung (S. als Verkündigung). Sie vertraut auf die Kraft des lebendigmachenden Wortes Gottes und sucht durch das Aufdecken der menschlichen Grundsituation vor Gott eine Hilfe zu geben zum Leben in der Nachfolge.
2. S. mit dem Ziel der Gewissensentlastung (S. als Beichte). Dabei geht es um die Erneuerung einer schuldhaft gestörten Beziehung zwischen Menschen durch persönliches Zusprechen der Vergebung Gottes.
3. S. mit dem Ziel der Konfliktbewältigung (therapeutische S.). Sie geht bewußt methodisch vor, indem sie psychotherapeutische und gruppendynamische Erkenntnisse und Erfahrungen einsetzt, um den Seelsorgepartner von einengenden inneren Zwängen zu befreien und ihn zur Bewältigung seiner Lebens- und Beziehungsprobleme zu befähigen. → psychologische Beratung.

Sekten

Die Geschichte der Sekten (S.) ist so alt wie die Geschichte der Kirche. Heute haben vor allem die neuen „Jugendsekten" (→ Jugendreligionen) viele Eltern unruhig gemacht. Auch wenn diese Jugend-S. aufgrund der verschiedenen Gegenmaßnahmen in der Öffentlichkeit zu schwinden scheinen, ist der Boden, aus dem sie gewachsen sind, zu jeder Zeit bereit, den Samen ähnlicher weltanschaulich-religiöser Gewächse aufzunehmen. Deshalb stellen die S. alter und neuer Art stets eine Herausforderung an die Kirchen zur Selbstprüfung dar.
Man hat den Unterschied zwischen der ev .Kirche und den protestantischen S. in der Regel so formuliert: Während die Kirchen der Reformation das „Allein" betonen − Christus allein, der Glaube allein −, sei für die S. das „Und" kennzeichnend. Sie stellen neben Christus noch irgendeine andere Autorität, legen deshalb ihrem Glaubensleben außer der Schrift (Bibel) noch irgendwelche anderen Weisheiten, Offenbarungen oder Erkenntnisse als normierende Wahrheiten zugrunde und gesellen dem Glauben noch sittliche und kultische Werke von heilsentscheidendem Rang zu (Hutten). So haben z. B. die Neuapostolischen eine Sonderlehre über die Wiedereinrichtung des Apostelamtes, die Adventisten eine solche über den Sabbat eingeführt. Entscheidend für die Abspaltung der S. von der Kirche ist der Gegensatz in der Wahrheitsfrage. So ergibt sich, daß die Mitglieder einer S. im Unterschied zu Christen, die einer zur „Evang. → Allianz" zählenden → Freikirche angehören, nach der KO vom Patenamt ausgeschlossen sind und nicht seitens der Ev. Kirche getraut oder bestattet werden.
Zum Unterschied → Arbeitsgemeinschaft christlicher Kirchen; → Freikirchen.

Seminar

Seminare (S.) sind längerfristige Veranstaltungen (mehrere Nachmittage oder Abende / ein oder mehrere Wochenenden / Ferien-S.), in denen Referenten und Teilnehmer neue Methoden, Inhalte und Verhaltensweisen miteinander erarbeiten und einüben. Gerade die längerfristige Arbeit verspricht einen größeren Erfolg. Besonders wichtig ist das für die Mitarbeiter. Mitarbeit in der Gemeinde erfordert eine gezielte Zurüstung und → Fortbildung. Deshalb ist es notwendig, daß Gemeinden und übergemeindliche Stellen S. zu den unterschiedlichsten Fragen und Aufgaben anbieten. Selbstverständlich sollte bei → ehrenamtlichen Mitarbeitern, die Freizeit und Kräfte zur Verfügung stellen, die Gemeinde die Kosten für deren Fortbildung übernehmen.

Siegel

Kirchensiegel (S.) dienen zur Beglaubigung von Urkunden und haben eine rechtliche Funktion. Sie müssen vom LKA genehmigt werden und dürfen nur durch den Vorsitzenden des Presbyteriums oder durch Beauftragte des Siegelberechtigten geführt werden; der Verlust ist unverzüglich dem LKA zu melden. Über die Größe und Gestaltung eines S. vgl. die entsprechenden Vorschriften. Ein S. besteht aus einer Umschrift (= der amtlichen Bezeichnung des Siegelberechtigten) und einem Siegelbild (= Symbol oder Sinnbild des Siegelberechtigten). Ein Beizeichen wird zur Kennzeichnung des Siegelführers eingefügt.

Sitzung

Die Sitzung (S.) des → Presbyteriums ist die übliche Form, in der Aufgaben der Leitung wahrgenommen werden. Sie ist geprägt von der Notwendigkeit → Beschlüsse zu fassen, also im Sinn der Gemeindeleitung Entscheidungen zu treffen. Aus dieser Notwendigkeit ergibt sich oft ein Klima, in dem Gespräch und Zuhören, Verstehen und Klärung von Problemen von der Tagesordnung überrollt und durch Zeitmangel unterdrückt werden. Dem kann man entgegenwirken durch:
— eine Sitzordnung, bei der jeder jeden sehen kann, ohne oben und unten,
— eine Einladung mit Erläuterungen zur Tagesordnung,
— eine vorlaufende Zeitspanne, in der Informationsunterschiede aufgeholt werden können,
— eine Unterbrechung der Verhandlungen im Plenum durch Gruppengespräche bei komplexen Problemen,
— eine vorherige Klärung durch eine verabredete Ausschuß- oder Projektarbeit (→ Ausschüsse),
— die Handhabung der „zweiten Lesung" zu einem Problem als Orientierung über Aspekte und Meinungen, die bis zur nächsten Sitzung zu bedenken sind,

– einen Zeitplan, der andeutet, auf welche Themen sich die Sitzung konzentrieren soll,
– eine Pause, in der „gelüftet" und angestauter Ärger und Unwille verarbeitet werden kann.

Voraussetzung für diese Variationen ist der gemeinsame Wunsch, daß Sitzungen erfreuliche Zusammenkünfte sind, und daß sich diese Freude auf die Gemeinde überträgt.
Anregung und Beratung durch das VMA.

Sonntag

Der Sonntag (S.) hat religiöse und soziale Bedeutung. Schon die frühe Christenheit feierte ihn, den Auferstehungstag, als den wöchentlich wiederkehrenden „Tag des Herrn" (Offb. 1, 10). Die Gemeinde versammelte sich unter der Predigt und zur Feier des Herrenmahles (Apg. 20, 7). Der S. wurde so zu einem Bekenntnis gegenüber der Synagogengemeinde, die bis heute am „Sabbat" als ihrem Feiertag festhält. So auch einige christliche Sekten, z. B. Zeugen Jehovas, Adventisten. Gegen ein gesetzlich erstarrtes Verständnis der Sabbat-Heiligung hatte schon Jesus Stellung genommen (Mark. 2, 27). Die Reformatoren verstanden den S. als das Angebot Gottes: Die Heiligung des S. erfolgt dadurch, daß wir „die Predigt und sein Wort nicht verachten, sondern dasselbe heilig halten, gerne hören und lernen" (Kl. Katech.). Art. 15 KO schreibt vor, daß in allen Gemeinden an jedem Sonn- und Feiertag Gottesdienste angeboten werden. Dabei sollten die Kirchengemeinden darauf Rücksicht nehmen, daß viele Gemeindeglieder am S. Erholung und Entspannung suchen. „Gottesdienste im Grünen" und kirchliche Angebote in Naherholungsgebieten berücksichtigen die Mobilität des heutigen Menschen (→ Urlauberseelsorge). Der Staat hat durch entsprechende Gesetze den S. als einen Tag der Arbeitsruhe ausdrücklich geschützt (Art. 140 GG, vgl. Art. 139 Weimarer Vf.). Ausnahmen von der Sonntagsruhe regeln spezielle Arbeitsgesetze und Gewerbeordnungen, z. B. für Verkehrsbetriebe, Gastronomie, Blumenverkauf u. a. Für den Gesetzgeber ist die religiös-ethische Bedeutung des S. ebenso wichtig. Darum fordert er auch den Schutz des S. zur „seelischen Erhebung".
Entgegen bibl.-christlicher Überlieferung gilt der S. im Profankalender nicht mehr als erster, sondern als siebenter Wochentag.

Sonntagsgruß

→ Kirchengebietsblatt.

Sozialarbeiter/Sozialpädagoge

Wo früher in den Gemeinden oft Gemeindehelfer/innen tätig waren, sind heute an ihre Stelle Sozialarbeiter/innen oder Sozialpädagogen/innen getreten. Nach der Erlangung der Fachhochschulreife haben sie eine kirchliche oder staatliche Fachhochschule (→ Ausbildungsstätten) besucht. Ihr Studium gliedert sich in ein Hauptstudium (drei Semester), in dem die Grundlagen ihres künftigen Berufes vermittelt werden. Darauf folgt das Schwerpunktstudium (drei Semester), das auf eine spezielle Tätigkeit vorbereitet (→ Jugendarbeit, → Erwachsenenbildung, Heilpädagogik). – Ihr zukünftiger Arbeitsbereich ist der pädagogische Bereich der Gemeindearbeit. So suchen viele Gemeinden Mitarbeiter für die Jugendarbeit. Ein großes Arbeitsfeld sind ferner die Heime und Einrichtungen der → Diakonie. → Berufe, kirchliche.

Sozialethik

Aus der Öffentlichkeit der kirchlichen Verkündigung folgt die Notwendigkeit einer ev. Sozialethik (S.), die Gottes Anspruch nicht nur an das Leben des einzelnen, sondern auch an die Gestaltung der gesellschaftlichen Ordnungen zur Sprache bringt. In diesem Sinn ist die S. zu einer neuen Disziplin in den theologischen Fakultäten geworden. Sie befaßt sich mit Fragen der großen Lebens- und Verantwortungsbereiche (Mandate) Arbeit, Eigentum, Staat, Ehe und Familie. – In vielen Kirchenkreisen und Landeskirchen gibt es S.-Ausschüsse (SEA), die sozialeth. Fragen von besonderer örtlicher Bedeutung behandeln und kirchliche Beiträge zur öffentlichen Diskussion erarbeiten. Studien des SEA der EKiR: Wirtschaftlich-gesellschaftlicher Strukturwandel – Eine Herausforderung an die Kirche, 1971; Die Lage des älteren Menschen in unserer Gesellsaft, 1976; Arbeit und Arbeitslosigkeit, 1980. Das Amt für S. der EKiR (HLD) arbeitet u. a. an den Themen Arbeitswelt, Wirtschaftsethik, Ökologie, Stadt und Wohnwelt, Familienpolitik. Es versteht sich als Gesprächspartner sowohl gesellschaftlicher und politischer als auch kirchlicher Gruppen. → Umweltschutz.

Sozialsekretär

Ev. Sozialsekretäre (S.) sind hauptamtliche Mitarbeiter der kirchlichen → Industrie- und Sozialarbeit. Neben einer dreijährigen Ausbildung (bisher in der Ev. Sozialakademie Friedewald) gehört zu den Voraussetzungen dieses Berufes eine vorherige Berufstätigkeit außerhalb der Kirche. Hauptaufgabe der S. ist es, als Mittler zwischen Kirche und Arbeitswelt zu wirken. Sie suchen das Gespräch mit Arbeitnehmern und arbeiten mit Betrieben und Gewerkschaften zusammen. In der EKiR sind z. Z. 12 S. auf Kirchenkreisebene tätig. Sie sind im Konvent der Rhein. S. zusammengeschlossen. → Sozialethik.

Sozialstation

Sozialstationen sind innerhalb der beiden großen Kirchen fast ausschließlich aus Gemeindepflegestationen hervorgegangen. Sie werden im Bereich der EKiR auch „Diakoniestation" genannt. In diesen Einrichtungen ist ein Mitarbeiterteam (z. B. Krankenschwester, Alten- und

Familienpflegerin) tätig, wobei der Arbeitsschwerpunkt nach wie vor auf dem Einzeleinsatz und der Einzelbetreuung liegt. Die staatlichen Richtlinien schreiben die Zuweisung von festen Arbeitsbezirken vor. Dadurch ist es möglich, daß die Gemeindenähe bei der Pflege und Seelsorge an Kranken, Alten, Sterbenden und deren Angehörigen erhalten bleibt. Die medizinisch-pflegerischen Leistungen werden von öffentlichen Kassen nach jeweils landeseinheitlichen Richtlinien erstattet. Beratung bei der Einrichtung gibt das → Diakonische Werk.

Soziologie

Soziologie (S.) ist die Wissenschaft von der Gesellschaft und ihren Zusammenhängen. Auf der Grundlage empirischer Untersuchungen versucht die S. Gesetzmäßigkeiten zu erkennen und theoretische Aussagen zu entwickeln. Die S. hat sich neben den Naturwissenschaften zur vorherrschenden Weise wissenschaftlicher Betrachtung der Wirklichkeit entwickelt und ist darin an die Stelle getreten, die im wissenschaftlichen Weltbild des Mittelalters Philosophie und Theologie innehatten. Die schärfsten Angriffe auf jeden Versuch, die Sichtweise der S. zu verabsolutieren, kommen aus den Reihen der kritischen S. selbst. Für kirchliches Handeln, das sich auf Menschen in ihrem sozialen Umfeld und gesellschaftliche Zusammenhänge bezieht, ist die S. mit ihren empirischen Ergebnissen ein unverzichtbarer Gesprächspartner. → Sozialethik.

Spenden

Werden der Gemeinde Spenden zur Verfügung gestellt, soll damit in der Regel ein bestimmter Zweck gefördert werden. Diese Zweckbindung ist genau einzuhalten.
Den Spendern sollte unaufgefordert eine Bescheinigung ausgestellt werden, die den Vorschriften der Abgabenordnung entsprechen muß, wenn sie bei der Berechnung der Einkommen- und Lohnsteuer berücksichtigt werden sollen. → Diakoniekasse.

Spiritualität

→ Frömmigkeit.

Sport

Sport hat als körperliches Training und als Mittel der Gemeinschaftspflege in unserer Gesellschaft eine positive Bedeutung. Ethische Fragen ergeben sich vornehmlich durch den Hochleistungssport, wenn inhumane Trainingsmethoden angewendet werden, oder durch eine zunehmende Kommerzialisierung bestimmter Sportarten. Die Kirchengemeinde sollte um ein partnerschaftliches Verhältnis zu den örtlichen Turn- und Sportvereinen bemüht sein, da ja beide denselben Menschen zu dienen versuchen. Im Bereich der EKiR sind z. Z. Sup. Helmut Blank (Duisburg) und Dieter Ney (Simmern) beauftragt, den Kontakt zu den Landessportverbänden zu pflegen. Der EKD-Sportpfarrer ist z. Z. Pfr. Heinz Döring, Kassel.

Stellenausschreibung

→ Ausschreibung b.

Stiftung

Eine Stiftung (St.) ist eine mit Rechtsfähigkeit ausgestattete Vermögensmasse, die zu erhalten ist und deren Erträge nach dem in der Satzung festgelegten Willen des Stifters verwendet werden müssen. Für die Rechtsgültigkeit ist die Genehmigung des Staates erforderlich. Kirchliche St. verfolgen nach der Satzung kirchliche Zwecke und sind durch kirchl. Amtsträger im Vorstand mit der Kirche verbunden. Das LKA führt die Aufsicht (KABl 1979, S. 15). Sie hat die Verwirklichung des Stifterwillens zu sichern. Eine St. kann auch in einem Testament errichtet werden.

Studentengemeinde

An jeder größeren Hochschule gibt es eine ev. (und kath.) Studentengemeinde (ESG). Ihre Angehörigen sind die Studenten und Lehrer der Hochschule. Die ESG entspricht institutionell nicht einer Ortsgemeinde: Der einem → Presbyterium entsprechende Mitarbeiterkreis hat nicht dessen Rechte, ist aber verantwortlich für die Arbeit der ESG und wird bei der Berufung eines Pfarrers gehört. In Verwaltungsangelegenheiten ist die ESG unmittelbar an das LKA gewiesen. Der Beirat (Professoren, Vertreter der Ortsgemeinden, Studenten) begleitet die Arbeit der ESG. Der Studentenpfarrer wird nach Vorschlag durch die Gremien der ESG von der KL berufen, in der Regel für acht Jahre. – Die ESG hat es heute mit zwei großen Problemen zu tun. Sie muß den Studenten helfen, die nur schwer ihren Platz in einer Massenuniversität finden, mit psychischen Problemen zu tun haben und deren Berufsaussichten unsicher sind. Zum anderen ist die ESG Anlaufstelle für viele ausländische Studenten, die in einer für sie völlig fremden Umgebung innere und äußere Probleme mit dem Gastland haben. – Allein durch ihre Existenz ist die ESG unmittelbar betroffen von allen Problemen der Hochschule. Sie versucht, die Angehörigen aller Fakultäten mit den Fragen und Antworten bekannt zu machen, die sich aus dem Verhältnis des christlichen Glaubens zur modernen Wissenschaft ergeben. Dies geschieht durch Gottesdienste, Vorträge, Arbeitskreise, Freizeiten, Einzelgespräche.

Superintendent

Superintendent (S.) (lat. = Aufsichtsführender) ist die Amtsbezeichnung des Vorsitzenden einer Kreissynode und ihres Kreissynodalvorstandes.

Er wird nicht wie in anderen Landeskirchen von oben eingesetzt, sondern von einer Synode für acht Jahre als Vertrauensmann gewählt. Er soll sein: Berater der Gemeinden und Seelsorger ihrer Mitarbeiter — Koordinator der verschiedenen Arbeitszweige — Repräsentant nach außen — Schlichter bei → Konflikten. Entsprechend einem katholischen Bischof hat er das Recht, neue Pfarrer zu ordinieren und die → Visitation der Gemeinden zu leiten. Bislang hat die EKiR den hauptamtlichen S. abgelehnt. Ein weiblicher S. wurde noch nicht gewählt. (Art. 162—166 KO)

synodal

→ presbyterial-synodal.

Synode

(gr. = Zusammenkunft) → Kreissynode; → Landessynode.

Tagesordnung

→ Sitzung.

Taize

→ Kommunitäten.

Talar

→ Amtstracht.

Tarife

Unter Tarifen (T.) versteht man im Bereich der kirchlichen Angestellten, Arbeiter und Auszubildenden die im Arbeitsvertrag geregelten Bestimmungen über die → Vergütung (Lohn), den → Urlaub und die regelmäßige wöchentliche Arbeitszeit. Die kirchlichen Bestimmungen lehnen sich im wesentlichen an die im öffentlichen Bereich abgeschlossenen T.-verträge an. Die EKiR schließt keine Tarifverträge ab, sondern legt die T. im Wege des Arbeitsrechtsregelungsgesetzes unter Beteiligung der kirchlichen Mitarbeiter fest. Bei der Vergütung der Angestellten sind die T. den Vergütungsgruppen X bis I BAT-KF, bei den Arbeitern den Lohngruppen II bis IX MTL II zugeordnet. Die Auszubildenden erhalten Ausbildungsvergütung nach dem Manteltarifvertrag für Auszubildende in der jeweils geltenden kirchlichen Fassung.

Der Urlaub richtet sich bei Angestellten nach Lebensalter und Vergütungsgruppen (22–30 Arbeitstage, § 48 BAT-KF), bei den Arbeitern nach dem Lebensalter (22–27 Arbeitstage, § 48 MTL II) und bei den Auszubildenden nach dem Lebensalter (22–30 Arbeitstage, § 14 Manteltarifvertrag für Auszubildende, § 19 JASchG).

Die regelmäßige wöchentliche Arbeitszeit beträgt z .Z. grundsätzlich 40 Stunden. Einzelne Berufsgruppen haben andere regelmäßige Arbeitszeiten, z. B. → Küster und → Hausmeister 52 Stunden.

Taufe

In der Taufe (T.) bekundet Gott, daß er sich allein aus Gnaden und um Christi willen seines Geschöpfes annimmt und es in seinen Gnadenbund aufnimmt; sie ist sichtbare Berufung ohne vorhergehende, rechtfertigende Leistung des Täuflings. In dieser Vorstellung gründet die Praxis der Kinder-T. Diese läßt sich im NT allerdings noch nicht nachweisen. Sie wird von verschiedenen Theologen (u. a. von Karl Barth) in Frage gestellt unter Hinweis darauf, daß das vorhergehende Heil nicht in der Taufe, sondern in Christus allein begründet ist. Während die baptistisch gesinnte Freiwilligkeitskirchen die T. nur an solchen Gliedern der Gemeinschaft vollziehen, die zum lebendigen Glauben an Christus bekehrt wurden, haben die röm.-katholische Kirche und weitgehend die großen Kirchen der Reformation an der Kinder-T. unter Hinweis auf Mark. 10, 14 festgehalten. Bei der Kinder-T. versprechen Eltern und Paten, für die christliche Erziehung der Kinder zu sorgen, damit diese künftig mit der gesamten Gemeinde den Glauben bekennen können. Durch vorbereitende Gespräche mit Eltern und (wenn irgend möglich) Paten hat der taufende Pfarrer auf diese Verantwortung aufmerksam zu machen (Art. 35–39 KO). Die – in der EKiR auch übliche – T. von Heranwachsenden und Erwachsenen setzt das aus dem Leben in der Gemeinde erwachsene Begehren, die Zugehörigkeit zu Christus öffentlich zu bekennen, voraus.

Die T. soll in der Regel durch einen ordinierten Diener am Wort in einem Gottesdienst der Gemeinde vollzogen werden. Ihre Ordnung wird durch die → Agende II bestimmt. Unaufgebbare liturgische Grundelemente jeder T. (→ Nottaufe) sind: Die T.-Formel („Ich taufe dich im Namen des Vaters und des Sohnes und des Heiligen Geistes") und das dreimalige Begießen des Hauptes des Täuflings mit Wasser. Solche „rite" (= rechtmäßig) vollzogenen T. werden in den großen christlichen Kirchen untereinander anerkannt, um Wieder-T. zu vermeiden (Art. 32, 4 KO).

Dem Wortgeschehen kommt bei der T. entscheidende Bedeutung zu – „Wasser tut's freilich nicht, sondern das Wort Gottes, so mit und bei dem Wasser ist, und der Glaube, so solchem Worte Gottes im Wasser trauet" (Luther, Kl. Katechismus) –, um dem Zeichen des Wassers die Eindeutigkeit und den Zusagecharakter des Evangeliums zu geben.

Die Rechtswirkung der T. ist die Eingliederung des Getauften in die jeweilige Konfessionskirche, in der er getauft wurde. Wenn die Konfessionskirchen die T. untereinander anerkennen, so geben sie damit zu verstehen, daß es auch außerhalb der eigenen Konfession Kirche gibt und daß die T. in den Leib Christi der ‚una sancta ecclesia' hineinführt, über den keine Rechtsordnung verfügen kann.

Teamarbeit

Teamarbeit meint ursprünglich die zur Lösung einer komplexen Aufgabe erforderliche Zusammenarbeit unterschiedlicher Spezialisten. Im kirchlichen Bereich ist zumeist „gute Kooperation" von Mitarbeitern gemeint, auch wenn deren Fähigkeiten verschiedenartig sind. Voraussetzung dafür sind klar abgegrenzte Verantwortungsbereiche sowie wechselseitiger Respekt vor dem Aufgabenbereich und den Fähigkeiten der Partner auch in den Beziehungen zwischen Vorgesetzten und Untergebenen. Gute Teamarbeit lebt von regelmäßigen Arbeitsgesprächen, in denen Absprachen getroffen werden und der einzelne erlebt, daß seine Fähigkeiten und Erfahrungen für das Ganze der Arbeit gebraucht und anerkannt werden.

Telefon

→ Auslagenerstattung.

Telefonseelsorge

Die Telefonseelsorge (TS) bietet dem einzelnen eine Möglichkeit, sich über persönliche Probleme und Gefährdungen offen auszusprechen und sich hinsichtlich der nächsten Schritte zur Lösung dieser Probleme beraten zu lassen. Eine großstädtische TS erhält bei einer Leitung zehn- bis dreizehntausend Anrufe im Jahr, d. h. bis zu 40 Anrufe täglich. Für die TS gilt der Grundsatz strenger Vertraulichkeit und Anonymität aufseiten des Anrufers und des Beraters. Auch bei Weiterverweisung an Dritte (Gemeindepfarrer, Arzt, → Beratungsstelle, Behörde) überläßt die TS dem Ratsuchenden die Initiative und die Verantwortung für sich selbst. Nur in akuten Ausnahmefällen wird eine Aufhebung der Anonymität verabredet. Die TS (in der BRD seit 1956) arbeitet „rund um die Uhr" mit einem großen Kreis von → ehrenamtlichen Mitarbeitern. Diese werden in einem 6–12monatigen → Seminar ausgebildet. Die TS-Stellen werden teils haupt-, teils nebenamtlich geleitet. Die Konfessionen arbeiten in der TS eng zusammen; etwa jede zweite TS-Stelle wird von ev. und kath. Kirche gemeinsam betrieben.

Tersteegen

Gerhard Tersteegen (1697–1769) stammt aus dem reformierten Moers, war Kaufmann und Bandwirker, wirkte aber hauptsächlich als Prediger und seelsorgerlicher Briefschreiber von Mülheim-Ruhr aus. Weit über seine engere Heimat hinaus sind die Spuren seiner Wirksamkeit bis heute zu erkennen. An vielen Orten, besonders am Niederrhein, in Wuppertal und im Siegerland kam es durch seine Tätigkeit zu Erweckungsbewegungen, in der sich reformierte Frömmigkeit mit dem Gedankengut der Mystik verband. In seinen jungen Jahren neigte er zu einem gewissen Separatismus, fühlte sich später aber aufs engste der Kirche verbunden. Nicht zuletzt ihm ist es zu danken, daß im Rheinland der → Pietismus in der Kirche Heimat fand. Das Gesangbuch überliefert elf Lieder von Gerhard Tersteegen, der damit neben Martin Luther und Paul Gerhardt der bedeutendste Liederdichter der Evangelischen Kirche wurde.

Trauung

„Die Trauung (T.) ist eine gottesdienstliche Handlung, in der dem Brautpaar auf Grund des Wortes Gottes bezeugt wird, daß der Ehebund von Gott selbst gestiftet ist und nur durch den Tod gelöst werden soll" (Art. 51, 1 KO). Mit dieser Definition rückt die ev. Kirche von dem katholischen Verständnis der T. ab, das die Übernatürlichkeit der Ehe als Sakrament und die Zuständigkeit der Kirche in Ehesachen betont. Für Luther und die übrigen Reformatoren ist die Ehe ‚ein weltlich Ding'; doch als Raum besonderer personaler Verantwortung und zwischenmenschlicher Bewährung steht die Ehe nach reformatorischem Verständnis auch unter dem besonderen Anspruch des göttlichen Gebots und bedarf immer wieder des Zuspruchs der rechtfertigenden Vergebung. Die ermahnende und ermutigende Traupredigt sowie das öffentliche Traugelöbnis, den Ehepartner als aus Gottes Hand kommend anzunehmen, bilden sachlich die Mitte der Trauhandlung, die durch den Zuspruch des Segens an das Brautpaar abgeschlossen wird.

Infolge allgemeiner gesellschaftlicher Wandlungsprozesse standen in den vergangenen Jahren drei Fragenbereiche zur Entscheidung: a) Ist die Wieder-T. Geschiedener nach evangelischem Trauverständnis möglich? b) Können konfessionsverschiedene Ehen kirchlich getraut werden? c) Ist eine kirchliche T. zwischen einem ev. Christen und einem Nichtchristen theologisch zu verantworten? – In allen drei Fragebereichen hat die EKiR durch entsprechende Neuformulierungen in der KO eine jeweils bedingt bejahende Antwort gegeben (Art. 54 u. 55 KO).

Wie bei den anderen → Amtshandlungen in der Volkskirche, so ist auch bei der T. besonders darauf zu achten, daß sie den Gemeindegliedern nicht als ein punktueller, in sich isolierter Akt angeboten wird, sondern durch intensive vorbereitende Gespräche und die nachfolgende seelsorgerliche Begleitung (→ Besuchsdienst) der Eheleute als ein Handeln der Gesamtgemeinde an und mit ihren Gliedern verstanden werden kann.

Übergemeindliche Aufgaben

Weil viele Aufgaben von der Ortsgemeinde allein nicht wahrgenommen werden können, ist der Pfarrer zur Übernahme übergemeindlicher Aufgaben verpflichtet (Art. 69, 2 KO). Auch Presbyter können gebeten werden, übergemeindliche Aufgaben wahrzunehmen, weil z. B. ihre Fachkenntnisse gebraucht werden. Selbstgewählte übergemeindliche Aufgaben von Pfarrern und Mitarbeitern hingegen sollten von der Zustimmung des Presbyteriums abhängig gemacht werden, soweit dies nicht durch die → Dienstanweisung geregelt ist.

Überstunden

Überstunden (Ü.) sind die von Mitarbeitern geleisteten Arbeitsstunden, die auf Anordnung des Dienstgebers über die regelmäßige durchschnittliche wöchentliche Arbeitszeit hinaus geleistet werden.

Bei Beamten im kirchlichen Dienst — mit Ausnahme der Lehrer, für die die staatlichen Bestimmungen über Mehrarbeitsstunden gelten — führen Ü. weder zu zusätzlicher Vergütung noch zu Freizeitausgleich (öffentlich-rechtliches Dienst- und Treueverhältnis). Bei Angestellten und Arbeitern sind Ü. auf dringende betriebliche Erfordernisse zu beschränken. Regelmäßige Ü. sind durch das Leitungsorgan, gelegentliche Ü. durch den unmittelbaren Dienstvorgesetzten anzuordnen. Liegt keine Anordnung vor, sind die Ü. rechtlich unbeachtlich.

Angeordnete Ü. sollen grundsätzlich bis zum Ende des Folgemonats durch → Freizeit abgegolten werden (zuzüglich Zeitzuschlag, je nach Vergütungsgruppe 15–25%).

Können die Ü. nicht durch Freizeit abgegolten werden, so erhält der Mitarbeiter die volle Stundenvergütung vermehrt um den entsprechenden Zeitzuschlag (Sonderregelung 2 ki→BAT-KF). Regelmäßige Ü. können im Ausnahmefall auch pauschaliert vergütet werden, wenn ein Freizeitausgleich auf Dauer unmöglich ist und über einen längeren Zeitraum hinweg festgestellt worden ist, daß die Ü. regelmäßig in einer bestimmten Höhe geleistet werden. Von einer solchen Pauschalierung ist allerdings abzuraten, da der Mitarbeiter nicht auf Dauer mit Ü. belastet werden darf.

Übertritt

→ Aufnahme.

Umlagen

In der EKiR finanzieren die Kirchengemeinden als Kirchensteuerträger durch Umlagen (U.)
1. den Haushalt des Kirchenkreises und den innersynodalen Finanzausgleich,

2. durch die sog. U. I die Pfarrbesoldung der Gemeinde- und Kreispfarrer und durch die sog. U. II den Haushalt der Landeskirche und den übersynodalen Finanzausgleich. Die kreiskirchliche U. richtet sich jeweils nach den übergemeindlichen Aufgaben und Bedürfnissen eines Kirchenkreises und wird durch die Kreissynode festgesetzt (Art. 40 KO). Ihre Höhe schwankt heute etwa zwischen 2 Prozent und 10 Prozent. Die landeskirchliche U. I beträgt (1981) 17,5 Prozent und ist für die Besoldung der Pfarrer zwingend abzuführen. Die Höhe der U. ist seit fünf Jahren unverändert, ist aber abhängig von der Zahl der besetzten oder errichteten Pfarrstellen. Die landeskirchliche U. II, die für die Erfüllung der Aufgaben der Landeskirche und für den Finanzausgleich zwischen den Kirchenkreisen erhoben wird, beläßt den Gemeinden einen „Freibetrag" von DM 110,— pro Jahr je Gemeindeglied (1981). Von allen diesen Pro-Kopf-Betrag übersteigenden Mitteln hat die Gemeinde 70 Prozent als U. II abzuführen. Das in der rheinischen Kirche recht komplizierte Umlageverfahren ist Ausdruck der Finanzhoheit und der finanziellen Verantwortlichkeit der Gemeinden und somit eines der Merkmale der → presbyterial-synodalen Ordnung einer Kirche. → Kirchensteuer.

Umweltschutz

Die Probleme der Umwelt sind seit Ende der 60er Jahre zunehmend in das Bewußtsein der Öffentlichkeit getreten. Während Jahrmillionen lang das Ökosystem, d. h. die Gesamtheit aller Lebensprozesse der Erde (Biosphäre), sich selbst stabilisiert hat, führen heute die Auswirkungen der industriellen Massenproduktion zu Belastungen, Gefährdungen und zur Zerstörung der natürlichen Lebensgrundlage (Gefährdungsquellen: Kernenergie, fossile Energieträger, verstärkter Einsatz der Chemie in vielen Bereichen von Industrie, Landwirtschaft und Konsum, Ansammlung und Distribution von giftigen Abfallstoffen, Rohstoffverknappung). Damit steht der Mensch vor der Aufgabe, sein Verhältnis zur Natur neu zu bedenken, die Folgen seiner Eingriffe und seine Verantwortung dafür zu erkennen und den Einsatz von Technik und angewandter Wissenschaft an den ökologischen Gegebenheiten auszurichten. Weil die Welt Gottes Schöpfung und der Mensch mit ihrer Pflege beauftragt ist, müssen sich Theologie und Verkündigung neu dem Verhältnis von Gott, Mensch und Natur widmen und in einer Ethik der Umwelt, die von einer Zusammenarbeit zwischen Mensch und Natur ausgeht, die Gaben der natürlichen Kreatur und der menschlichen Kreativität einander zuchtvoll zuordnen.
In der EKD und ihren Gliedkirchen gibt es Beauftragte für Energie- und Umweltfragen; einzelne Ämter und Werke nehmen diese Aufgaben wahr. In der EKiR ist das Amt für Sozialethik und Sozialpolitik im HLD, Düsseldorf, mit der Wahrnahme dieser Aufgaben betraut. → Sozialethik.

Umzugskosten

Die Umzugskosten werden von der Dienststelle getragen, die den Umzug anordnet bzw. veranlaßt. Die Erstattung umfaßt die Kosten des Umzuges, der Reisekosten und ggf. eine Einrichtungsbeihilfe. Für Pfarrer gelten beondere Regelungen. Für andere Mitarbeiter richtet sich die Vergütung der Umzugskosten nach den entsprechenden Landes/Bundesgesetzen. Der Umzug ist innerhalb eines Jahres abzurechnen unter Vorlage aller Belege; später besteht kein Anspruch auf Erstattung.

Uniert

1817 (300 Jahre Reformation) wurde auf königlichen Befehl in Preußen die Union eingeführt: getrennte lutherische und reformierte Gemeinden sollte es nicht mehr geben: Die Ev. Kirche ist eine unierte Kirche, in der → lutherische, → reformierte und unierte Gemeinden „in einer Kirche verbunden sind und untereinander Gemeinschaft haben am Gottesdienst und an den heiligen Sakramenten" (KO, GA II). Die Trennung zwischen den protestantischen Konfessionen (lutherisch-reformiert) ist aufgehoben, der → Bekenntnisstand der Gemeinden bleibt dennoch erhalten. Wo unierte Gemeinden gegründet wurden oder sich zu solchen zusammenschlossen, gelten die reformatorischen → Katechismen „oder eine Zusammenfassung beider Katechismen" (KO, GA II). Die Gemeinden nennen sich im Unterschied zu lutherischen oder reformierten Gemeinden „evangelische Gemeinde ...". → EKU; → rheinische Kirche.

Union, Ev. Kirche der

→ EKU.

Urlaub

Der Erholungsurlaub (U.) gehört zu den tarifrechtlich geregelten Bestimmungen des Arbeitsvertrages. Er richtet sich in seiner Dauer nach Alter und Vergütungsgruppe. Auf der Grundlage einer Fünftagewoche wird er für Beamte, Angestellte und Arbeiter in Arbeitstagen angegeben (zwischen 22 und 30 Tagen, → Tarife).
Für Pfarrer wird er aufgrund der die Fünftagewoche überschreitenden Arbeitszeit in Kalendertagen angegeben und steigt je nach dem Alter von 35 auf 42 Kalendertage.
Unabhängig davon können kirchliche Mitarbeiter Fortbildungs-U. beantragen, der nicht auf den Erholungs-U. angerechnet wird (→ Fortbildung). Der U. muß beim Anstellungsträger (für Pfarrer beim Superintendenten) beantragt werden und soll in nicht mehr als zwei Teilen genommen werden. Eine Übertragung auf das nächste U.-Jahr soll vermieden werden und muß in Ausnahmefällen beantragt werden. Eine Übertragung über den 30. Juni hinaus ist nicht zulässig.

Beamte können im Jahr bis zu fünf Tagen beurlaubt werden, um an kirchlichen Tagungen oder Veranstaltungen teilzunehmen.

Urlauberseelsorge

Urlaub ist für viele Menschen heute der Raum des eigentlichen Lebens. Hier erwarten sie Selbstverwirklichung und die Erfüllung ihrer manchmal übersteigerten Hoffnungen und Erwartungen. Diesen Erwartungshorizont muß der vor Augen haben, der für Urlauber Gottesdienste und Veranstaltungen vorbereitet und hält, da hier besondere Chancen liegen. Die Aufgeschlossenheit und Hörbereitschaft der Menschen im Urlaub ist größer. Sie sind freier von äußeren Zwängen, sie haben Zeit und wohl aufgrund ihrer Erwartungshaltung eher das Bedürfnis nach einem deutenden und wegweisenden Wort des Glaubens. Alle Gottesdienste und Veranstaltungen sollten nach Möglichkeit von einem Team vorbereitet und gehalten werden, in dem Mitarbeiter und Urlauber gemeinsam tätig sind. Dadurch wird der einzelne Besucher stärker einbezogen und aufgeschlossener für weitere persönliche Gespräche (→ Camping). Beratung und Anregungen durch das VMA.

Vakanz

Die Vakanz (V.) — Zeitraum der Nichtbesetzung — einer → Pfarrstelle ist für die Gemeinde ein Einschnitt, besonders dort, wo es um die einzige Pfarrstelle geht. Gleichzeitig bietet die V. die Chance einer Bestandsaufnahme: Welche Aufgaben stehen bevor? — Welche Ziele haben wir für unsere Arbeit? — Welche Aufgaben sind bei uns charakteristisch für einen neuen Pfarrer? — Nach welchen Kriterien wollen wir einen neuen Pfarrer suchen? Pfarramtliche Dienste (→ Gottesdienste, → KU, → Amtshandlungen und Mitarbeit im Presbyterium) werden nach Vermittlung des → Superintendenten durch einen Vakanzverwalter, einen Pfarrer der Nachbargemeinden, geregelt; in seltenen Fällen erfolgt die Einweisung eines → Hilfspredigers. Besondere Aufmerksamkeit ist während der V. den → Mitarbeitern zu widmen, ihrer Unterstützung und Ermutigung. Es kann gelingen, die V. zu einer Zeit besonderer eigenständiger Aktivitäten zu gestalten. Beratung und Hilfestellung bietet das VMA.

Verbandsrecht

Das Verbandsrecht (1963) ermöglicht es, daß Kirchengemeinden (und Kirchenkreise) wichtige Aufgaben auf eine gemeinsame neue Rechtsebene übertragen und dafür „Zweckverbände" bilden — den Gemeinde- (oder Kirchenkreis-) Verband. Vorläufer waren die Gesamtverbände, denen der Kirchensteuereinzug und die Verteilung der finanziellen Mittel obliegt. Ein solcher Verband ist ebenfalls eine Körperschaft des öffentlichen Rechts. Aufgabenkreis und Organstruktur, Finanzierung und Verfahrensweise werden in einer → Satzung geregelt, die in der Regel von den beteiligten Gemeinden und Kirchenkreisen beschlossen und vom LKA genehmigt werden muß.

Typisches Beispiel sind die Gemeinde- oder Kirchenkreisverbände in Großstädten, die eine Plattform auf „Stadtebene" auch gegenüber städtischen und staatlichen Stellen bilden (für z. B. Stadtakademie, Sozialreferat, Öffentlichkeitsarbeit). Die Entscheidungen über die gemeinsamen Aufgaben obliegen den Verbandsorganen (Verbandsvorstand und Verbandsvertretung) und sind damit den Presbyterien (bzw. den KSVs und Kreissynoden) weitgehend entzogen.

Verein

Das kirchliche Vereinswesen wurde im vergangenen Jahrhundert durch den Pietismus und die Erweckungsbewegung stark gefördert. → Mission und → Diakonie z. B. konnten ihre Wirksamkeit nur in einer rechtlichen Unabhängigkeit von den Landeskirchen entfalten. Ebenso mußten die Jugend-, Männer- und Frauenverbände eine von der Kirche unabhängige Organisationsform wählen. Dazu bot sich die Rechtsform des Vereins (V.) an. Auch heute kann für kirchliche Aktivitäten, die eigenständig (nicht in unmittelbarer Abhängigkeit von der Kirchengemeinde) ihre Arbeit tun, die Gründung eines V. erwogen werden. Er ermöglicht eine gute Kommunikation und eine wirksame Mitbeteiligung seiner Mitglieder. Der eingetragene V. (e. V.) muß beim zuständigen Amtsgericht die Eintragung ins Vereinsregister beantragen. Dazu ist eine Satzung und das Gründungsprotokoll der Mitgliederversammlung vorzulegen. Beschlußgremien des V. sind die Mitgliederversammlung und der Vorstand, der von der Mitgliederversammlung gewählt wird und ihr verantwortlich ist.

Vereinigte Evangelische Mission

Die Vereinigte Evangelische → Mission (VEM) führt die Arbeit der früheren Rheinischen Mission, Bethel Mission und Zaire Mission fort. Sie „nimmt durch ihre Arbeit teil an der Erfüllung des Befehls Jesu Christi, ihn durch Verkündigung und Dienst als den Herrn und Heiland aller Menschen zu bezeugen" (Satzung). Ihr gehören evangelische Landeskirchen, kirchliche Werke und Gemeinschaftsverbände an. Die VEM arbeitet z. Z. mit 22 Kirchen in Afrika und Asien zusammen. Die Partnerschaft umfaßt die Entsendung von Mitarbeitern, finanzielle Hilfe für den Dienst der Kirchen, Vergabe von Stipendien und Austausch auf vielen Ebenen. Mitarbeiter der überseeischen Partnerkirchen tun für längere Zeit Dienst in der Bundesrepublik oder kommen zu kürzeren Einsätzen und Besuchen, um mit uns ihre Glaubenserfahrungen und Fragen zu teilen. Der Gemeindedienst für Weltmission hilft dazu, daß die Gemeinden ihre missionarische Verantwortung in ökumenischer Weite wahrnehmen. Er ist von der Landeskirche in Verbindung mit der VEM eingerichtet. Z. Z. sind fünf Regionalpfarrstellen besetzt. Die Arbeit der VEM wird zum Teil durch Zuschüsse der Landeskirche finanziert. Sie ist wesentlich auf Gaben einzelner Christen, auf Zuwendungen von Gemeinden und Kirchenkreisen angewiesen.
VEM, Rudolfstr. 137/139, 5600 Wuppertal 2

Vergütung

Die Höhe der Bezüge der Mitarbeiter richtet sich nach der Ausbildung, der Tätigkeit, dem Lebensalter und dem Familienstand. Das Gefüge der Bezüge ist eng an die entsprechenden Regelungen des öffentlichen Dienstes angelegt. Danach wird unterschieden nach → Pfarrern, → Beamten, → Angestellten, Arbeitern und Auszubildenden.
1. Pfarrer erhalten gemäß § 15 Pfarrerdienstgesetz einen „angemessenen Lebensunterhalt" (Pfarrbesoldung). Die Pfarrbesoldungsordnung regelt im einzelnen die Höhe. Danach erhält der Pfarrer ein Grundgehalt nach den Besoldungsgruppen A 13/A 14 einschließlich Zulagen, eine freie → Dienstwohnung als Besoldungsbestandteil (unter Hinterlassung des Ortszuschlages Stufe 1) und eine Ausgleichszulage in Höhe des Stufenmehrbetrages beim Ortszuschlag („Verheiratetenzuschlag", „Kinderzuschlag").

2. Beamte erhalten je nach ihren Laufbahnvoraussetzungen ein Grund-gehalt der Besoldungsgruppe A 1 bis A 16, sowie in Einzelfällen nach der Besoldungsordnung B, einen Ortszuschlag je nach Familienstand und eine allgemeine Zulage gestaltet nach einfachem, mittleren und gehobenen Dienst. Daneben erhält der Beamte besondere Zulagen nach Maßgabe kirchenrechtlicher Bestimmungen.

3. Angestellte erhalten nach § 26 → BAT-KF eine Vergütung bestehend aus der Grundvergütung, dem Ortszuschlag je nach Familienstand und einer allgemeinen Zulage entsprechend den Beamtenregelungen. Da-neben gibt es in beschränktem Umfang weitere Zulagen im Rahmen der Bestimmungen des BAT-KF.

4. Arbeiter erhalten Lohn nach § 22 MTL-KF (→ Tarife). Daneben erhält der Arbeiter einen Sozialzuschlag in Höhe des kinderbezogenen Anteils des Ortszuschlages eines Angestellten. Auch bei Arbeitern gibt es Zu-lagen nach den entsprechenden kirchlichen Bestimmungen.

5. Auszubildende erhalten Ausbildungsvergütung nach den Bestimmun-gen des Manteltarifvertrages für Auszubildende kirchlicher Fassung ge-staffelt nach den Ausbildungsjahren; → Praktikanten erhalten Vergü-tung nach den jeweiligen Bestimmungen der Praktikantentarifverträge kirchlicher Fassung.

Die Bezüge aller Mitarbeiter steigen alle zwei Jahre um einen bestimm-ten Dienst- und Lebensaltersstufenbetrag. Neben diesen Bezügen, die bei Pfarrern und Beamten von der Kirchenleitung, bei allen anderen Mitarbeitern von der Arbeitsrechtlichen Kommission in Anlehnung an die Vergütungserhöhungen im öffentlichen Dienst festgelegt werden, erhalten alle Mitarbeiter jährlich eine einmalige Zuwendung in Höhe eines Monatsgehalts („Weihnachtsgeld") und ein Urlaubsgeld von in der Regel DM 300,— jährlich. → Honorar; → Höhergruppierung.

Vermögen

Das Vermögen (V.) der Gemeinden ist meist für besondere Zwecke be-stimmt, z. B. Kirchen-V., Pfarr-V., Diakonie-V. Das Kirchen-V. dient den allgemeinen kirchlichen Zwecken. Das Pfarr-V. ist der Pfarrbesoldung gewidmet. Das kirchliche V. und seine Erträgnisse dürfen nur für die Zwecke verwendet werden, die der Zweckbestimmung entsprechen. Sollen z. B. Grundstücke verkauft werden, ist der Kaufpreis wieder dem entsprechenden V. zuzuführen, zu dem die Grundstücke gehörten.

Die V.-Werte sind so zu verwalten, daß ein größtmöglicher Ertrag er-zielt wird. Der Ertrag ist dem bestimmten Zweck zuzuführen oder als zweckbestimmtes V. anzulegen. Das gesamte V. ist im → Lagerbuch nachzuweisen.

Der kirchliche Grundbesitz ist möglichst unverändert zu erhalten. Grund-stücke dürfen nur veräußert oder belastet werden, wenn es notwendig oder von erheblichem Nutzen ist. Die Veräußerung, der Erwerb, die Ver-pachtung und die Belastung von Grundstücken bedürfen der Genehmi-gung des LKA. → Liegenschaften.

Verschuldung

Für umfangreiche langfristig zu finanzierende (Bau-) Vorhaben kann die Aufnahme größerer → Darlehen, die durch das LKA genehmigt werden müssen, notwendig werden. Die Belastung des Haushaltsplans durch den Schuldendienst darf eine obere Grenze von 7,5 Prozent der Einnahmen aus → Kirchensteuern und Grundvermögen nicht überschreiten. (Vgl. KABl 1974, S. 201 und 1980, S. 189).

Verschwiegenheit

Der kirchliche Mitarbeiter ist zur Verschwiegenheit verpflichtet. Er darf weder innerhalb noch außerhalb des Dienstes über Angelegenheiten, die ihm bei seiner dienstlichen Tätigkeit bekanntgeworden sind, Mitteilungen machen. Dies gilt nicht für offenkundige Tatsachen und für Mitteilungen im dienstlichen Verkehr. Im einzelnen ist die Verpflichtung zur Verschwiegenheit für die Mitarbeiter in unterschiedlichen Bestimmungen geregelt (Presbyter: Art. 118,5 KO; Pfarrer: Art. 71,1 KO und § 29 PfDG; Kirchenbeamte: § 26 KBG; Angestellte: § 9 BAT-KF; Arbeiter: § 11 MTL II; nebenberufliche Mitarbeiter: § 3,3 der Richtlinien vom 31. 5. 1979 – KABl S. 123).

Der kirchliche Mitarbeiter braucht eine Genehmigung, wenn er vor Gericht oder vor einer anderen Behörde über Angelegenheiten aussagen will, die der Verschwiegenheitspflicht unterliegen (vgl. § 29,1 PfDG, § 26,2 KBG, § 376 ZPO, § 54 StPO). Die Genehmigung hat grundsätzlich die vernehmende Behörde/Gericht einzuholen. Bei Pfarrern erteilt die Genehmigung das LKA, bei den übrigen kirchlichen Mitarbeitern das Presbyterium. → Beichtgeheimnis.

Versetzung im Interesse des Dienstes

Die KL kann einen Pfarrer gegen seinen Willen aus seiner → Pfarrstelle abberufen, wenn es im dienstlichen Interesse geboten ist (früher: „Versetzung im Interesse des Dienstes", rechtlich abgeändert in: „Abberufung . . ."). Die Voraussetzungen sind in § 49 des Pfarrerdienstgesetzes (PfDG) geregelt. Für die Praxis kommt am häufigsten Absatz 1, b in Frage: Es liegt ein Tatbestand vor, der dem Pfarrer eine gedeihliche Führung des Pfarramtes in seiner Gemeinde unmöglich macht. D. h., das Verhältnis zwischen Pfarrer und Gemeinde ist so zerrüttet, daß es um der Gemeinde willen gelöst werden muß. (Durchbrechung des Grundsatzes, wonach der Pfarrer auf Lebenszeit in seine Pfarrstelle berufen wird.) Die Abberufung setzt ein Verschulden des Pfarrers nicht voraus; deshalb enthält sie keinen disziplinarrechtlichen Vorwurf (→ Disziplinarrecht). Sie entzieht dem Pfarrer seine Pfarrstelle und den Anspruch auf die → Dienstwohnung, darf aber sein Diensteinkommen nicht mindern.

Über die Abberufung beschließt die KL von Amts wegen oder auf Antrag des Presbyteriums oder des KSV. Haben diese den Antrag nicht gestellt, so sind sie ebenso wie der Pfarrer zu hören. In der EKiR bedarf die Abberufung der Zustimmung des KSV. Der Beschluß über die Abberufung kann bei der Verwaltungskammer (→ Gerichte, kirchliche) angefochten werden. Das LKA hilft dem Pfarrer bei der Bewerbung um eine andere Pfarrstelle. Findet der Pfarrer innerhalb eines Jahres keine Pfarrstelle, so wird er in den → Wartestand versetzt.

Versicherung

Die Feuerversicherung deckt Schäden, die durch Brand, Explosion oder Blitzschlag entstehen. In der Regel bestehen dafür Verträge, die die Kirchenkreise für die zu ihnen gehörenden Gemeinden abgeschlossen haben. Häufig werden damit andere Risiken (z. B. Einbruchdiebstahl, Sturm- und Wasserschäden) kombiniert.

Die Haftpflichtversicherung wird für Personen- und Sachschäden abgeschlossen, die bei einem Dritten entstanden sind und für die die Kirchengemeinde in Anspruch genommen wird. Ausgenommen davon sind Schäden, die durch ein Kraftfahrzeug verursacht werden. Für die Haftpflichtversicherung besteht eine Sammelversicherung der Landeskirche.

Für Vermögenschäden, die der Gemeinde entstehen und für die ein fahrlässig handelnder Mitarbeiter der Gemeinde verantwortlich ist, besteht eine Vermögensschadenhaftpflichtversicherung. Grob fahrlässig oder vorsätzlich herbeigeführte Schäden werden von einer Vertrauenschadenversicherung gedeckt.

Soweit Unfallschäden nicht unter eine gesetzliche Unfallversicherung fallen, besteht eine Unfallversicherung. Dabei können auch Unfälle berücksichtigt werden, bei denen eine Hapftpflichtversicherung eintritt.

Die gesetzliche Unfallversicherung erfaßt alle Mitarbeiter (auch die ehrenamtlich Tätigen), die nicht Beamte oder Pfarrer sind. Beamte und Pfarrer haben besondere Ansprüche auf Unfallfürsorge gegen ihren Dienstherren. Die gesetzliche Unfallversicherung umfaßt auch Unfälle, die auf dem Wege von und zur Arbeitsstätte einem Mitarbeiter zustoßen. Wegen der Kompliziertheit versicherungsrechtlicher Bestimmungen empfiehlt es sich, in unklaren Einzelfällen das LKA um Beratung zu bitten.

Vertraulichkeit

→ Verschwiegenheit; → Beichtgeheimnis.

Vertretung

Bei Abwesenheit oder → Urlaub hat der Pfarrer unbeschadet der Verantwortlichkeit des Presbyteriums für seine Vertretung (V.) zu sorgen (§ 26 PfDG). Er kann dabei die Vermittlung des → Superintendenten in Anspruch nehmen. Im Falle der Dienstunfähigkeit beauftragt der Superintendent einen Pfarrer oder Amtsträger seines → Kirchenkreises mit der V. Die Pfarrer sind innerhalb eines Kirchenkreises zu gegenseitiger

V. verpflichtet. Für den jährlichen Erholungsurlaub und für den Fall einer Erkrankung hat die Gemeinde evtl. anfallende V.-kosten zu übernehmen (§ 26, Abs. 3 PfDG und RS 720). Für die V. der anderen Mitarbeiter sorgt der Anstellungsträger — tunlichst in Absprache mit dem zu Vertretenden. Der Anstellungsträger übernimmt evtl. anfallende V.-kosten.

Verwaltungsamt

→ Gemeindeamt.

Verwaltungsordnung

Die Verwaltungsordnung (VO) ist auf Grund des Art. 216 KO zur Ordnung der Vermögens- und Finanzverwaltung der Gemeinden, Verbände und Kirchenkreise beschlossen worden. Sie regelt die Aufgaben und Zuständigkeiten von Leitung, Verwaltung und Aufsicht, enthält Bestimmungen über die Pflege des Vermögens und das Haushalts-, Kassen- und Rechnungswesen. In einem Anhang sind Formblätter und Muster für fast alle Verwaltungsaufgaben enthalten. Angesichts vielfältiger Veränderungen wird die VO so flexibel wie möglich gestaltet.
Geeignete Verwaltungskräfte sind in der Lage, mit diesem Instrumentarium zur Unterstützung der Leitungsgremien zu arbeiten. Für die Hand des → Kirchmeisters, der u. a. mit der Aufsicht innerhalb der Kirchengemeinde beauftragt ist, ist die VO unentbehrlich.

Vikariat

Ausgebildete Theologen, die den Dienst eines Pfarres anstreben, werden nach der 1. theologischen Prüfung in den „kirchlichen Vorbereitungsdienst" eingewiesen. Die frühere Bezeichnung „Vikariat" bedeutet, daß sie einem Lehrpfarrer („Vikariatsvater") zugewiesen wurden und ihn in vielen Diensten zu vertreten hatten. Das heutige Ausbildungskonzept versteht diesen in der Regel zweijährigen Vorbereitungsdienst als Lern- und Erprobungszeit, in der noch ganz von der Universitätsausbildung geprägte Theologen den Übergang in den gemeindlichen Dienst vollziehen sollen. Dabei helfen ihnen die → Predigerseminare mit kursartigen Veranstaltungen und am Ort des gemeindlichen Dienstes für sie verantwortliche Mentoren (erfahrene Gemeindepfarrer). Nach Beendigung des Vorbereitungsdienstes ist die 2. theologische Prüfung abzulegen. Erst dann können sie als → Hilfsprediger mit der vollen Verantwortung für eine Gemeinde betraut werden. Das „Vikariat" hat für die meisten jungen Theologen entscheidende Bedeutung für ihren ganzen späteren Dienst. Darum ist es zugleich eine Aufgabe für das Presbyterium und die ganze Gemeinde.

Visitation

Die Visitation (V.) ist ein offizieller Besuch des → KSV in einer Gemeinde (Art. 157; 164 KO). Er soll mindestens alle acht Jahre stattfinden. Das „Kirchengesetz über die Ordnung der V." (1953) enthält Richtlinien für das Besuchsprogramm. Es betrifft die gesamte Tätigkeit der Pfarrer, Mitarbeiter und des Presbyteriums, den Zustand der Gebäude und die finanzielle Lage der Gemeinde. Die Ergebnisse der V. werden in einem Bericht an die KL zusammengefaßt. Die V. ist nicht als eine Inspektion aufzufassen. Vielmehr soll sie einer Gemeinde Anlaß und Gelegenheit bieten, sich selbst Rechenschaft über Erfolge und Mißerfolge, Stärken und Schwächen ihrer Arbeit zu geben. Die Anwesenheit der Mitglieder des KSV soll dazu helfen, Betriebsblindheit zu vermeiden (→ Beratung). Selbstkritik als Ziel einer V. setzt Offenheit und Vertrauen voraus. Zu diesem Klima trägt der KSV viel bei, wenn er einen festen Dauerkontakt zu seinen Gemeinden pflegt. Dazu trägt eine Gemeinde bei, indem sie nicht erst eine V. zum Anlaß nimmt, sich ihre → Konflikte und Probleme bewußt zu machen.

Volkskirche

→ Kirche.

Volksmissionarisches Amt

→ Besuchsdienst, → Camping, → Evangelisation, → Gemeindeaufbau, → Gemeindeberatung; → Landeskirche Dienste, Haus, → Urlauberseelsorge.

Vorsitzender

→ Präses; → Presbyterium.

Wahlen

In der EKiR finden alle vier Jahre Wahlen statt, um die Leitungsorgane (Presbyterium, KSV und Kreissynode, Kirchenleitung und Landessynode, Verbandsvorstände) zu bilden. Nach der KO werden dabei nur die Presbyterien durch „Urwahlen" (d. h. unmittelbar durch die Gemeindeglieder), die übrigen Leitungsorgane mittelbar durch bereits gewählte Amtsträger gebildet.

Für die Abstimmung im Presbyterium und in der Kreissynode einerseits und in der Landessynode andererseits sind unterschiedliche Mehrheiten vorgeschrieben.

Ungültige Stimmen und Enthaltungen zählen bei der Feststellung der Zahl der „anwesenden Stimmberechtigten" mit. Bei Feststellung der Zahl der „abgegebenen Stimmen" zählen sie nicht mit. → Abstimmung.

Wahlfähigkeit

→ Pfarrwahl; → Presbyterwahl; → Anstellungsfähigkeit.

Wartestand

Wartestand ist ein nur noch im kirchlichen Dienstrecht vorgesehener Rechtsstand zwischen → Ruhestand und aktivem Dienst. Der Pfarrer oder Kirchenbeamte im W. hat wie der Ruheständler keine Stelle inne, steht aber für einen anderen Dienst zur Verfügung. Gründe für eine Versetzung in den W. stehen an verschiedenen Stellen des Pfarrerdienstgesetzes (PfDG) und im Kirchenbeamtengesetz. Sie ist zwingend vorgeschrieben für den Fall, daß ein aus seiner Stelle abberufener Pfarrer nicht innerhalb eines Jahres wieder in eine Pfarrstelle berufen wird (§ 53 III) oder wenn er die Wahl zum Abgeordneten des Bundestages oder eines Landtages annimmt (§ 3 des rheinischen Ergänzungsgesetzes zu § 34). Möglich ist sie z. B. dann, wenn ein Pfarrer vorübergehend einen Dienst außerhalb der Landeskirche, etwa bei der → Vereinigten Ev. Mission, leisten soll (§ 21 II). Sie ist auch möglich im Falle der Ehescheidung (§ 36 III 2).

Der Pfarrer oder Kirchenbeamte erhält Wartegeld nach den Bestimmungen des Versorgungsrechts, es sei denn, daß dies durch Gesetz, etwa mit Rücksicht auf anderes Einkommen, ausdrücklich ausgeschlossen ist. Einen besonderen Fall des W. regelt § 61a PfDG (KABl. 1981 S, 57): Ein Pfarrer, der mit mindestens einem unterhaltsberechtigtem Kind unter sechs Jahren oder mit mindestens zwei unterhaltsberechtigten Kindern unter 10 Jahren in häuslicher Gemeinschaft lebt, kann auf seinen Antrag ohne Wartegeld für drei Jahre — mit der Möglichkeit der Verlängerung — in den W. versetzt werden.

WEG, DER

→ Kirchengebietsblatt.

Weihnachtsgeld

Volkstümlich irreführende Bezeichnung für einen Teil der → Vergütung.

Werbung

Es gehört zum missionarischen Auftrag der Kirche, Menschen anzusprechen. Ein Mittel dazu ist die Werbung (W.). Als Spezialgebiet der → Öffentlichkeitsarbeit geht die W. davon aus, daß es möglich ist, den einzelnen durch positive Darstellung und einladende Argumente davon zu überzeugen, daß eine Sache für ihn persönlich gut ist. In der Gemeinde sind als solche Gegenstände der W. vor allem der Gottesdienst, Veranstaltungen, Sammlungen und Aktionen anzusehen. Daneben werden die Mittel der Gemeinde auch für allgemeinere Werbethemen in Anspruch genommen, z. B. Bibelverbreitung, Spruchplakate, übergemeindliche Aktionen der → Diakonie usw. Medien der W. sind Anzeigen, Prospekte, Plakate, Straßenaktionen u. a., auch der → Gemeindebrief und das → Kirchengebietsblatt können dafür herangezogen werden. Große Bedeutung für die Gemeinde-W. hat der Schaukasten, der durch abwechslungsreiche Gestaltung (Schrift, Bild, Plakat, plastische und figürliche Mittel) die Aufmerksamkeit von Passanten auf die Angebote der Gemeinde oder auf Inhalte der Verkündigung zu lenken versucht. Schaukästen sollten daher an Stellen stehen, an denen viele Menschen vorüberkommen oder sich versammeln. Schaukästen am Eingang des Gemeindezentrums oder der Kirche dienen dem W.-Zweck nicht, sondern bieten der schon informierten (geworbenen) Gemeinde zusätzliche Information an. Materialien zur Werbung, Schaukastengestaltung sowie Plakate können bezogen werden vom Evangelischen Werbedienst (Mittelweg, 7000 Stuttgart 1), der dreimal jährlich einen Materialdienst herausgibt. Auskünfte und → Fortbildungsangebote sind zu erfragen beim Gemeinschaftswerk der Evangelischen Publizistik (GEP), Friedrichstr. 2–6, 6000 Frankfurt/M., Fachbereich 7 (Werbung und Public Relations) sowie über das VMA der EKiR.

Werkdienstwohnung

→ Anwesenheitspflicht; → Dienstwohnung.

Wettbewerb

Architektenwettbewerbe (W.) erbringen vergleichbare Entwurfsalternativen und empfehlen sich deshalb grundsätzlich bei größeren, schwierigen oder verantwortungsvollen Bauvorhaben. Beim Beschränkten W. werden vier bis sechs Architekten, die auf dem angesprochenen Planungsgebiet erfahren sind, aufgefordert. Der Öffentliche W. gibt allen Architekten, auch jüngeren und noch unerfahrenen, die Möglichkeit, sich kirchlichen Bauaufgaben zu stellen. W. tragen wesentlich dazu bei, bestmögliche Lösungen in funktionaler, künstlerischer und wirtschaftlicher Hinsicht zu finden. Gemessen am Gewinn sind die zusätzlich entstehenden Kosten in Höhe von 1–2% der Gesamtkosten gering. Ein Preisgericht aus Fachleuten und Vertretern des Bauherrn beurteilt die Preise. Die W.-auslobung beinhaltet u. a. die Absichtserklärung des Bauherrn, einem der Preisträger die weitere Planbearbeitung und Durchführung zu übertragen. → Gemeindezentrum; → Kirche. Beratung (auch Vordruck) durch das landeskirchl. Bauamt.

Wied, Hermann von

Hermann von Wied, geb. am 14. 1. 1477, gest. am 15. 8. 1552, aus dem Hause Wied-Runkel, trat als nachgeborener Sohn in das Kölner Domkapitel ein und wurde 1515 zum Erzbischof und Kurfürst von Köln gewählt. Die reformatorische Bewegung lehnte er zunächst ab und war an der Hinrichtung Adolf → Clarenbachs 1529 sowie an den Maßnahmen gegen das Münsterer Täuferreich beteiligt. 1536 setzte er sich auf dem Kölner Provinzialkonzil für eine kath. Reform ein und förderte seit ca. 1540 die Religionsgespräche mit den Evangelischen. Er rief 1542/43 Martin Bucer nach Bonn, der mit Philipp Melanchthon das „Einfältige Bedenken" mit Grundsätzen für eine Reformation im ev. Sinne verfaßte. Dadurch geriet Hermann in Gegensatz zu Domkapitel, Universität und Stadtrat in Köln. Von Kaiser Karl V. hart bedrängt, von Papst Paul III. 1546 exkommuniziert, mußte er 1547 abdanken. Er zog sich in die Grafschaft Wied zurück, wo er im ev. Glauben 1552 starb.

Wiedertrauung

→ Trauung.

Wohngemeinschaft

Wohngemeinschaft (WG) ist eine in vornehmlich der jungen Generation bevorzugte Form gemeinsamen Lebens und Wohnens, die oft zu Unrecht einseitigen Verdächtigungen ausgesetzt ist. Häufig bietet sich die WG als Ausweg aus Wohnungsnot (Studenten) und Einsamkeit an. Sie bietet die Gelegenheit mit Gleichgesinnten ein selbständiges Leben zu versuchen. Die Möglichkeit des sexuellen Zusammenlebens, das sich von überkommenen Vorstellungen und Ordnungen frei macht, ist ein kritisch zu befragender Aspekt dieser Gemeinschaftsform. Selbstverständlich und unkritisch sind WG als Basis für viele ökumenische Dienstgruppen, Zentren und Bruderschaften. Es erscheint wichtig und ratsam, Motive und Ziele jeder WG zu erkunden.

Wolfgang, Herzog

Wolfgang, Herzog von Pfalz-Zweibrücken, geb. am 26. 9. 1526, gest. am 11. 6. 1569; wurde in einem der Reformation gegenüber aufgeschlossenen Elternhaus groß und heiratete mit 19 Jahren eine Tochter des Landgrafen Philipp von Hessen. Mit 18 Jahren übernahm er die Regierung seines Landes und erwies sich als ein fähiger Regent, der sich für die Durchführung der lutherischen Reformation einsetzte. Er erließ 1557 die von Melanchthon gebilligte Zweibrücker Kirchenordnung, führte eine Kirchenvisitation durch, errichtete aus dem Vermögen der aufgelösten Klöster, das in den sog. Kirchenschaffneien verwaltet wurde, zahlreiche Schulen, z. B. die Lateinschule in Meisenheim 1558 und die Gelehrtenschule zu Hornbach. Er förderte kräftig den Bergbau. Auf einem Feldzug nach Frankreich, um den bedrängten Hugenotten zu Hilfe zu kommen, starb er an Erschöpfung bei Limoges.

Zielgruppen

Zu den gewohnten Arbeitsfeldern der Gemeindearbeit gehören die Gruppen, in denen → Jugend, → Männer, → Frauen und → Alte gesondert gesammelt und als Zielgruppe (Z.) angesprochen werden. Ähnliche oder vergleichbare Lebenssituationen oder Fragestellungen haben zu dieser Aufteilung geführt. Der Gedanke der gemeinsamen Betroffenheit einerseits und die Erkenntnis, daß – zumal → ehrenamtliche – Mitarbeiter nicht allen Menschen in gleicher Weise Partner sein können (→ Besuchsdienst), haben in unserer Zeit zu einer differenzierten Z.-arbeit geführt: Konfirmanden und ihre Eltern (→ Kirchlicher Unterricht), Neuzugezogene, Taufeltern, Kranke, Familien, die Bewohner besonderer Siedlungseinheiten (→ Neubaugemeinden), Alleinstehende u. a. Solchen Z. wird, oft auf Zeit, in spezieller Form (→ Seminar), zu speziellen Interessen ein Angebot der Gemeinde gemacht. Ein Vorteil dieser Z.-arbeit ist die Möglichkeit, Distanz und Fremdheit zu überwinden. Die Integration solcher Maßnahmen in das Gesamte des → Gemeindeaufbaus muß stets bedacht werden.

Zivildienstleistender

Der Zivildienstleistende (ZDL) ist anerkannter → Kriegsdienstverweigerer, der einen 16monatigen Zivildienst (ZD) in einer vom Staat anerkannten Zivildienststelle (ZDS) ableistet. 20 Prozent aller ZDL arbeiten in ZDS bei Kirche und Diakonie. Sie werden vom Bundesamt für den Zivildienst (BAZ) in Köln zum ZD einberufen und unterstehen einem Dienstvorgesetzten (z. B. Pfarrer) der ZDS. Obwohl ZDL sich in einem staatlichen Dienstverhältnis befinden, sollen sie als Mitarbeiter integriert werden. Die meisten ZDL verstehen ihren Dienst als alternativen Friedensdienst. Die Kirche steht im Wort, den ZD in Kirche und Diakonie als sinnvollen Sozialen Friedensdienst (SFD) auszugestalten. Anträge auf Einrichtung von ZDS gehen an das → Diakonische Werk. Die monatlichen Kosten betragen z. Z. DM 300,–.

Zuschüsse

Zur Verwirklichung vieler Projekte oder Arbeitsvorhaben können öffentliche oder kirchliche Zuschüsse (Z.) beansprucht werden. Vier kritische Punkte sind dabei zu beachten:
1. Ob sich aus der Inanspruchnahme Abhängigkeiten inhaltlicher oder sachlicher Art ergeben könnten, sollte besonders dann überprüft werden, wenn langfristige Verpflichtungen zu den Vergabebedingungen gehören (Gebäude, Personalstellen).
2. Die öffentlichen Z. sollen die freien Träger bei der Wahrnehmung von Aufgaben unterstützen, die dem Gemeinwohl dienen. Die Kirche als „Freier Träger" wird sich darum nicht als Bittsteller verstehen, wenn klar ist, daß für die staatlichen Zuwendungen von ihr Gegenleistungen

erbracht werden, die nicht nur ihr selbst, sondern auch gesamtgesell-schaftlichen Interessen dienen.

3. Maßnahmen, für die Z. infrage kommen, sollten mit entsprechenden Ansätzen von Eigenmitteln im Haushalt aufgenommen werden, denn bei den Fremdmitteln handelt es sich um Z. zu den Gesamtkosten und nicht um eine Vollfinanzierung.

4. Z. stellen die Kommunen, die Kreise, die Länder, der Bund und die Landeskirche zur Verfügung. Auskünfte über die sehr unterschiedlichen Antragswege, Fristen und Bedingungen geben die jeweils zuständigen Ämter und Einrichtungen der Kirchenkreise und der Landeskirche z. B. für → Diakonie, → Erwachsenenbildung und → Jugendarbeit.

Darüberhinaus ist es empfehlenswert, Mittel für gemeindeinterne Z. vor-zusehen (→ Fortbildung; → Auslagenerstattung).

Mitarbeiter und Berater

Albrecht, Georg, Sozialreferent, Düsseldorf
Anders, Erich, theol. Landeskirchenrat, Düsseldorf
Assmann, Dr. Gerhard, jur. Landeskirchenrat, Düsseldorf
Bach, Dr. Dieter, Studienleiter, Mülheim/Ruhr
Barkenings, Hans-Joachim, Pfarrer, Duisburg
Becker, Nikolaus, jur. Oberkirchenrat, Düsseldorf
Bensch, Irmgard, Referentin, Düsseldorf
Brandt, Gerhard, Präses, Düsseldorf
Brandtmann, Marie-Luise, Dozentin, Radevormwald
Breer, Rüdiger, Pfarrer, Düsseldorf
Brückmann, Hans, theol. Landeskirchenrat i. R., Düsseldorf
Cramer, Monika, Dipl.-Bibliothekarin, Düsseldorf
Cremers, Dr. jur. Annelie, Düsseldorf
Darmstädter, Friedel, Küster, Duisburg
Dehnen, Dietrich, jur. Landeskirchenrat, Düsseldorf
Demmer, Helmut, Studiendirektor, Bad Kreuznach
Dittrich, Jochen, jur. Oberkirchenrat, Düsseldorf †
Drühe, Wilhelm, Pfarrer, Mettmann
Ebers, Volker, Kirchenmusikdirektor, Düsseldorf
Faber, Helmut, Pfarrer, Oberhausen
Fischer, Karl, Küster, Düsseldorf
Fischer, Dr. Robert, jur. Oberlandeskirchenrat, Wolfenbüttel
Frank, Wolfgang, Redakteur, Düsseldorf
Fröhlich, Wolfram, Pfarrer, Düsseldorf
Gattwinkel, Karl-Wilhelm, Kirchenrat, Direktor, Düsseldorf
Gerlach, Hubertus, Amtsrat, Düsseldorf
Goerisch, Elfriede, Oberverwaltungsrätin, Düsseldorf
Gurland, Elisabeth, Sozialreferentin, Düsseldorf
Haarbeck, Margarete, Pastorin, Mülheim/Ruhr
Haarbeck, Theo, Pfarrer, Düsseldorf
Hack, Ulrich, Dipl.-Volkswirt, Düsseldorf
Hahn, Klaus, Dozent, Bad Kreuznach
Harms, Klaus, Pfarrer, Wuppertal
Hasley, Hans-Joachim, Bankdirektor, Duisburg
Hönscheid, Hans-Günter, Oberinspektor, Düsseldorf
Henn, Ulrich, Rektor, Rengsdorf
Hiddemann, Brigitte, Bad Münster a. St.

Hildebrandt, Johannes, jur. Landeskirchenrat, Düsseldorf
Hungar, Folker, Dipl.-Volkswirt, Düsseldorf
Ittel, Dr. Gerhard Wolfgang, Pfarrer, Essen
Karbaum, Jürgen, Geschäftsführer, Düsseldorf
Kempgen, Margrit, jur. Landeskirchenrätin, Düsseldorf
Kerlen, Eberhard, Studiendirektor, Essen
Klement, Herbert, Pastor, Hattingen
Koerver, Jürgen, Pfarrer, Hilden
Kohl, Klaus, Pfarrer, Düsseldorf
Kretschmann, Herbert, Oberamtsrat, Düsseldorf
Krause, Erhard, jur. Oberkirchenrat, Düsseldorf
Laug, Dr. Werner, Pfarrer i. R., Krefeld
Linz, Dietrich, Superintendent, Düsseldorf
Locher, Benjamin, Kirchenrat, Düsseldorf
Lücke, Heiner, Dipl.-Psychologe, Düsseldorf
Lütters, Herbert, Oberbaurat, Düsseldorf
Matthias, Edelgard, Sachbearbeiterin, Düsseldorf
Mehlhausen, Prof. Dr. Joachim, theol. Oberkirchenrat, Düsseldorf
Meyer, Dr. Dietrich, Archivrat, Düsseldorf
Mrowetz, Hanna, Dipl.-Volkswirtin, Düsseldorf
Müller, Paul, Oberverwaltungsrat, Düsseldorf
Münter, Kurt, Oberverwaltungsrat, Düsseldorf
Mybes, Fritz, Pfarrer, Bonn-Bad Godesberg
Naaf, Siegfried, Pfarrer, Düsseldorf
Neßling, Philipp, Dozent, Bonn-Bad Godesberg
Obendiek, Enno, theol. Landeskirchenrat, Düsseldorf
Ohly, Martin, Superintendent, Ottweiler
Olechnowitz, Manfred, Oberamtsrat, Neuss
Pawlowski, Karl-Ludwig, jur. Landeskirchenrat, Düsseldorf
Pfeiffer, Hans, Pfarrer, Wuppertal
Preis, Paulmartin, Pfarrer, Düsseldorf
Pröhl, Udo, Dipl.-Volkswirt, Düsseldorf
Quaas, Ludwig, theol. Oberkirchenrat i. R., Düsseldorf
Ringelband, Friedhelm, Bundessekretär, Wuppertal
Rohland, Dr. Edzard, Pfarrer, Bonn
Rompf, Manfred, Pfarrer, Essen
Salzmann, Edith, Düsseldorf
Sandner, Peter, Missionsdirektor, Wuppertal
Schart, Renate, Pastorin, Duisburg

Schroer, Jürgen, theol. Oberkirchenrat, Düsseldorf
Schroer, Jutta, Düsseldorf
Schwanecke, Friedrich, Redakteur, Düsseldorf
Schlüter, Helmut, Pfarrer, Köln
Seidel, Konrad, Pfarrer, Düsseldorf
Siepmann, Heinzfried, theol. Landeskirchenrat, Düsseldorf
Sohn, Dr. Walter, Studienleiter, Mülheim/Ruhr
Specht, Hans, Pfarrer i. R., Wuppertal
Starck, Helmut, Pfarrer, Krefeld
Teichmann, Stephan, Diakon, Düsseldorf
Teschner, Klaus, Pfarrer, Düsseldorf
Thomashoff, Dieter, Dipl.-Pädagoge, Düsseldorf
Tiemann, Willibald, Pastor, Düsseldorf
Ueckert, Ilse, Religionslehrerin, Duisburg
Wahlefeld, Joachim, Studiendirektor, Düsseldorf
Wieners, Jörg, Pfarrer, Düsseldorf
Witschke, Dr. Reinhard, Superintendent, Monheim
Wollenweber, Klaus, Pfarrer, Bonn
Woothke, Hans-Joachim, jur. Landeskirchenrat, Düsseldorf
Zimmermann, Dr. Ulrich, Pfarrer, Düsseldorf

Für Notizen

Für Notizen

Für Notizen